CHIRAC CONFIDENTIEL

DU MÊME AUTEUR

Le Corps d'origine, Grasset, 2021.
Pervers, Grasset, 2018.
Dissimulations, Fayard, 2016.
François Mauriac, biographie intime, vol. 1 et 2, Fayard, 2009-2010. Prix de la biographie de l'Académie française, Prix François Billetdoux (SCAM), Prix des Ambassadeurs, Prix des Éditeurs, Prix de la biographie du *Point*.
Dominique de Roux, le provocateur, Fayard, 2005 ; coll. « Tempus », 2013. Prix de la Fondation Charles Oulmont.
Devenir de Gaulle, Perrin et Le Grand Livre du mois, 2003 ; coll. « Tempus », 2009.
Algérie, l'espoir fraternel, Stock, 1997. Prix Albert Camus ; réédition Fayard, 2010, sous le titre *Tibhirine, une espérance à perte de vie.*
Les Mendiants du ciel (Jacques et Raïssa Maritain), Stock, 1995 ; réédition Fayard, 2009 ; coll. « Tempus », 2012. Prix de la biographie de l'Académie française et Grand Prix catholique de littérature.
Le Seigneur-Chat (Philippe Berthelot), Plon, 1988 ; réédition 1998.

Entretiens
Le Général et le journaliste (avec Jean Mauriac), Fayard, 2008.

Édition et présentation
Des messages portés par les nuages, de Jean d'Ormesson, Bouquins éditions, 2021.
Bloc-Notes, de François Mauriac, Robert Laffont, coll. « Bouquins », 2020.
Journal intégral, de Matthieu Galey, Robert Laffont, coll. « Bouquins », 2017.
Discours d'État, de Charles de Gaulle, Perrin, 2010.
Lettres, notes et carnets, de Charles de Gaulle, Robert Laffont, coll. « Bouquins », 2010.
Journal et mémoires politiques, de François Mauriac, Robert Laffont, coll. « Bouquins », 2008.
Il faut partir..., de Dominique de Roux, Fayard, 2007.
L'Après-de Gaulle, de Jean Mauriac, Fayard, 2006.
Mémoires de Charles de Gaulle (en coll. avec J.-L. Crémieux-Brilhac et M.-F. Guyard), Gallimard, « Bibliothèque de la Pléiade », 2000.
La Ferveur et le sacrifice, de Jean de Lattre de Tassigny, Plon, 1988.

En collaboration
Le Grand et le trop court, Casterman, 2017.
Mémoires de Jacques Chirac I et II : *Chaque pas doit être un but*, Nil, 2009 ; *Le Temps présidentiel*, Nil, 2011.

Jean-Luc Barré

Chirac confidentiel

Pluriel

La première édition de cet ouvrage est parue sous le titre
Ici, c'est Chirac.

Couverture : Delphine Delastre
Image : © Stéphane Gautier / sagaphoto.com
ISBN : 978-2-818-50659-2
Dépôt légal : septembre 2021
Librairie Arthème Fayard/Pluriel, 2021.

À Nicole Lattès,
avec gratitude et affection.

« Je connaissais l'histoire,
j'ignorais la vérité. »

Carlos Fuentes
Les Années avec Laura Diaz

AVANT-PROPOS

Les rideaux sont tirés. Pour le protéger des photographes et cameramen postés sous ses fenêtres ? Ou pour mieux signifier que le temps de sa vie publique est désormais révolu ? L'impression me saisit, à peine arrivé, de pénétrer dans un lieu où toute vie s'est comme figée avant de se retirer. Une sorte de mausolée fait pour abriter un vieil homme immobile qui n'est déjà plus tout à fait de ce monde.

L'ambiance est sépulcrale. La pièce baigne dans une semi-pénombre de crypte ou de chambre d'hôpital. Sur le bureau, d'ordinaire rangé avec soin, un amoncellement inhabituel de livres, de notes, de documents, de lettres, posés en vrac. Dans le coin où se déroulaient nos entretiens, un long canapé de cuir noir, installé depuis peu pour permettre au Président de prolonger ses siestes quotidiennes. Seule sa magnifique collection de statuettes africaines, de sculptures inuits et de bronzes asiatiques préserve encore l'harmonie d'un décor élégant, sobre et raffiné. Marque d'un univers et d'un temps immuables qui échappent aux pénibles vicissitudes d'une destinée finissante.

Ce jeudi 8 septembre 2011, c'est le cœur un peu serré que je retrouve Jacques Chirac dans ses bureaux du 119, rue de Lille, quelques jours après la publication du bulletin médical le déclarant mentalement incapable de faire face à son procès. Dès que la nouvelle m'a été confirmée, j'ai aussitôt demandé à le voir pour lui exprimer mon soutien et mon amitié. Il m'a été plus que jamais facile d'obtenir un rendez-vous, tant l'agenda présidentiel est devenu clairsemé. Il risque de se vider plus encore, limité désormais au tout petit nombre des visiteurs « sûrs » ou présumés tels. Les visiteurs de longue date, à la discrétion éprouvée, eux-mêmes de plus en plus rares ces temps-ci où leurs témoignages se sont multipliés dans la presse sous couvert d'anonymat. Et les quelques confidents réguliers ou épisodiques, plus récemment intégrés au clan chiraquien et spectateurs avertis de la lente et irréversible dégradation du chef. J'appartiens encore à cette seconde catégorie, celle des nouveaux venus suffisamment instruits de la réalité de sa situation pour rester libre d'accès à un homme isolé malgré lui et que beaucoup, sans doute, ne pourront plus approcher.

Au deuxième étage du bel immeuble haussmannien où Jacques Chirac s'est installé avec son équipe à sa sortie de l'Élysée – trois cent cinquante mètres carrés, à proximité de la Seine et du boulevard Saint-Germain – règne un mélange de soulagement et de tristesse. Soulagement d'être parvenu à lui épargner l'épreuve d'une comparution devant le tribunal correctionnel de Paris, qui eût été pour lui trop hasardeuse et humiliante. Tristesse du motif médical invoqué, une déficience mentale probablement irréversible qui signe du même coup son retrait définitif de la vie politique – si ce n'est de la vie tout court…

Les collaborateurs du Président que je vais saluer dans leurs bureaux ne cachent pas leur malaise. Ils ne sont plus que cinq depuis le départ du conseiller diplomatique et du dernier aide de camp, partis l'un et l'autre sans être remplacés. Présent depuis le premier jour, après que Jacques Chirac eut fait appel à lui pour prendre en main l'organisation de sa nouvelle vie et, en réalité, l'inventer avec les moyens du bord, Bertrand Landrieu continue d'assurer, avec intelligence, tact et diplomatie, la direction du cabinet. Il est secondé par Hugues Renson et Bénédicte Brissart, dans leur rôle respectif de conseiller politique et chargée de communication. Deux jeunes collaborateurs ayant appartenu au staff élyséen, comme Patricia Russotto et Christine Dalbinoé qui se partagent les tâches du secrétariat présidentiel. C'est le dernier carré chiraquien, soudé par une affection, un dévouement indéfectibles envers l'ancien chef de l'État.

Le même désarroi se lit sur leurs visages. Certains se demandent s'il n'eût pas été préférable, en fin de compte, de laisser le Président répondre à la convocation du juge, comme il en avait l'intention et s'y était préparé. D'autres déplorent l'étalage, pour lui tout aussi dégradant, qui vient d'être fait de ses problèmes de santé. Tous, désemparés face à l'accélération des événements, redoutent la période de grandes incertitudes qui s'ouvre devant eux. Et tous savent que leur présence aux côtés d'un homme malade, voué désormais au silence et à l'inertie, n'aura sans doute plus, un jour prochain, la même raison d'être.

« Il vous attend », me prévient Bertrand Landrieu. Dès qu'il m'aperçoit dans le couloir qui sert de salle d'attente, le Président me fait signe d'entrer. Il est assis derrière son bureau, immobile, les mains posées à plat devant lui, comme pétrifié dans cette atmosphère de couvre-feu qu'on a organisée autour de lui.

« Faites comme si j'étais debout ! », me dit-il de sa voix éraillée en m'accueillant, pour la première fois, sans quitter son siège. Il me sourit, le regard un peu farceur, comme s'il s'agissait là d'un simple canular. Il s'empresse de me demander de mes nouvelles et, sans me laisser le temps de faire de même, m'assure que, de son côté, « tout va bien », qu'il ne s'est « jamais aussi bien porté ». L'air de me dire, comble de l'amnésie ou de la provocation : « Tranquillisez-vous. Ne croyez pas tout ce qu'on raconte à mon sujet. »

La vérité, qu'il s'efforce encore de masquer par un trait d'humour, est qu'il a de plus en plus de mal à se lever et de difficultés à marcher. Comme épuisée d'avoir tant servi sans jamais être ménagée, sa grande carcasse ne répond plus, sinon au prix d'efforts démesurés auxquels il a cessé de consentir. Le pire est à venir, dont il semble à peine conscient, à moins qu'il ne s'y soit déjà résigné. « Si tu ne fais pas d'exercice, tu finiras dans un fauteuil roulant », l'a prévenu son vieil ami Pierre Mazeaud qui ne lui a jamais caché sa façon de penser. Secoué par cette rude mise en garde et comme toujours soucieux de faire plaisir, Chirac a feint de s'exécuter. Va pour quelques séances matinales de vélo d'appartement ! Une ou deux, tout au plus. Mais l'adepte du « No sport! » churchillien a eu tôt fait de reprendre le dessus.

Il ne se déplace plus aujourd'hui qu'à pas comptés, la main agrippée à l'épaule d'un de ses gardes du corps. Les images estivales de ses laborieuses promenades dans les rues de Dinard ont été cruelles. Elles ont révélé un homme diminué, chancelant, incapable d'avancer sans le soutien de son escorte. S'exposant, s'offrant ainsi en pâture à la curiosité publique sans paraître se préoccuper, par indifférence ou provocation, du mélange de stupeur, d'embarras et de commisération qu'il suscitait sur son passage…

J'appréhendais secrètement de le revoir, tant sa décrépitude semble s'être précipitée en quelques mois. Silhouette efflanquée, allure vacillante, lèvres pincées, moue désabusée, regard sans fond, absent, comme égaré : ses photographies les plus récentes trahissent un homme en perdition. Si sa mémoire s'est dégradée au point où je l'entends dire, rien ne garantit qu'il me reconnaîtra. Peut-être son entourage lui a-t-il préparé une petite fiche me concernant, comme je l'ai parfois vu faire pour d'autres, anciens ministres ou députés de passage, certains sortis de sa vie depuis plusieurs années, il est vrai. Peut-être me posera-t-il deux ou trois questions préparées d'avance, pour donner le change, qu'il répétera au besoin comme s'il les avait déjà oubliées… À moins que, définitivement ailleurs, il n'ait plus la force ni l'envie de sauver les apparences. D'autant qu'il n'a dorénavant plus rien à perdre. « Interdit » de prendre part à son propre procès et signataire d'une lettre qu'il n'a sans doute pas rédigée, à supposer qu'il l'ait seulement lue, dans laquelle il se condamne de fait à une réclusion définitive, pour qui et pourquoi devrait-il encore tenter de faire croire qu'il est moins diminué qu'il y paraît, s'imposer de tenir un rôle devenu vide de sens ?

Il peine à s'arracher de son fauteuil, finit par se redresser comme dans un sursaut d'énergie qui retombe vite. À onze heures du matin, il paraît aussi écrasé de fatigue qu'à l'issue d'une longue séance de travail. En souvenir sans doute de celles que lui imposait la préparation de ses *Mémoires*, il me prévient en riant qu'il n'a pas l'intention de se lancer dans l'écriture d'un troisième volume. Je lui réponds sur le même ton : « Tranquillisez-vous, monsieur le Président, nous avons terminé… Le plus dur est fait. Sauf si vous estimez ne pas avoir tout dit ! » Il ne relève pas et feint de pousser un soupir de soulagement – « Ah ! Je suis rassuré… » – avant de me proposer de boire un verre. Il appelle sa secrétaire, lui demande de nous apporter deux gin tonic comme il le faisait, de bon matin, à l'époque pas si lointaine de notre collaboration. Je retrouve toute la complicité ludique et chaleureuse qui a marqué ces longues années de travail et d'échanges personnels. Cette connivence amicale qui a tissé entre nous des liens presque familiers. Je ne sens pas qu'il ait dû faire d'effort particulier pour s'en souvenir. Preuve sans doute qu'il est loin d'avoir sombré dans cet état d'amnésie qualifié d'« asognosie » par les experts qui l'ont examiné – un nom baroque qu'il semble avoir lui-même inventé.

Autour de lui, ce sont ses collaborateurs et ses proches qui me donnent l'impression d'être les plus désarmés, déboussolés. Sa fille Claude a donné consigne de cacher les journaux pour éviter que son père n'en prenne connaissance. Comme s'il fallait à tout prix l'enfermer dans une sorte de bulle artificielle, le couper d'une réalité qui le concerne. Le moment viendra probablement très vite où on organisera pour lui des rendez-vous fictifs et, pourquoi pas, des voyages imaginaires, comme dans une pièce de Ionesco ou de Pirandello dont Claude et sa mère se disputeront la mise en scène. Avec lui comme acteur d'autant plus consentant qu'il a toujours excellé dans le dédoublement et l'autodérision…

Je ne suis pas sûr que, même protégé à l'extrême et tenu dans l'ignorance de beaucoup de choses, le Président soit tout à fait dupe de ce qu'on lui cache. Lui qui a toujours prétendu ne lire aucun journal, il dispose d'autres moyens de s'informer. La radio, la télévision, le téléphone, quelques visiteurs plus bavards que d'autres… C'est ainsi qu'en janvier dernier, lorsque les premiers articles ont surgi sur sa supposée maladie d'Alzheimer, il s'est employé, prenant de court son entourage et sans consulter personne, à démentir lui-même, face aux journalistes accourus devant son domicile, qu'il fût en mauvaise santé. Une façon de faire savoir à ceux ou plutôt celles qui entendent répondre à sa place qu'il est bel et bien au courant de tout ce qu'on raconte à son sujet et refuse de laisser dire sans réagir directement. Chaque prise de parole improvisée – ainsi de sa déclaration de soutien à François Hollande au musée de Sarran, en juin 2011 – retentit chez lui comme un acte de rébellion contre l'état de dépendance ou de semi-conscience où l'on s'efforce de le reléguer « pour son bien ».

La presse du jour, qu'il ne lira donc pas, bruit de toutes sortes d'échos sur les relations tumultueuses qui l'ont opposé à sa femme au cours de l'été qui s'achève. Notamment l'inimaginable séquence corrézienne que *Le Point* vient de révéler. N'en pouvant plus d'être cloîtré dans son château de Bity, l'ancien chef de l'État aurait cessé de s'alimenter jusqu'à ce que cette même épouse lui permette d'aller passer du bon temps, comme chaque été, sur la Côte d'Azur. Une grève de la faim, lui, Chirac ! Quand je m'étonne auprès d'elle que ce nouvel épisode conjugal, voué *a priori* à rester confidentiel, ait pu franchir les frontières du cercle familial, sa fille désigne spontanément les coupables présumés : « Ça ne peut venir que des Pinault ! »…

Après lui avoir fait dédicacer plusieurs exemplaires de ses *Mémoires*, je ne peux m'empêcher, sachant ce qu'il en est, de demander au Président comment se sont passées ses dernières vacances. Je le sens d'assez bonne humeur et presque détendu pour se prêter au jeu, malgré la dureté des circonstances. Mais le plus difficile est de nouer avec lui un véritable échange, de l'arracher à ce bloc d'absence et d'hermétisme dans lequel il paraît s'être emmuré depuis quelques mois. Bien calé dans son fauteuil, le buste droit, les mains croisées sur le ventre, la mise soignée comme au temps de l'Élysée, costume bleu sombre et cravate grise, mais le regard flottant dans le vide et cherchant où s'amarrer, il m'évoque un grand acteur sans rôle qui n'aurait plus à jouer que son propre personnage ou ce qu'il en reste. Plus rien ne l'inspire, hormis les « petites louloutes », comme il le répète avec gourmandise, et… Nicolas Sarkozy, pour d'autres raisons.

Je le félicite en riant de ses succès tropéziens. Il balaie le sujet d'un geste las, résigné : « Oh ! les filles, pour moi, c'est fini… » Je n'en crois pas un mot, mais, tel un adolescent pris en faute, et bien déterminé cependant à poursuivre ses frasques en cachette, il se veut « rangé des voitures ». Sujet clos. Un de plus. *Idem* pour la Corrèze où il se morfond, à peine arrivé, déjà impatient de repartir. Sa fondation ? Les arts premiers ? Il a cessé, dirait-on, de s'y intéresser. Tout se passe, depuis son départ de l'Élysée, comme s'il laissait la vie se détacher de lui peu à peu et une sorte de néant aspirer son énergie jadis insatiable. Privé du pouvoir, de cet aphrodisiaque qui l'aidait à occuper son temps comme son esprit, à meubler sa solitude, à conjurer ses doutes et ses angoisses, il n'est plus rien, désormais, sinon lui-même, ce qui ne lui a jamais suffi…

Il ne fait plus aucun effort aujourd'hui pour soutenir une conversation. Regardant ses interlocuteurs s'épuiser à obtenir de lui quelques mots, il paraît s'amuser de l'embarras où il les plonge. Certes, il a toujours été économe de ses confidences. Mais on croirait que l'âge et la maladie lui offrent une sorte d'alibi involontaire ou de prétexte idéal pour ne plus rien livrer de lui-même. Ses rares commentaires, ses dernières bribes de réflexion se perdent dans des jeux de mots d'une inégale drôlerie, dont on s'efforce de rire néanmoins, comme on applaudirait les derniers sketches d'un humoriste en fin de répertoire. Par nostalgie de ses meilleures prestations…

Provocateur à mon tour, je lance le nom de Nicolas Sarkozy comme on agiterait un chiffon rouge sous les naseaux d'un taureau un peu fourbu, sans doute trop vieux pour combattre, mais encore capable d'un solide coup de corne. La réaction ne se fait pas attendre : le « nain » ou le « minuscule », comme il l'appelle selon les jours, en restant dans le même registre, constitue toujours sa cible favorite. Jacques Chirac en use comme d'un excitant pour entretenir ce qu'il conserve de mémoire. Il ne lui a rien pardonné et, après quatre années de réserve officielle, ne cherche plus guère à le dissimuler. Il « se lâche », selon la formule apeurée de son entourage. « Sarkozy, il faut le laisser dans son petit coin, c'est là qu'il est le mieux », ironise-t-il comme pour replacer son improbable successeur dans cette sorte de statut mineur dont il n'aurait jamais dû sortir. Il n'ira pas plus loin ce jour-là, mais tout est dit, à titre définitif, des sentiments qu'il lui porte.

Il ne paraît pas m'en vouloir de l'avoir incité à s'affranchir de sa réserve – au nom de la simple vérité historique – pour exprimer, dans ses *Mémoires*, ce qu'il pense de son ancien ministre. Si j'en crois l'un de ses proches, il serait même aujourd'hui « franchement satisfait » de s'être expliqué à son propos en surmontant les interdits qu'il s'imposait jusque-là.

On ne trouve plus guère de sujets susceptibles, comme celui-ci, de le distraire de cette torpeur mêlée d'ennui où il s'enfonce jour après jour. Bien malgré lui, Nicolas Sarkozy y réussit à merveille, mais sans l'inspirer au-delà de quelques minutes. Chirac n'est pas homme à se laisser miner ni accaparer par la rancune. Tout au plus se sert-il aujourd'hui de ses vieux griefs comme d'un exutoire, jusqu'à ce que son apathie l'envahisse de nouveau. Regrette-t-il d'avoir été finalement empêché de se rendre en personne au tribunal pour y livrer son dernier combat d'homme public ? Peut-être y aurait-il pris plaisir, galvanisé par la perspective d'un ultime défi, celui de rétablir la vérité – du moins la sienne – et de défendre son honneur, voire d'exister à nouveau… Comme toujours, Jacques Chirac préfère tourner en dérision ce qui lui échappe et qu'il ne parvient pas à contrôler. Je lui demande s'il envisage, durant cette période, d'aller déjeuner en ville, selon ses habitudes. Il me répond, l'air à la fois penaud et espiègle d'un enfant qui se voit consigné dans sa chambre et feint de ne pas en comprendre les raisons : « On me l'interdit. Je ne peux pas. Il paraît qu'il y a un procès… » Désarmant de fausse ingénuité.

Plus sérieusement, il ajoute qu'il se tient « naturellement » à la disposition du président du tribunal pour une éventuelle contre-expertise médicale. Comme s'il attendait, pour s'en convaincre lui-même, qu'on lui confirme la gravité de son état. Jamais Jacques Chirac ne m'a paru aussi cadenassé dans son mystère qu'en ce moment de sa vie où il donne l'impression de ne plus s'appartenir.

*

C'est peu après cette visite que je pris la décision d'écrire ce livre. J'y pensais de longue date. En fait, depuis notre première rencontre en novembre 2007. Comment ne pas songer à raconter, le moment venu, et avec le recul nécessaire, ce périple de deux ou trois années – quatre, pour finir – que je m'apprêtais à vivre à ses côtés ? Un biographe passe l'essentiel de son temps à exhumer des morts illustres, à traquer leurs secrets, à disséquer leur dépouille. Pour la première fois, j'allais être confronté à un de ces « monstres » encore vivant. Non pour restituer l'histoire de sa vie, la scruter, l'analyser par moi-même, mais pour le seconder, l'accompagner dans la remontée et l'exploration de sa propre destinée. Expérience pour moi sans précédent, mais qui ne m'éloignait guère, en définitive, de mes travaux antérieurs.

J'étais officiellement chargé de « collaborer à la rédaction de l'ouvrage ». Doux euphémisme. Cette rédaction, j'ignorais à l'origine qu'il me reviendrait de l'assurer seul et à part entière, une fois recueillis vaille que vaille les souvenirs de l'ancien Président. Il me faudrait en outre – ce qui n'était pas davantage prévu – solliciter des témoins, à commencer par ses proches, et recourir à ses archives pour compléter et enrichir le matériau de ses *Mémoires*. Tout à la fois scribe, interviewer, enquêteur, je m'étais trouvé confronté à une entreprise bien plus difficile que celle qui m'avait été annoncée. Tâche qui excédait les limites classiques de ce type d'exercice et me rapprochait précisément du travail de biographe. Un biographe en position, dans le cas présent, de témoin et de spectateur. Car le moment est arrivé, inévitablement, où le personnage lui-même, si difficile à déchiffrer, embusqué derrière ses rôles de composition, ses silences étudiés, la distance qu'il s'imposait, les secrets qu'il entendait préserver, est devenu pour moi un fascinant sujet d'étude et d'investigation. Sans cette implication rendue plus personnelle que je ne l'avais imaginée, jamais l'ouvrage en question n'aurait pu voir le jour.

C'est en historien et non à la façon d'un journaliste avide d'amasser le matériau d'un futur livre à sensations que je l'ai observé et écouté durant ces années. D'autres avant moi, dans des circonstances toutes différentes, avaient recueilli ses confidences, mais pour en user à son détriment, le dépeindre sous un jour qui ne lui était guère favorable. Comme François Mitterrand avant lui, Jacques Chirac avait terminé son règne cerné par une meute de portraitistes à charge et de reporters transformés en procureurs, d'autant plus redoutables qu'ils n'étaient pas les moins bien informés.

Tels n'étaient, bien sûr, ni mon but ni mon arrière-pensée. Je n'avais aucun compte politique ou personnel à régler avec Jacques Chirac. Je me trouvais même dans la situation inverse, tant cet homme-là m'avait toujours inspiré respect, admiration et sympathie. Mon seul dessein le concernant serait de concourir à réhabiliter son action, injustement méconnue et sous-estimée, quand elle n'était pas passée sous silence. La rédaction de ses *Mémoires* m'y conduirait par la force des choses. Mais ce que je projetais d'écrire par ailleurs ne pouvait être que d'un autre ordre : celui d'un témoignage original sur la personnalité, le parcours, les idées, les engagements d'un des principaux acteurs politiques de la France contemporaine. Rien pour autant qui soit davantage de nature à le desservir. Tout au plus s'agissait-il de mieux faire connaître un homme indissociable de notre histoire collective, devenu la personnalité politique préférée des Français.

Ce témoignage s'inscrirait d'abord dans le contexte particulier de la préparation de ses *Mémoires*, aventure au long cours que nous avions partagée et dont les diverses séquences n'étaient pas dénuées d'intérêt pour la compréhension du personnage et celle de ses proches. Le contexte, aussi, de ce temps improbable dans la destinée d'un chef d'État : celui de l'après-pouvoir. Le seul, en définitive, que Jacques Chirac n'ait pas prévu et auquel il ne se soit jamais préparé. Temps du bilan, de l'achèvement, de la solitude, de la confrontation avec soi. Temps également d'épreuves judiciaires et de santé qui ont assombri plus encore cette dramaturgie finale et ajouté malgré lui à la densité romanesque d'une traversée hors normes.

J'avais conscience d'arriver tard. Trop tard pour espérer retrouver le Chirac conquérant, tonique, impétueux d'autrefois. Je débarquais à la tombée du soir, moment propice non pour partager le meilleur d'une destinée, mais pour en apprécier le dénouement. J'étais en somme le témoin de la dernière heure, celle où la vérité d'un homme finit par se révéler, à moins de disparaître avec lui.

Lorsque nous sommes venus à bout en mai 2011 du deuxième et dernier volume de ses *Mémoires*, publié dans la foulée, je me suis interrogé sur l'utilité de prolonger le travail déjà accompli à ses côtés dans des conditions que son état de santé et certaines données familiales avaient rendu souvent difficiles. Pour tout dire, je n'avais qu'une hâte, celle de changer de sujet. Dans le même temps, l'histoire qui se terminait me laissait un goût d'inachevé.

Rien ou presque de ce que Jacques Chirac m'avait confié en marge de nos entretiens, au cours des multiples discussions improvisées que nous avions eues dans son bureau, sa voiture, au restaurant, lors de nos séjours communs en Corrèze et au Maroc, ou à l'occasion d'un de ces coups de téléphone toujours précédés d'un « Ici, c'est Chirac ! » exclamatif et chaleureux, ne se trouvait dans la version officielle de ses souvenirs. Sinon sous une forme plus édulcorée, correspondant à la fois à la tonalité d'un ouvrage « présidentiel » et, dans le cas spécifique, au souci de prudence clairement exprimé par ceux de ses proches qui en avaient assuré la relecture. L'ancien chef de l'État se révélait hors micro souvent plus vif, rieur, trivial, débridé, plus libre de ses propos que dans nos conversations enregistrées où il restait, comme jadis dans ses prestations télévisées, davantage contenu, réservé, sous contrôle. Plus à l'aise dans le conciliabule et l'échange spontané, il me livrait en aparté, sur beaucoup de sujets, le fond de sa pensée sans crainte d'être repris, contredit ou désavoué par quiconque. Il était fréquent qu'il revienne sur le récit d'un même fait, le portrait d'un même personnage et m'en donne une version moins expurgée que celle obtenue lors de nos séances de travail proprement dites, par définition plus laborieuses.

Cette parole crue, franche, authentique, était sans doute la dernière qui subsisterait de lui avant que la maladie ne s'empare inexorablement de sa mémoire et le plonge dans une lassitude sans fond.

L'homme que je retrouve à l'issue de l'été 2011 dans un état d'épuisement saisissant, vieilli en quelques mois à une vitesse vertigineuse, n'a plus grand-chose en commun avec l'ex-Président encore maître de lui, joueur, roublard, provocateur, que j'ai connu à sa sortie du pouvoir. Désœuvré et de plus en plus isolé, il en est réduit au quotidien le plus morne, une vie répétitive, rythmée par les mêmes allers-retours, matin et après-midi, entre son domicile du quai Voltaire et son bureau de la rue de Lille, à moins d'un quart d'heure de distance. Il se raccroche à ses derniers visiteurs, souvent de vieux compagnons de route ou d'anciens collaborateurs, appelés à la rescousse par son entourage pour occuper ses heures vides, revivre en leur compagnie les moments les plus lointains de sa carrière politique – les seuls dont il garde encore une trace dans les confins de sa mémoire. Ironie du sort pour un homme si peu porté à la nostalgie, c'est dans le passé qu'il trouve son ultime refuge, l'un de ses derniers moyens d'égayer un présent immobile et fastidieux.

Les occasions de s'évader sont devenues d'une extrême rareté en cette fin de vie où tout contribue à limiter son autonomie. Impossible de se mouvoir sans une aide ou de se déplacer sans escorte. Le temps est définitivement révolu où il pouvait « filer », selon son expression favorite, pour mener sa vie comme il l'entendait, incognito ou presque. Toute récréation de ce genre lui est désormais proscrite. Et le périmètre de ses aventures circonscrit à un circuit fermé jalonné d'étapes fixes, toujours les mêmes, hiver comme été, entre son lointain château de Corrèze, l'enclos d'un palace marocain et les résidences privées de son ami François Pinault, à Dinard et Saint-Tropez.

À Paris, les jours ordinaires, il guette la moindre opportunité de faire un petit détour avant de rentrer chez lui, histoire de changer d'air et de varier son itinéraire. Lorsque je lui rends de nouveau visite, le 2 décembre 2011, en fin d'après-midi, il insiste, au moment où je m'apprête à le quitter, pour me raccompagner à mon domicile. « Si tu n'as rien d'autre à faire, on pourrait aller acheter une pizza qu'on irait manger chez moi, me propose-t-il. Sinon, je vais me retrouver seul avec "bourrique" ! » Je ne sais d'abord quoi lui répondre, pris de court par cette invitation de dernière minute dont je comprends trop bien les raisons, drôles et un peu poignantes à la fois. Mais je suis contraint de lui expliquer qu'ayant un dîner prévu de longue date chez des amis il est trop tard pour me décommander. « Ah ! bon… Dommage. Mais ils habitent où tes amis ? Je vais te conduire chez eux… » J'essaie en vain de l'en dissuader, mais sans m'entendre il a déjà fait savoir à son chauffeur de se tenir prêt. Nous prenons place côte à côte dans sa voiture. Et nous voilà partis en direction de la rue du Faubourg-Saint-Martin, dans le dixième arrondissement de la capitale, un quartier où il ne s'est pas rendu depuis longtemps, me dit-il.

Durant le trajet, je le sens aussi heureux, décontracté que s'il venait d'embarquer pour un long périple. Il me commente au passage quelques-unes de ses réalisations de maire de Paris dont il se dit le plus fier, glisse d'un sujet à l'autre, m'assure qu'il attend le verdict imminent du tribunal correctionnel dans l'affaire des emplois fictifs avec « la plus grande sérénité », une de ses formules fétiches… Soudain, avisant une brasserie, il me lance : « Et si on s'arrêtait pour boire une bière et manger des saucisses ? » Je m'empresse d'approuver cette suggestion, quitte à arriver en retard à la soirée où je suis attendu. Mais il se rétracte aussitôt, comme s'il craignait de transgresser une sorte d'interdit : « Oui, ça serait bien... mais je ne peux pas. » Je n'ai pas besoin de lui demander pourquoi ni ce qui l'empêche de s'accorder un plaisir aussi anodin. La même raison, probablement, pour laquelle il s'astreint à fumer en cachette dans les toilettes de son bureau. Cette constante dichotomie qui veut qu'une part de lui-même se soit toujours refusé les libertés que l'autre s'autorisait. Un dilemme dont il n'est jamais sorti, pris en tenaille entre des conventions, des règles, une discipline qu'il subissait ou s'imposait et un instinct de rebelle et d'aventurier auquel il ne cédait en général que de manière clandestine. Longtemps, pour concilier le tout, il lui suffisait de brouiller les pistes et de changer de rôle. Avec l'âge et ses nouvelles conditions d'existence, tout écart ou bifurcation de ce genre est devenu si compliqué qu'il semble s'être résigné à devoir le plus souvent y renoncer.

Tandis que nous continuons à rouler vers leur domicile, il m'interroge sur mes amis, curieux de savoir qui ils sont, comme s'il désirait faire leur connaissance. Je lui propose de venir les rencontrer s'il le souhaite, m'amusant par avance de leur stupéfaction en me voyant débarquer chez eux en compagnie de l'ancien président de la République. Il paraît tenté par l'idée puis, au moment de me déposer, m'explique qu'il est temps pour lui de rentrer. Notre brève escapade s'arrête là et je le regarde s'éloigner, ému à la pensée que c'est sans doute la dernière que nous aurons pu partager.

Dix jours plus tard, Jacques Chirac sera condamné à deux ans de prison avec sursis pour une vingtaine d'emplois litigieux datant de l'époque où il était maire de la capitale. Une sentence pour l'exemple plus que pour les faits eux-mêmes. Et la fin surtout d'une interminable saga judiciaire qui s'est conclue par un procès insolite tenu en l'absence du principal accusé et un verdict d'une sévérité avant tout destiné à faire sensation.

Le Président vient, comme chaque année, de passer les fêtes de Noël et du Nouvel An à Taroudant quand je vais lui présenter mes vœux au tout début de janvier 2012. Claude est là, dont la présence le dispense de parler quand sa fille ne répond pas à sa place aux questions qu'on tente de lui poser. J'essaie en vain de renouer le fil d'une conversation qui se heurte à un mutisme entrecoupé de réflexions grivoises et de propos sans conséquence. Il n'est déjà plus là, ou si peu. Toujours affable, amical, mais comme par automatisme. Ses *Mémoires* achevés, son procès terminé, il n'a plus devant lui qu'une vie désertique. Un néant dont il est peut-être plus conscient qu'on ne l'imagine, même s'il a toujours eu l'habitude de ne se plaindre de rien.

Que faire face au vide qui s'apprêtait à le submerger, sinon préserver la trace de tout ce qu'il m'avait dit, confessé, laissé entrevoir de sa vérité la mieux gardée, avant de devenir comme étranger à lui-même ? Plus je l'ai vu s'effacer au cours des mois suivants et plus j'éprouvais la nécessité de sauvegarder tout ce qui, chez lui, était en train de disparaître. Chacune de nos dernières rencontres me confortait dans le sentiment et la conviction qu'il était de mon devoir d'en témoigner.

La maladie qui le diminuait n'était plus la seule à le condamner au silence. Les vigies familiales postées autour de lui l'incitaient tout autant à se taire depuis sa dernière prise de position publique, en faveur de François Hollande, autrement dit contre Nicolas Sarkozy. Il n'était pas question que pareil incident puisse se reproduire. Le clan s'y était apparemment engagé lorsque mère et fille étaient accourues à l'Élysée pour tenter – sans succès – d'apaiser le courroux présidentiel. On s'était entendu en haut lieu sur des mesures de sécurité draconiennes. Les sorties furent donc restreintes afin d'éviter tout autre dérapage, et les visiteurs filtrés au compte-gouttes pour limiter les risques de fuites inopportunes. Tout se passait comme si cet homme affaibli représentait encore une menace réelle pour le pouvoir en place. Lequel paraissait s'en inquiéter au point de chercher à conjurer par tous les moyens un potentiel facteur de nuisance.

Même si tout était fait pour qu'on ne puisse plus l'entendre, le reclus du 119, rue de Lille répétait inlassablement aux quelques amis venus lui tenir compagnie qu'il voterait bien comme il l'avait annoncé lors de la future élection présidentielle. Il l'avait ainsi clairement affirmé à Alain Juppé, en présence de François Baroin, tous deux ministres de Nicolas Sarkozy, lors d'un déjeuner privé au Quai d'Orsay. Était-ce l'effet de sa « très grande fatigue », comme l'expliquaient sans gêne ceux qui avaient tout intérêt à disqualifier son opinion ? Ou l'expression de son ultime engagement politique, inspiré par un mélange d'évidente sympathie pour le candidat socialiste corrézien et d'aversion non moins déclarée à l'encontre du Président sortant ?

Je ne doutais guère, à sa façon de dire les choses, que la seconde version fût la bonne. Il ne plaisantait pas. Il était même tout ce qu'il y a de plus sérieux lorsqu'il exprimait ainsi sa volonté d'en finir avec un successeur dont il avait trop longtemps enduré l'agressivité sans broncher – quitte à s'affranchir des consignes et mots d'ordre de sa garde rapprochée. La réaction ne se fit pas attendre. Il y avait urgence désormais, dans les milieux proches du pouvoir, à le faire passer pour « définitivement gâteux, sénile », à laisser entendre qu'il n'aurait plus « toute sa tête » et qu'en d'autres temps il n'eût sans doute pas tenu les mêmes propos. La vérité était que son jugement sur Nicolas Sarkozy n'avait jamais varié, la maladie exacerbant tout au plus une animosité parfaitement connue des siens comme de l'intéressé et qui se manifestait maintenant avec d'autant plus d'éclat qu'on s'employait fébrilement à l'endiguer.

Chacune des visites que je lui rendais m'emplissait d'un malaise grandissant. Non en raison de son état de santé, variable selon les jours, ni de cette sorte de torpeur égrillarde, de détachement abyssal qui annihilait vite toute tentative de conversation prolongée. Pour l'avoir vu peu à peu décliner, je n'étais pas vraiment surpris par une telle évolution ni davantage convaincu qu'elle ait altéré toutes ses facultés mentales. Il pouvait encore faire preuve, sur certains sujets, d'une lucidité implacable dont je n'étais pas le seul à me rendre compte.

Ce qui me heurtait et me dérangeait davantage tenait à ce que je sentais se tramer autour de lui à la veille de l'élection présidentielle d'avril 2012. Une volonté à peine déguisée de le neutraliser pour faire oublier sa préférence déclarée, tandis que son épouse battrait campagne au-dehors en faveur du Président sortant. Ni vu ni connu, Jacques Chirac disparaîtrait ainsi de la scène politique où son nom continuerait néanmoins de retentir, mais porté par une autre voix que la sienne. L'opération était bien partie pour réussir, à l'insu de l'opinion, si je n'avais été le témoin, un soir de mars 2012, d'une scène qui m'incita à rompre le silence.

En accord avec Claude Chirac, à qui j'ai proposé mes services et qui m'a remercié de la suppléer, j'accompagne ses parents, ce soir-là, dans un restaurant proche du Champ-de-Mars, l'un des préférés du Président. Nous sommes tous les trois, les gardes du corps regroupés à une table voisine. L'atmosphère au sein du couple est plus électrique que jamais. Tout leur est bon pour se quereller, s'exaspérer l'un l'autre. Harcelée par les moqueries incessantes de son mari qui s'amuse à lui faire répéter ce qu'elle dit, y compris quand elle ne dit rien, Bernadette Chirac paraît épuisée, excédée, à bout de nerfs. Elle affiche sa tête des mauvais jours. Elle n'en peut plus, dit-on, de la vie qu'il lui fait mener. Et réciproquement…

Comme je me hasarde à parler politique, Jacques Chirac se déchaîne soudain contre Nicolas Sarkozy. Hors de lui, il s'en prend à ce dernier avec une violence que je ne lui ai jamais connue. Il me fixe droit dans les yeux, les sourcils froncés, la voix comme suffoquant d'une rage trop longtemps contenue. Il s'adresse à moi comme si j'étais l'un des derniers interlocuteurs encore susceptibles de le comprendre et surtout de relayer son message : « Personne, vous entendez bien, personne n'a dit plus de mal de moi que ce petit salaud ! s'écrie-t-il. Personne ne m'a autant dénigré, traîné dans la boue. Il faut en finir avec ce minable ! » Et de clamer son soutien à François Hollande d'une voix tonitruante qui a tôt fait d'alerter une bonne moitié de la salle. Directement visée, son épouse essuie ce déluge d'imprécations sans trop savoir que faire ni comment réagir. Tête penchée, comme figée de stupéfaction, les yeux plongés dans son assiette, avant de se redresser, la mine lourdement réprobatrice. Il se gausse de son air consterné et, loin de baisser la garde, en rajoute dans l'invective contre Sarkozy.

« Il faut savoir pardonner, tourner la page », maugrée Bernadette Chirac quand, donnant raison au Président, je lui rappelle à mon tour les sarcasmes blessants dont son successeur n'a cessé de l'accabler depuis sa prise de pouvoir. Pardonner, tourner la page ? Cette noble mansuétude ne ressemble guère à celle qui poursuit toujours Dominique de Villepin d'une animosité inexpiable. Est-ce par pur esprit de vengeance, sinon de contradiction vis-à-vis de son mari, que Bernadette Chirac s'est lancée dans ce soutien forcené au Président sortant ? Ou en raison de l'étrange crainte que ce dernier lui a toujours inspirée ? Elle semble prête, en tout cas, à se dépenser sans compter pour le faire réélire. Au point d'user en ce sens de la procuration qu'elle est bien résolue à obtenir de son époux, alors que celui-ci se déclare devant moi résolu à aller voter lui-même en Corrèze.

Je n'ose croire qu'elle puisse aller jusque-là, se prêter à une telle opération. Mais le clin d'œil appuyé qu'elle m'adresse, comme si elle pensait trouver en moi un soutien, suffit à me confirmer sa détermination. J'apprendrai, au lendemain du second tour de l'élection présidentielle, que Bernadette Chirac se flattait en ces termes d'être parvenue à ses fins : « Rendez-vous compte, tout le monde autour de mon mari a voté Hollande. Sauf Jacques, mais il ne le sait pas… » Je l'imagine disant cela, le regard vengeur, avec cet air satisfait d'épouse régnante à qui on ne la fait plus.

Ce soir-là, je quitte le couple, rentré tôt à son domicile, stupéfié par la façon dont une partie des siens s'apprête à instrumentaliser la voix de l'ancien chef de l'État. Sachant ce que je sais, je ne peux laisser se perpétrer cette manœuvre sans réagir. C'est la prise de position vigoureusement réitérée devant moi par Jacques Chirac qui me conduira, le 17 avril, peu avant le premier tour de l'élection présidentielle, à rappeler dans une interview donnée au *Parisien* et aussitôt relayée par tous les médias nationaux, son choix maintes fois réaffirmé en faveur de François Hollande.

Cette initiative me vaudra le lendemain, sur RMC, une réplique méprisante de Nicolas Sarkozy, littéralement sidéré de voir un « monsieur », un biographe qu'il « ne connaît pas », surgir d'on ne sait où pour, à l'évidence, contrecarrer ses plans. Une dizaine d'anciens ministres et Premiers ministres chiraquiens se déclareront peu après, dans un communiqué, « peinés de constater que certains instrumentalisent l'aura du Président Chirac dans le cadre de cette campagne présidentielle, lui faisant dire ce qu'il ne dit pas ». Ce qui n'empêchera nullement l'un des plus éminents d'entre eux, Jean-Pierre Raffarin, rencontré lors d'un cocktail au lendemain de l'élection, de m'assurer que je n'avais pas « trahi sa pensée profonde » et même de me féliciter. Les hommes politiques peuvent avoir des retours de sincérité surprenants… Le clan, de son côté, fera publiquement savoir que personne n'est qualifié pour parler au nom du Président – ce que je n'ai évidemment pas fait, puisque je me suis contenté de confirmer un choix connu de tous et surtout de ceux à qui il n'a cessé, depuis des mois, d'être répété.

Loin, pour sa part, de me désapprouver, le principal concerné, exfiltré au Maroc, à Taroudant, par crainte d'une nouvelle incartade, marquera ouvertement sa satisfaction en apprenant la nouvelle. Je serai informé de sa réaction plus que favorable par un de ses derniers collaborateurs, Hugues Renson, menacé à son tour de représailles élyséennes et mis en quarantaine par Claude Chirac pour avoir assisté, avec ses encouragements, à un meeting du candidat socialiste. Comprenne qui pourra.

Dorénavant, je ne serai plus le bienvenu au 119, rue de Lille où je me rendrai néanmoins, au début de l'été 2012, pour saluer Jacques Chirac et l'assurer de ma fidélité. Le Président m'accueillera ce matin-là avec sa chaleur coutumière. Il saisira le bref instant de répit que lui laissera l'absence momentanée de sa fille pour me demander, avec une insistance émouvante, de venir le voir plus souvent, et même chaque semaine si possible : « Tu n'es pas obligé de planter ta tente dans le jardin ! Tu passes un moment, c'est tout. Tes visites me feront toujours plaisir… » Malgré son extrême difficulté à marcher, il tiendra à se lever pour me raccompagner, en s'appuyant sur mon épaule, et à me faire reconduire par son chauffeur comme il en avait l'habitude. Je le quitterai le cœur lourd, pressentant que les occasions de le revoir se feraient sans doute plus rares.

Comme c'était mon devoir, le seul membre de la famille que j'avais informé du livre que je m'apprêtais à lui consacrer était Jacques Chirac lui-même, des mois auparavant. Il avait spontanément approuvé ce projet, à la condition, s'était-il exclamé en riant, que « tu y fasses mon éloge ! ». Il m'avait rarement tutoyé jusque-là et, même s'il cédait maintenant, avec ses autres visiteurs, à une même familiarité, je savais pouvoir l'interpréter comme une marque personnelle de confiance et d'affection.

Les mots qu'il avait employés dans la dédicace des deux volumes de ses *Mémoires* ne laissaient aucun doute à ce sujet.

L'ŒIL DE SUMO

Ce n'était pas son genre de se retourner sur lui-même. « Le passé m'emmerde », répétait-il invariablement à tous ceux qui, depuis son départ de l'Élysée, le pressaient de publier ses souvenirs. Non par crainte d'être confronté à son bilan, comme l'insinuaient ses détracteurs de tous bords. Mais du seul fait que rien ne le prédisposait à un tel exercice. Se projeter loin en arrière, remonter le cours de près d'un demi-siècle de vie politique ? Dresser l'inventaire de ses réussites et de ses déboires ? S'expliquer, se justifier ? Pour ce guerrier rivé à l'instant présent et tout entier dans le mouvement, une telle rétrospective signifiait l'arrêt des combats et une sorte de mort prématurée. Jacques Chirac n'était pas davantage fait pour s'adonner à l'une de ces confessions publiques qui heurtaient sa pudeur et sa sensibilité. Peu enclin à se raconter, il l'était moins encore à passer aux aveux. Il ne s'était, de surcroît, jamais préoccupé de la trace qu'il laisserait dans l'Histoire, convaincu au fond de lui de n'en laisser aucune, à l'instar de beaucoup – de Gaulle excepté. Et, loin de sculpter sa statue pour la postérité, il avait même adopté le parti inverse : l'occultation de soi plutôt que l'autocélébration. Alors, des *Mémoires*, à quoi bon ? Autant rédiger sa propre nécrologie.

C'est pourquoi il s'emploiera, pendant des mois, à tenter de me démontrer l'inutilité du livre que nous sommes censés écrire. Et toujours avec les mêmes arguments qu'il m'a opposés d'entrée de jeu et souvent répétés par la suite. « Je n'ai pas le culte de ma propre personne. Le passé m'intéresse, mais pas forcément le mien. Ma place dans l'Histoire sera modeste par la force des choses. Je l'admets sans difficulté. De Gaulle et Mitterrand laisseront une trace. Ils ont joué un rôle essentiel. Pas moi… » C'est bien parce que je suis persuadé du contraire, s'agissant précisément de son « rôle », que notre collaboration s'annonce comme un défi insolite et paradoxal. Il n'est pas si fréquent qu'un homme ayant occupé les plus hautes fonctions minimise à ce point l'importance de son œuvre, même si Jacques Chirac en rajoute probablement, par jeu, malice, instinct de provocation ou simple prudence, dans le registre de l'humilité. Mais, forcée ou non, cette singularité est déjà révélatrice de la complexité du personnage.

Me voici fixé, en tout cas, sur l'intérêt relatif qu'il accorde à la rédaction de ses *Mémoires*. Fixé aussi sur le rôle d'incitateur, voire d'instigateur qui m'incombera du même coup. Rôle qui consistera, en somme, à solliciter les souvenirs d'un homme résolu à en dire le moins possible sur lui-même et pour qui toute évocation de soi confine à l'exhibition. Mission d'autant plus délicate qu'elle exige au préalable de parvenir à gagner la confiance d'un ancien président de la République rendu plus fataliste et circonspect dans les relations humaines par quarante années ininterrompues de combat politique et de pratique du pouvoir.

Nombre de journalistes, qui auraient beaucoup donné pour se trouver à ma place, m'ont demandé pourquoi, sur la suggestion de son éditrice, Nicole Lattès, Jacques Chirac m'avait choisi, moi plutôt que l'un d'entre eux – sous-entendu : « alors que nous présentions davantage d'expérience et de qualités pour réaliser le même travail, et sans doute mieux… » Pourquoi moi, en effet ? Parce que j'étais différent d'eux, probablement, extérieur à un sérail médiatique dont Jacques Chirac, non sans raison, s'est toujours méfié, et parce qu'il ne me connaissait pas, sinon par ouï-dire, préférant à tout prendre une tête inattendue à un interlocuteur sans surprise. Peut-être aussi parce qu'un historien, habitué à travailler sur la durée, sans être soumis à aucun enjeu immédiat, lui paraissait somme toute plus rassurant, et d'un avantage certain pour qui avait besoin de retrouver le fil de sa propre histoire… Peut-être, enfin, parce qu'il me savait, renseignements pris, suffisamment acquis à sa cause pour ne pas s'exposer à une confrontation dont il avait passé l'âge et perdu le goût, plus rien ne l'y obligeant désormais…

Je n'ai jamais tenté, en réalité, d'élucider les véritables raisons de son choix et me suis toujours gardé d'interroger Jacques Chirac à ce propos. D'autant qu'il n'était sans doute pas le plus qualifié pour me répondre… S'en était-il seulement remis à l'avis de sa fille, lui laissant le soin de régler directement ce problème ? J'avais longuement rencontré Claude Chirac deux ans auparavant dans son bureau de l'Élysée. J'étais venu en compagnie de Jean Bothorel lui présenter notre projet de livre sur les aspects les plus méconnus de la personnalité de son père – sa passion des arts premiers, notamment. Après avoir déjà interrogé beaucoup de ses proches et acquis une bonne connaissance du sujet, nous sollicitions un entretien avec le Président. Sans nous donner d'assurances, sa fille nous conseilla de lui écrire. Mais la lettre que nous adressâmes au chef de l'État resta sans réponse. Je compris peu après, en rencontrant Frédéric Salat-Baroux, secrétaire général de l'Élysée et déjà compagnon de Claude, que Jacques Chirac ne nous recevrait pas.

Officiellement, le Président ne parlait jamais de lui et se désintéressait de ce qu'on pouvait écrire le concernant. L'un des rares journalistes auquel il s'était jadis confié, parce qu'il le croyait son « ami », Franz-Olivier Giesbert, venait de lui consacrer un ouvrage incendiaire qui ne visait qu'à le discréditer[1]. On ne l'y reprendrait plus. Sa porte resterait donc close à l'avenir. Seul Pierre Péan, devenu le confesseur en titre des présidents en fin de règne, bénéficierait finalement du sauf-conduit qui nous était refusé. Connaissant Pierre, sa rigueur, son intégrité, son acharnement à débusquer la vérité au mépris des réputations établies, quels qu'en soient les risques, je ne doutais pas que l'entourage élyséen ait visé juste en lui facilitant les choses. Mais il était difficile d'être dupe des raisons politiques qui, indépendamment de l'auteur, avaient aussi guidé ce choix. La volonté de mettre à profit le savoir-faire d'un fidèle de François Mitterrand afin de revaloriser l'image de son successeur, alors très décrié dans l'opinion et probablement encore tenté de se représenter pour un éventuel troisième mandat. Opération réussie : le livre fut un succès. Jacques

1. *La Tragédie du Président*, paru chez Flammarion en 2006.

Chirac ne pouvait que gagner à être mieux connu, quoique trop tardivement pour en tirer le parti espéré.

Toujours est-il que notre projet s'en trouvait du même coup condamné. À défaut d'aboutir, il m'avait au moins permis de croiser Claude Chirac, égérie paternelle à qui l'on prêtait une influence absolue et, pour certains, démesurée, en tout cas proportionnelle au vide qui semblait s'être installé au sommet de l'État.

C'est elle, alliée à Nicole Lattès, qui avait fini par arracher à celui qu'elle appelle, selon les jours, « Chirac » ou « le Président », une sorte d'acquiescement résigné à l'idée d'écrire ses *Mémoires*. Le clan y voyait un enjeu de tous ordres dont son chef était encore loin d'être persuadé. Jacques Chirac n'avait rien demandé, rien sollicité. Il était même d'un avis contraire. Mais, de guerre lasse, il avait fini comme souvent par abdiquer sous la pression des siens. J'en aurai eu la preuve à l'issue de notre première rencontre, ce matin de novembre 2007 où je lui fus présenté comme pour un examen de passage.

Avant de nous séparer, l'examen apparemment réussi, sa fille prend soin de s'assurer, une dernière fois, qu'il est « bien d'accord » pour se lancer dans ce travail en commun, comme s'il restait à vaincre chez lui d'ultimes réticences. Après lui avoir donné consigne, durant toute sa présidence, d'en dire le moins possible, voire de la « boucler » – geste à l'appui –, Claude le pressait maintenant de se plier à l'exercice exactement inverse : parler, se raconter, s'épancher librement, abondamment, sans réserve, ce dont, plus que tout autre, elle lui a pourtant fait perdre l'habitude. Mais qu'à cela ne tienne… « Je suis tout à fait d'accord ! » déclare-t-il à sa fille de cette voix trop ferme et déterminée qui lui a si souvent servi à persuader amis ou adversaires de ses bonnes intentions, à les bercer de promesses apaisantes. Technique qu'il maîtrise toujours à la perfection, je n'en doute pas...

Quoi qu'il paraisse concéder, il n'agira qu'à sa guise, selon son habitude. L'art du quiproquo ou du malentendu a toujours été l'une de ses ruses favorites pour survivre en terrain hostile, s'arranger des décisions qu'on tente de lui imposer et, en définitive, n'en faire qu'à son idée. Et dire qu'on le croit fluctuant, hésitant, malléable... Combien se sont laissé prendre à son jeu ? Le tout est de ne pas être le prochain sur la liste.

*

Il arrive sans se presser, la démarche traînante, la mine affable, placide et décontractée, au rythme qui, désormais, semble être devenu le sien. Le pas, l'allure, la haute silhouette un peu voûtée n'ont déjà plus rien à voir avec le Chirac d'hier. On les dirait taillés sur mesure pour son nouveau rôle de président à la retraite. Seuls sa cravate et son costume sombres confèrent encore au personnage quelque chose d'officiel et de presque solennel. Pour le reste, délesté de toute fonction et contraint à changer de vie, il paraît s'être mué en flâneur, en vieux passant désœuvré, soucieux – ce qui n'a jamais été son style – de prendre son temps et d'économiser son énergie.

Constatant qu'il a plusieurs minutes de retard sur l'horaire prévu du rendez-vous, sa fille s'emploie à le sermonner gentiment en regardant sa montre lorsqu'il fait son entrée dans le bureau voisin du sien où nous l'attendons, Nicole Lattès et moi, en compagnie de Claude Chirac. L'air faussement navré, il se dirige aussitôt vers Nicole, l'éditrice des deux livres de réflexions, *Une nouvelle France* et *La France pour tous*, qui contribuèrent en 1995 à sa résurrection politique. Il s'avance vers elle en s'excusant, les bras grands ouverts, le geste chaleureux. Il l'embrasse, la couvre de petits mots affectueux en l'appelant par son prénom. Et, tandis que je m'approche à mon tour pour le saluer, il me saisit la main en s'exclamant : « Bonjour, maître », d'un ton railleur et enjôleur à la fois, avec cette effervescence, cette cordialité un peu mécaniques dont il sait envelopper ses visiteurs comme, naguère, ses électeurs de Corrèze. Le grand art chiraquien.

Ce « Bonjour, maître », qui se veut flatteur bien que réservé d'habitude aux pontifes vieillissants de l'Université ou de l'Académie, me surprend autant qu'il m'amuse. Sans doute l'a-t-il employé à dessein pour tester ma réaction, savoir d'entrée de jeu à quel genre d'homme il avait affaire. En riant, je lui réponds que le général de Gaulle s'était adressé ainsi à Louis de Funès lors d'une réception à l'Élysée où il réserva au saltimbanque le même accueil déférent qu'à chacun des grands écrivains ou éminents professeurs conviés ce soir-là. Il part d'un grand rire. Expansif, gargantuesque. Alors que je me sentais aussi ému qu'intimidé en le voyant arriver, il me semble maintenant qu'une sorte de proximité est déjà née entre nous. En apparence, du moins…

L'autre illusion, avec Jacques Chirac, serait de trop se fier au sentiment de familiarité qu'il inspire. Ce que le personnage exhale de chaleur démonstrative et de jovialité bienveillante se mêle à une impression de réserve, de retenue qui, à force de contrôle, en restreint le naturel.

Pour accessible qu'il soit, on pressent chez lui une frontière imprenable au-delà de laquelle il serait sans doute hasardeux de chercher à trop s'aventurer. L'abord est avenant, mais le regard d'acier. Comme si l'habitude du combat, alliée à une longue expérience des hommes, lui commandait, revenu de tout, de toujours se tenir sur ses gardes et de ne rien concéder qui puisse, si peu que ce soit, le mettre en danger…

Il nous invite à prendre place dans son propre bureau pour convenir de notre façon de travailler. Il se cale dans son fauteuil, les mains plaquées sur les accoudoirs, le buste droit, le visage impassible, mais les jambes tantôt croisées, tantôt dépliées, comme si elles avaient peine à s'ajuster à ce maintien de sphinx qu'il essaie de se composer. Dès que nous sommes installés face à face, une sorte de crispation, presque de tension, durcit ses traits de vieux fauve aux aguets. Quelques instants lui ont suffi pour passer d'un Chirac à l'autre.

Il m'examine, me scrute à présent, tel un intrus qui ferait irruption sur son territoire sans qu'il ait tous les moyens de l'en empêcher. Des mois plus tard, il me livrera le secret de sa passion pour les combats de sumo dont l'intérêt pour lui réside tout entier dans ces brèves minutes, d'une intensité extrême, où les adversaires, les yeux rivés l'un à l'autre, se jaugent, s'évaluent sans merci avant de s'empoigner. « Je comprends mieux votre façon de m'observer lors de notre première rencontre. En quelque sorte, vous m'avez fait ce matin-là votre œil de sumo ! » lui dirai-je alors sans obtenir de réaction. Quant à savoir les impressions retirées de ce contact initial où il s'est contenté de m'écouter…

S'abstenant de la moindre question, il se déclare prêt, de son côté, à répondre « sans réserve » à « toutes celles » que je souhaiterai lui poser. À moi de jouer, autrement dit. Comme s'il entendait bien rester le simple commentateur de sa propre vie qu'il me déléguait le soin d'explorer à ma guise, ou presque. Étrange inversion des rôles qu'il a déjà orchestrée à l'insu de ceux – celle, surtout – qui ont cru pouvoir lui dicter sa conduite.

Imperturbable, il feint d'accorder la plus grande attention au petit laïus que j'ai préparé pour me présenter à lui. J'évoque brièvement mes convictions gaullistes, mon adhésion de jeunesse au Rassemblement pour la République dès sa création en décembre 1976, ma collaboration au journal *Ville de Paris* et notre entretien, dix-huit ans auparavant, dans son bureau de l'Hôtel de Ville, pour préparer un numéro spécial consacré au bicentenaire de la Révolution française, numéro dont il ne voyait guère l'utilité mais qu'il avait finalement consenti à préfacer… Litanie de bons et loyaux services que je m'évertue à égrener sous son regard toujours lointain, impénétrable. Il ne cille pas davantage lorsque je crois bon de conclure : « En somme, je suis un peu de la famille. » Une formule dont je mesure aussitôt après – mais trop tard – le caractère incongru et à tout le moins présomptueux. Même si, comme on l'imagine, je ne voulais parler ici que de « famille politique », ce raccourci peut prêter à confusion. Autour de moi personne n'a réagi, ni le Président ni sa fille, qui font comme s'ils n'avaient rien entendu. Mais le long silence qui s'ensuit n'est pas fait pour me tirer d'embarras…

Prenant enfin la parole à son tour, Jacques Chirac me demande simplement comment je souhaite procéder pour l'élaboration de l'ouvrage, et le nombre d'entretiens dont j'aurai besoin. Je lui retourne la question et m'enquiers du temps qu'il est prêt à m'accorder. Il me promet de se rendre disponible autant que nécessaire. « Je suis à votre disposition », m'assure-t-il avec force. Il tient seulement à me préciser, avec un sourire en coin, qu'il ne veut dire « du mal de personne, ou le moins possible… » J'ai envie de lui citer le mot de François Mauriac pour expliquer son refus d'épargner quiconque, surtout ses amis : « Ce serait beaucoup se priver ! » Mais je préfère rester évasif et m'en remettre aux imprévisibles sursauts de la mémoire. Surtout de celle qui se veut *a priori* la plus indulgente…

LA SOLITUDE DU LENDEMAIN

On le disait déprimé depuis ce jour de mai 2007 où il avait dû se résoudre, bon gré mal gré, à quitter l'Élysée. En quête d'une nouvelle raison de vivre, lui qui avait tout donné et plus encore à la politique, il paraissait tuer le temps entre deux villégiatures. On le trouvait partout et nulle part. Il flottait au gré des escales de luxe qui s'offraient encore à lui et ne suffisaient plus à le divertir. Après un long séjour à Taroudant, son refuge marocain préféré, il avait fait étape à Biarritz, dans un des grands hôtels de la côte basque, puis trouvé refuge dans la demeure tropézienne de ses amis Pinault, avant de s'envoler, à l'invitation de Vladimir Poutine, pour les rivages ensoleillés de la mer Noire. Les passants le croisaient parfois, le week-end, rue de Seine, dans le quartier des galeristes parisiens. Il y flânait sans plaisir, silhouette un peu tassée, tête baissée, bras le long du corps, la démarche incertaine, flanqué d'une épouse à la mine renfrognée qui tenait vigoureusement en laisse leur bichon maltais. Elle, ouvrant la marche, son mari se tenant quelques pas en arrière comme s'il se laissait docilement conduire à son tour. Une vie à trois…

Il n'était déjà plus le même. On le sentait comme perdu, dépossédé, lourd d'une indicible mélancolie. Après quarante années d'action et de pouvoir ininterrompues, son seul enjeu, dorénavant, était de savoir comment remplir son agenda quotidien. Rien de plus invivable, de plus inconcevable pour lui qu'une existence de retraité. Du jour au lendemain, il s'était trouvé précipité dans une solitude qu'il n'avait d'aucune manière anticipée. Il n'avait rien vu venir : ni le retour brutal à une vie ordinaire qu'il n'avait pratiquement jamais connue, ni la nécessité de s'inventer de nouvelles occupations, et moins encore ce tête-à-tête quotidien avec son entourage le plus restreint. Aucune échappatoire désormais et peu de divertissements en perspective. Tout au plus avait-il monté à la hâte, peu avant la fin de son mandat, un projet de fondation inspiré de celles lancées par deux de ses anciens homologues étrangers, Tony Blair ou Bill Clinton, afin de poursuivre leur engagement public. Jamais, de son côté, il ne s'était vraiment préparé à une telle reconversion, pour lui aussi improbable que si on lui eût demandé de changer de peau.

Sous la Ve République, un Président n'est jamais descendu de son trône que pour mourir de chagrin ou de maladie, voire s'abîmer dans un exil sans fin. Seul jusqu'ici Valéry Giscard d'Estaing, chassé de l'Élysée à l'âge où on rêve encore d'y accéder, a pu cultiver un temps, après une longue dépression, l'illusion d'un possible rappel. Le cas de Jacques Chirac est celui d'un survivant sans espoir de retour. Voué à la mort lente des vieux souverains qui ont fait leur temps.

La vérité est qu'il s'était refusé le plus longtemps possible à envisager sa sortie du pouvoir, guettant jusqu'au bout la moindre opportunité qui lui eût permis de se maintenir en place. Ce qu'il niera farouchement chaque fois que j'évoquerai devant lui cet espoir plausible de parvenir à se représenter, et de barrer ainsi la route à tout successeur de son propre camp – Juppé excepté, peut-être, si celui-ci ne s'était trouvé malencontreusement « empêché »... Jacques Chirac assurait avoir fait durer le suspense sur ses intentions dans le seul intérêt du bon fonctionnement de l'État et pour épargner au pays une guerre de prétendants trop précoce. Laquelle eut lieu néanmoins sans qu'il y fût étranger... Mieux encore : il aurait en réalité exclu, dès le début de son deuxième ou second mandat, en avril 2002, toute idée de nouvelle candidature... mais en secret et à l'insu de tous, « afin de ne pas attiser trop tôt les convoitises ». Il ne pouvait être question de ne pas le croire.

« Il y a une vie après le pouvoir ! » avait-il aussi proclamé, avec une apparente conviction, peu avant son retrait définitif des palais de la République. Une vie, mais laquelle ? Celle, dont il avait souvent rêvé, selon sa fille Claude, d'un passionné d'archéologie qui consacrerait désormais son temps à exhumer les vestiges des plus vieilles civilisations du monde ? Celle, qui lui paraissait plus encore destinée, d'un artisan et défenseur du dialogue des peuples et des cultures ? Ou celle d'un sage qui prodiguerait ses conseils aux nouveaux dirigeants français et étrangers et ferait connaître, quand ce serait nécessaire, son opinion sur les grands problèmes du moment, écologiques et autres ?

Aucune de ces vies possibles ou aspirations présumées ne s'est vraiment réalisée. Il n'y a pas eu de voyage exploratoire en Afrique ou en Asie pour y rejoindre l'un de ces chantiers de fouilles dont il a toujours suivi de près les découvertes.

Ni de véritable engagement, hors le cadre étroit de sa fondation, en faveur de la paix, de l'aide au développement ou de la prévention des conflits. Et moins encore d'avis formulés, faute d'être consulté, ou de prises de positions publiques, puisqu'il avait finalement résolu de se taire...

Il ne tenait qu'à lui de mettre à profit son expérience du monde et de sillonner la planète pour des tournées de conférences prestigieuses et très lucratives, comme le faisaient d'autres leaders occidentaux à la retraite. Mais il avait exclu, pour sa part, de se livrer à de telles prestations, qu'il jugeait indécentes. À l'inverse de Gerhard Schröder, il était même allé jusqu'à décliner l'offre faite par leur ami commun Vladimir Poutine de bénéficier d'un poste d'administrateur solidement rémunéré au sein du groupe Gazprom. « Poutine se soucie beaucoup de notre avenir matériel, me racontera-t-il un jour en rentrant d'un petit-déjeuner avec le dirigeant russe, de passage à Paris. Il tient à tout prix à nous assurer un train de vie confortable. Schröder a accepté. Moi non, parce que je ne manque de rien. Je ne suis pas un homme d'argent, de toute façon. Je ne l'ai jamais été. Poutine, que j'apprécie beaucoup par ailleurs, comme vous le savez, n'a toujours pas compris les raisons de mon refus... » En bref, pas un sou de l'étranger, comme le lui recommandait jadis son mentor en tout, Georges Pompidou. Ce qui ne l'a pas empêché d'accepter depuis lors l'hospitalité durable des proches d'un défunt Premier ministre libanais, et même d'estimer cette situation, incomprise de beaucoup, parfaitement naturelle... Mais il s'agit là d'une autre histoire. D'ordre quasi familial.

Privé à la fois de cet écran protecteur et de ce stimulant irremplaçable qu'offre l'exercice du pouvoir, Jacques

Chirac s'est vu confronté d'un coup à une double incertitude : judiciaire et médicale. L'une et l'autre soigneusement occultées jusqu'alors, tant pour sa tranquillité d'esprit que par réflexe de survie.

La première le poursuivait depuis son entrée en fonction, planant comme une menace récurrente sur ses douze années de mandat. Longtemps il avait feint de ne pas en être affecté, ni même de prêter attention à ce qu'il semblait considérer comme une péripétie hypothétique. Il laissait à Dominique de Villepin, devenu expert en déminage des « dossiers » chiraquiens présumés compromettants, le soin de contenir et, si possible, d'entraver l'offensive des juges. Mission en partie réussie sans que le principal concerné paraisse s'en être seulement mêlé. Plusieurs des instructions en cours, le temps faisant aussi son œuvre, sont déjà éteintes à la date où le chef de l'État sortant, redevenu un citoyen dit « ordinaire », cesse de bénéficier de l'immunité présidentielle. Mais celles qui subsistent, concernant pour l'essentiel les « emplois fictifs » de la Mairie de Paris, ont de quoi empoisonner la fin de son existence. Déterminés à ne lui laisser aucun répit après avoir dû ronger leur frein si longtemps, les juges ont eu tôt fait de le rattraper, comme par crainte qu'il leur échappe une fois de plus. Le premier d'entre eux est venu frapper à sa porte dès le début de l'été 2007. Le suivant, une femme qui ne s'estimera pas tenue aux mêmes égards, le convoquera en septembre au pôle financier du tribunal de Paris. Brutale démonstration, aux dépens de l'ancien Président, d'un changement de statut déjà effectif…

Seconde incertitude : son état de santé. Sujet tabou entre tous, par-delà un louable mais trompeur souci de transparence. Dans ce domaine, les communiqués officiels ne sont jamais censés tout dire. C'est presque leur fonction naturelle de sauvegarder une part de mystère sans laquelle le pouvoir perdrait, pour qui le détient encore, de son effet rédempteur. Si elle avait été d'emblée publiquement établie, la vérité sur sa maladie eût sans doute privé François Mitterrand du ressort secret qui lui a permis, en différant l'issue fatale, de se maintenir à l'Élysée quatorze années d'affilée. La dissimulation et le mensonge l'avaient aidé à préserver cette énergie salvatrice qu'il puisa jusqu'au bout dans l'accomplissement de sa tâche. Une même opacité semble avoir prévalu dans le cas de Jacques Chirac au lendemain de cet accident vasculaire cérébral qui prit tout le monde de court, lui le premier, en septembre 2005.

Rien, hormis le fait que son pas s'était déjà quelque peu ralenti, ne laissait présager une santé défaillante. Cette force de la nature semblait inaltérable, capable de résister à tout, aux effets de l'âge et aux excès en tout genre, comme aux désillusions accumulées après une décennie de présidence. Les épreuves ne lui avaient pas manqué au cours des derniers mois, endeuillés par l'assassinat de son ami Rafic Hariri, aussi cruellement ressenti que la perte de ce frère qu'il n'avait jamais eu, avant d'être assombris par le fiasco de son référendum sur le projet de Constitution européenne. Jacques Chirac n'en continuait pas moins à déployer en public une énergie apparemment intacte et à se multiplier jusqu'à épuisement comme pour mieux conjurer le spectre de son propre déclin.

À l'inverse de son prédécesseur, il n'était pas homme à tolérer pour lui-même le moindre aveu d'une déchéance physique, et moins encore à le mettre en scène. Non par orgueil ou surestimation de soi. Mais parce qu'une sorte d'effroi ou de révolte lui interdisait de prendre en compte cette réalité-là et l'incitait même à faire comme si elle n'existait pas. On sait qu'il fut « l'un des derniers », comme il le reconnaît aujourd'hui, à comprendre ou plutôt admettre que Georges Pompidou puisse souffrir d'un mal incurable. Évidence devenue chaque jour plus saisissante et qu'il réfuta cependant jusqu'à l'ultime moment. Au point de prendre violemment à partie Jean Mauriac, coupable à ses yeux d'avoir révélé dans une de ses dépêches de l'AFP ce qui n'était déjà plus un mystère pour grand monde.

Qu'il puisse être frappé à son tour par un brusque accident de santé dut lui paraître tout aussi invraisemblable et scandaleux. La preuve en est qu'il s'empressa d'en minimiser la gravité. D'abord vis-à-vis de son entourage, auprès duquel il chercha aussitôt à dédramatiser son départ à l'hôpital comme s'il s'apprêtait à y subir un simple examen de routine. Et, de la même façon, vis-à-vis de tous ceux qui, lui demandant après coup de ses nouvelles, essuyèrent cette réponse sans appel : tout va bien, merci, rien à signaler. Je me souviens de son irritation à peine contenue le jour où je me suis risqué à aborder ce sujet : « Ce n'est pas dans ma nature de me poser des questions sur ma santé », m'asséna-t-il pour couper court à une discussion selon lui oiseuse et qui n'avait pas sa raison d'être. Quant à savoir s'il s'était senti en mesure, après coup, d'assumer pleinement ses fonctions, je me heurtai à une fin de non-recevoir tout aussi expéditive. Mieux valait en rester là. D'autant que j'estimais la vivacité de sa réaction suffisamment explicite…

Pris à temps, son AVC n'avait laissé, assurait-on, que des séquelles sans réelle gravité. Une réduction de son champ visuel qui imposait désormais de grossir les caractères des notes et discours qu'on lui soumettait. Un certain manque d'assurance dans la façon de se mouvoir, comme s'il était menacé à tout instant de perdre son équilibre. Rien encore de véritablement alarmant. De fait, l'homme avec qui je commence de travailler à la fin de l'année 2007 me semble en assez bonne forme. Physiquement, du moins. C'est moralement que je le sens le plus atteint, même s'il s'efforce de laisser penser le contraire. Miné, rongé au fond de lui par une épreuve bien pire que ses problèmes judiciaires ou ses tracas de santé : la perte cette fois irréversible de ce qui fut si longtemps sa principale raison de vivre, sinon la seule. Le combat, l'action, l'engagement sans répit. La conquête haletante, dévorante de tous les pouvoirs, jusqu'à celle de l'autorité suprême. L'expérience et le prestige enivrants de la toute-puissance. C'est d'avoir été subitement dépossédé de tout cela qu'il ne parvenait pas à se remettre. Avec tout ce qui en avait résulté d'abandons, de désertions, de trahisons dans sa fastidieuse nouvelle vie de souverain détrôné…

J'ai rarement entendu Jacques Chirac se plaindre des défections subies sitôt quitté l'Élysée. Il ne les ignorait pas. Il n'était dupe d'aucune d'entre elles. Mais il les jugeait sans doute trop conformes à la nature humaine pour se donner seulement la peine de les déplorer. Il n'ignorait pas, fataliste, que beaucoup de ses anciens ministres ou collaborateurs, nommément désignés, et un grand nombre de parlementaires à la fidélité réputée indéfectible, évitaient ostensiblement de lui rendre visite dans ses bureaux de la rue de Lille. La plupart, prudence oblige, se tenaient à distance par crainte de déplaire à son successeur et de compromettre ainsi leur avenir ou de ruiner leurs ambitions. Qu'il fût devenu périlleux de le fréquenter pour certains de ses anciens courtisans n'était pas davantage fait pour le surprendre. C'était, là encore, « dans l'ordre des choses »... Il n'était pas pour autant disposé à tout admettre ni à tout pardonner. L'excès de servilité, en particulier, de ceux ou celles qui, non contents de le délaisser, croyaient bon d'en rajouter dans le dénigrement, orchestré par l'Élysée, de son bilan présidentiel.

Je le revois sortant de ses gonds, un matin de mai 2008, pour fustiger, le regard noir, les mâchoires serrées, une déclaration d'une ancienne collaboratrice devenue ministre. Ou me racontant, un peu plus tard, notre entretien du jour terminé, la façon dont même un de ses compagnons de très longue date, Pierre Mazeaud, avait délibérément omis de citer son nom dans son discours prononcé devant le nouveau chef de l'État, lors des célébrations du cinquantième anniversaire de la Constitution : « Je suis reparti sans le saluer et il s'est aussitôt précipité vers ma voiture en se répandant en excuses... » Mais il connaissait trop l'intéressé, son caractère fantasque, ses humeurs bougonnes et ses jugements à l'emporte-pièce, pour lui en tenir longtemps rigueur. Fût-il aujourd'hui sans illusions sur ce « vieil ami » comme sur tant d'autres...

Celui dont le comportement l'avait d'autant plus déçu qu'il ne tarissait pas d'éloges, jadis, à son sujet, était son ancien conseiller diplomatique, Jean-David Levitte. L'un des rares auquel il n'accordait ni excuses ni circonstances atténuantes. « Au fil du temps, je me suis aperçu qu'il avait le travers impardonnable de s'interroger toujours sur la réponse qui plairait le mieux à son interlocuteur, en l'occurrence moi. J'aime que mes collaborateurs soient toujours très francs à mon égard. Ce n'était pas son cas, comme j'ai fini hélas ! par le constater. » Levitte n'avait pas même attendu sa fin de règne, il est vrai, pour passer à l'ennemi – entendez : Sarkozy – et servir son futur maître avec la même docilité complaisante qu'il avait longtemps manifestée au président encore en place. Chirac le soupçonnait d'avoir joué double jeu dans l'affaire irakienne – il le laisse entendre dans ses *Mémoires* – et davantage appuyé en sous-main le lobby atlantiste favorable à l'intervention – lobby dont Nicolas Sarkozy, de son côté, se réclamait ouvertement – qu'il n'avait soutenu la position arrêtée par l'Élysée. Autant par conviction personnelle que pour ménager avec succès la suite de sa carrière…

En l'écoutant stigmatiser l'inconstance et l'opportunisme d'un Jean-David Levitte, on comprenait sans peine que celui-ci payait pour tous ceux qui n'avaient pas même eu la décence d'attendre sa sortie pour faire comme s'il n'était déjà plus là et le jeter vivant dans les oubliettes de l'Histoire. Sarkozy en tête, là encore, auquel Levitte ne servait ici que de prête-nom… Car, comment en douter, c'est bien de lui et de lui seul qu'il s'agissait dans l'esprit de Jacques Chirac. Cet héritier si peu désiré auquel il n'avait jamais rien concédé que l'autre ne lui eût déjà pris. Ce successeur nerveux, intempestif, qu'il avait toujours jugé indigne d'occuper pareille fonction, en se refusant à croire qu'il pût un jour y accéder. Quelqu'un de « pas convenable », selon la pire formule chiraquienne pour stigmatiser une façon de se comporter et disqualifier son auteur…

Est-ce parce qu'il aurait eu trop à dire, trop de critiques et de désaccords à formuler, que Jacques Chirac avait finalement opté pour l'attitude à la fois la plus neutre et la plus ambiguë qui soit : le « devoir de réserve » ? Autrement dit, le devoir de se taire ou plutôt de n'exprimer ni le bien ni le mal – surtout le mal – que pouvaient lui inspirer la politique et les façons de faire du nouveau président ?

À la date où je le rencontre, Jacques Chirac se veut détaché, retiré de tout, sans opinion ni commentaire à émettre à ce sujet. Telle est du moins la règle qu'il s'est fixée et entend respecter, jusqu'à l'imposer à ses collaborateurs qui ont reçu consigne de s'abstenir, comme lui, de tout jugement. Quitte à trahir le fond de sa pensée lorsqu'il tient à expliquer publiquement qu'il n'a pas « vocation à critiquer l'action » de son successeur. Ce qui revient à dire entre les lignes qu'il n'a pas davantage vocation à l'approuver.

Jacques Chirac a toujours argué du « respect des institutions » pour justifier ce silence si scrupuleux. Noble principe, devenu presque dérisoire face à un successeur qui, de son côté, ne se prive pas de fouler aux pieds l'œuvre de ses devanciers, et tout particulièrement la sienne. Mais il faut peut-être chercher ailleurs que dans la Constitution la véritable raison du mutisme auquel l'ancien président de la République a résolu de s'astreindre. Un présumé « devoir de réserve » qu'il se serait imposé comme un carcan pour ménager, dit-on, le pouvoir en place et obtenir que celui-ci le préserve d'un naufrage judiciaire – en pure perte, au bout du compte… Jusqu'à ce jour de juin 2011 où, en annonçant publiquement son soutien au principal adversaire de Nicolas Sarkozy, Jacques Chirac libérera avec fracas une parole trop longtemps refoulée.

Mais la solitude et l'inavouable part de tristesse et de désarroi dont elle s'accompagne ne se rattachent pas seulement, chez lui, à la dernière période de son existence. Elles proviennent aussi de tout ce qu'il a, de longue date, décidé de ne jamais exprimer, de tout ce qu'il a accumulé, avec le temps, de faux-fuyants, de silences calculés, de souffrances enfouies et de rêves inassouvis. Elles sont intimement liées, d'une certaine manière, à l'histoire de toute sa vie. C'est là, sans doute, que réside ce « mystère Chirac » auquel se sont heurtés tôt ou tard tous ceux qui croyaient bien le connaître et dont j'allais faire à mon tour l'expérience dans le rôle particulier qui m'était assigné.

Mystère que Jacques Chirac entretient comme une carapace et qui lui a longtemps servi de refuge ou de base de repli à une époque où il lui était encore utile de s'abriter des autres. Avant de se refermer sur lui comme un piège quand il n'aurait plus rien à craindre de ses semblables que leur ingratitude ou leur indifférence. Ainsi est-il devenu comme prisonnier de sa propre énigme à l'âge où, privé des paravents du pouvoir, il se trouve pour la première fois livré à lui-même.

L'ÉPREUVE DE VÉRITÉ

Si bien disposé qu'il paraisse à « jouer le jeu » et à m'apporter son aide, je mesure, dès notre premier tête-à-tête, la somme d'obstacles auxquels je vais me trouver confronté. À commencer par sa répugnance manifeste à se raconter et le peu d'entrain qu'il y met, par désintérêt ou lassitude. S'ajoutent à cela une surdité devenue, si j'ose dire, de plus en plus criante, dont il use volontiers pour n'entendre que ce qui l'arrange, et une mémoire elle aussi plus aléatoire et sélective, qu'il n'a jamais rien fait pour entretenir et ne semble guère enclin à raviver. Autre difficulté non moins redoutable : sa pratique immodérée de la langue de bois. Cet art d'en dire le moins possible en usant de formules toutes faites, martelées avec conviction, de banalités énoncées comme des sentences. Est-il prêt à s'en affranchir maintenant qu'il n'a plus guère de raisons de s'y sentir contraint ? Ou soucieux de persévérer dans ses vieilles habitudes de ruse et de dissimulation ? Ce sera tout l'enjeu de ses *Mémoires*, en définitive.

Ennemi de l'improvisation et adepte du propos sous contrôle, Jacques Chirac s'en est toujours tenu, s'agissant de son expression publique, au strict minimum : un vocabulaire d'une insipide neutralité, une rhétorique corsetée à l'extrême. Des mots sans âme brandis comme des boucliers pour se garder de l'adversité comme de lui-même. Farci de phrases passe-partout et de lieux communs, ce style impersonnel sied bien au personnage officiel qu'il s'est inventé, si différent de l'homme privé que l'un et l'autre ne parlent d'ailleurs pas le même langage : le second aussi spontané, grivois, truculent que le premier peut être convenu, empesé, bridé jusqu'à la raideur.

Est-ce la loi du genre ? Peu d'hommes politiques donnent l'impression de s'être à ce point construits contre eux-mêmes. D'où, probablement, cette pudeur dont il s'entoure comme d'une cuirasse, cette propension à ne rien laisser transparaître en public de sa vérité personnelle ni de sa sensibilité profonde... Comme si tout, chez lui, reposait sur un constant malentendu, une discordance permanente entre son être secret et celui qu'il a fabriqué et armé de pied en cap pour la conquête et l'exercice du pouvoir.

Paradoxalement, c'est en tombant quelque peu le masque qu'il a fini par emporter la confiance, en mai 1995, d'un peuple jusqu'alors déconcerté par l'image incertaine qu'il lui présentait. Et il n'a jamais été aussi convaincant par la suite, ni aussi apprécié que lorsqu'on le sentait en accord avec ses convictions les plus intimes ou qu'il se laissait aller, comme à Jérusalem face au service de sécurité israélien, à manifester son indignation la plus profonde. Mais le fait est qu'il s'est trouvé plus souvent en décalage avec cet autre Chirac dont il masquait les goûts, la culture, les opinions les plus solidement enracinées. Comme s'il y avait là quelque chose d'inavouable à force d'être resté inaccompli. Son drame n'est sans doute pas, comme l'affirment la plupart de ses biographes, de ne s'être jamais « trouvé ». Mais de s'être plutôt perdu en cours de route après avoir abdiqué tout ou partie de ses idéaux, de ses rêves et de ses ambitions de jeunesse.

Parce qu'elle constitue, par la force des choses, une épreuve de vérité, l'élaboration de ses *Mémoires* ne peut être qu'une « torture » qu'on lui inflige. Il s'en plaindra fréquemment devant moi en commençant par mettre tout en œuvre, l'air de rien, pour me compliquer la tâche. Ainsi s'efforcera-t-il pendant plusieurs mois de me persuader que le livre que nous préparons est bien davantage le mien que le sien – quitte à prendre le contre-pied de ses proches, déjà transis d'anxiété à l'idée que le Président ne passe pas pour son seul et unique rédacteur… « Vous devriez le signer vous-même, me serinera Jacques Chirac avant chaque entretien ou presque. Il aurait certainement plus de succès. Je suis oublié, plus personne ne s'intéresse à ce que je peux dire ou penser. Croyez-moi, ce serait la meilleure solution. Qu'un observateur éclairé, doué d'une bonne plume, écrive quelque chose sur un vieux président, ça, ça peut avoir de l'intérêt. Mais moi… » À ses anciens ministres ou conseillers qu'il appelle pour solliciter leur concours, il me présente non comme son collaborateur, mais comme celui qui « écrit un livre sur moi ». Quand il ne me désigne pas directement comme le futur auteur de ses *Mémoires*…

Jacques Chirac est un homme organisé, méthodique. Un maniaque de l'ordre qui apprécie les horaires fixes – même s'il lui arrive aujourd'hui de moins les respecter –, comme les objets posés au bon endroit et les dossiers classés avec soin. Il a plus que jamais besoin de repères sûrs dans une vie où l'inconnu n'a plus sa place. Le rituel de nos séances de travail est fixé d'entrée de jeu. Rendez-vous en milieu de matinée au deuxième étage du 119, rue de Lille, deux à trois fois par semaine. Je me présente avec quelques minutes d'avance, sachant le Président d'une ponctualité sourcilleuse. Quand il n'est pas déjà arrivé sur place, il débarque à l'heure dite, escorté de ses gardes du corps. Il commence par s'informer auprès de sa chargée de communication, Bénédicte Brissart, des nouvelles du jour et de son emploi du temps. Bref tour d'horizon d'une actualité politique à laquelle il feint de ne prêter qu'une oreille distraite. Il hoche la tête dès qu'on prononce le nom de son successeur et se garde ostensiblement de tout commentaire, l'air de celui qui n'en pense pas moins. Puis, dépliant sa longue carcasse, le pas toujours un peu traînant, il me convie à l'accompagner dans son bureau et à prendre place dans le siège qui m'est réservé. Toujours le même : en face du sien, mais légèrement de biais.

Question immédiate avant de s'atteler à la tâche : « Que voulez-vous boire ? » Réaction incrédule et comme stupéfaite, le premier jour, quand je lui réponds, candide : « Un verre d'eau. » Lorsque, tentant de me rattraper, je demande plutôt un café, j'essuie le même regard consterné. Je finis par comprendre, et me le tiendrai pour dit, que l'heure est déjà aux boissons fortes, accompagnées de quelques zakouskis substantiels. Le Président s'attend à trouver un partenaire à sa hauteur. Quelqu'un qui ne rechigne pas à donner comme lui, de bon matin, dans le brut et le consistant. Va pour un punch ou gin tonic, puisque c'est tout ce qu'il me propose sans trop me laisser le choix. Instantanément, je me sens remonter dans son estime. Peu importe de devoir flotter dans une légère torpeur si mon adoubement est à ce prix… Il suffit d'en prendre l'habitude.

Passé ces préliminaires, notre premier entretien peut enfin démarrer. Portes closes et face à face, hors la présence d'un tiers, comme convenu au départ. Il l'a accepté sans réticence avant de m'obliger par la suite à souvent batailler pour éviter que l'un de ses proches, souvent à son instigation, n'assiste à nos discussions et ne finisse par s'en mêler. Tout serait à l'évidence faussé dès lors qu'il pourrait s'appuyer sur un tiers pour répondre à sa place. La raison invoquée est d'ailleurs celle de pallier ses éventuels trous de mémoire ou de s'en remettre à un avis soi-disant plus éclairé que le sien, alors qu'il s'agit surtout de se prémunir contre la tentation ou le risque de trop de sincérité.

J'ai pris soin de noter sur une fiche cartonnée la liste des questions et des thèmes que nous devons aborder. J'observe qu'il n'a, de son côté, rien préparé, ni même réfléchi au contenu de nos futurs échanges. C'est à moi d'opérer, lui n'est là que pour se laisser porter. Tout compte fait, mieux vaut cette improvisation à un entretien où il se serait limité, comme autrefois dans ses interviews télévisées, à me fournir des réponses ou « éléments de langage » déjà fabriqués avec son équipe. Il m'offre ainsi, sciemment ou non, une liberté de mouvement inespérée pour le prendre au dépourvu, l'entraîner sur des chemins moins balisés. Je vois dans cette façon de se rendre spontanément ouvert, disponible, le signe, peut-être illusoire, d'une volonté de rompre avec sa prudence habituelle. De ne plus réfréner, autant qu'il l'a toujours fait, l'expression de sa pensée et de ses sentiments…

Si j'en crois Claude Chirac, mon rôle serait de « le faire parler », comme si j'étais là pour une sorte d'interrogatoire. Expression curieuse que j'ai feint de ne pas relever. S'agit-il de le « forcer à se raconter » ou de lui « arracher des aveux » ? L'amener à s'exprimer librement, sans intermédiaire ni crainte de trop en dire, serait déjà beaucoup et presque l'essentiel.

Je n'ai guère de doutes, cependant, sur la résistance instinctive qu'il m'opposera. Nécessité, par conséquent, de s'armer de ténacité et de patience, de ne jamais lâcher prise devant ses dérobades, ses oublis réels ou présumés, ses esquives délibérées, ses grands et petits arrangements avec la vérité quand celle-ci ne concerne pas les sujets qu'il juge essentiels. Comme je le constaterai à maintes reprises, ce n'est pas quand il se montre le plus affirmatif que Jacques Chirac se révèle toujours le plus sincère. Mais un homme capable de rire aux éclats de sa très relative bonne foi ne saurait être foncièrement mauvais…

Par quoi commencer, sinon l'évocation de son enfance ? La chronologie est encore le meilleur moyen de reconstituer la trame d'une destinée aussi ample et mystérieuse. Mais on est déjà là au cœur de l'une des périodes les plus sensibles de son existence. Il y aurait subi, selon certains biographes, un « traumatisme psychologique » expliquant qu'il ait « passé sa vie à se fuir ». Cette interprétation freudienne d'un prétendu mal-être, suggéré en quelque sorte comme une tare originelle, a été échafaudée par Valéry Giscard d'Estaing[1] pour qui rien de ce qui peut nuire à la réputation de son vieux rival n'est jamais superflu. Selon lui, c'est de ce côté-là qu'il faudrait chercher pour trouver l'origine d'un « vide », d'une « angoisse » qui aurait fait de

1. Cité par Franz-Olivier Giesbert, in *La Tragédie du Président*, *op. cit.*

Chirac un homme « trop mal dans sa peau pour rester en place ». Giscard n'est pas romancier par hasard, même si le hasard, dans ce domaine, lui joue parfois des tours cruels. Difficile de savoir ici ce qui procède de son imagination sophistiquée ou résulte de sa seule malveillance. Soucieux de ne pas le braquer d'entrée de jeu, j'évite d'interroger Jacques Chirac sur ce drame initial qu'il aurait pu connaître. D'autant que cette piste-là, fabriquée de toutes pièces, ne me paraît pas correspondre aux raisons profondes du mystère qu'on lui prête.

Survolant ses premières années, il brosse de manière succincte le portrait d'une mère attentive, protectrice, indulgente à l'excès, et celui d'un père imposant, autoritaire et taciturne. L'a-t-il aimé, ce père ? Il souligne la crainte qu'il lui inspirait, sa difficulté à communiquer avec un homme comme enfermé en lui-même depuis les épreuves endurées pendant la Grande Guerre. On attribue à ce dernier, réputé « très coureur », nombre de conquêtes féminines. Une double vie dont l'entente du couple a sans doute pâti, à moins qu'elle ne s'en soit accommodée. Comment le jeune Jacques a-t-il ressenti, en admettant qu'il les ait connues, les infidélités répétées de son père vis-à-vis d'une mère qu'il vénérait ? En a-t-il souffert ou seulement pris son parti, s'habituant très tôt à vivre par lui-même hors du huis clos familial ?

Lui poser ce genre de questions, comme je le fais cette fois, en y mettant les formes, c'est s'exposer soit à une réplique dissuasive, soit à une façon plus subtile de clore une discussion en lui déniant tout intérêt. Sans surprise, il choisit le démenti diplomatique, même si je n'ai probablement échappé que de justesse à une mise au point plus expéditive. « J'ai eu une enfance sans histoire », m'indique-t-il de façon courtoise mais sans appel. On ne saurait mieux laisser penser le contraire. Au brusque raidissement qui s'est emparé de son visage, sourcils froncés, mâchoires contractées, menton dressé, je comprends qu'insister dans l'immédiat ne servirait qu'à le cabrer davantage.

À ce stade, le plus instructif réside moins dans ce qu'il me dit que dans sa manière de réagir face à un interlocuteur amené, par la force des choses, à tenter de percer ses secrets.

Lorsque je tente de lui faire admettre son côté précocement rebelle, déviant et même autodidacte, il commence, là encore, par s'en défendre. « Il ne faut rien exagérer… », s'empresse-t-il de relativiser quand je lui rappelle sa tendance précoce à transgresser l'ordre familial. Il n'est pourtant pas banal que son meilleur ami d'enfance ait été le fils d'un ouvrier communiste italien, ni qu'il se soit initié seul, en dehors de toute scolarité, à la peinture et à la poésie, avant d'appréhender, toujours de son propre chef et à l'insu de ses parents, des formes de culture jugées, encore à l'époque, secondaires et marginales. Au point d'être devenu déjà plus familier, à dix-sept ans, des arts asiatiques et africains que des chefs-d'œuvre du classicisme européen auxquels il ne s'est, depuis lors, jamais intéressé, quand il n'affecte pas de les ignorer. Ce monde-là n'est pas le sien, ou il n'est pas du leur.

Il m'approuve lorsque je lui dis qu'il n'est « sans doute occidental que par le hasard de la naissance ». Cette formule a l'air de lui plaire et il la reprend aussitôt à son compte, tant elle résume bien probablement le paradoxe de sa vie et la manière dont il s'est construit. Adepte du haïku, Jacques Chirac sait qu'une simple phrase, brève, elliptique est souvent plus éclairante qu'une confession qui se voudrait plus explicite. À ses yeux, celle-ci suffit sans doute à exprimer ce qu'il est : un transfuge, un converti dont la culture et la sensibilité personnelles ont été façonnées par des influences esthétiques, des modes de vie et de pensée qui ne doivent rien à ses propres origines.

Je lui demande quelle philosophie personnelle il a retirée de ce qui aurait pu passer pour de simples distractions exotiques. Il réfléchit un moment et, pour la première fois, semble se prendre au jeu, comme si ce sujet lui tenait à cœur plus que tout autre : « Je suis resté profondément allergique à tout ce qui peut limiter l'intelligence et le désir de connaître, me répond-il. J'ai toujours été très attiré par les différentes expressions de l'art et de la volonté humaine. Et passionnément désireux de savoir ce qu'on faisait ailleurs, et comment. Cette curiosité de l'autre, de sa culture, de son histoire ne m'a jamais quitté. »

Dans la foulée, il me confirme ne s'être intéressé que tardivement à la politique et y être entré par hasard, « sans désir ni curiosité », pratiquement sur ordre, celui de Georges Pompidou qui avait ainsi décidé de son destin. « Je n'ai jamais résolu d'entrer en politique, confie-t-il dans *Les Mille Sources*, un texte personnel révélé par ses biographes qu'il n'a lui-même jamais publié. On a pris la décision pour moi. » La politique, Jacques Chirac l'a donc endossée comme un habit d'emprunt, étranger à ses goûts et même à sa vocation initiale. « Adolescent, je rêvais de faire carrière dans la marine marchande, de devenir navigateur au long cours. Plus tard, j'aspirais à prendre la direction des Transports aériens ; Georges Pompidou me l'avait promise au cas où je ne serais pas élu en Corrèze...

Ce qui eût comblé à merveille mes ambitions. Je serais devenu l'un des plus jeunes directeurs de l'administration française. » Constat d'une occasion manquée que je ne suis pas le premier à entendre et qu'il se plaît toujours à rappeler comme s'il estimait, en dépit d'un destin exceptionnel, être un peu passé à côté de sa vie.

Il reconnaît éprouver parfois du regret en pensant à cette autre existence qu'il aurait pu mener : « Oui, je me suis souvent dit que j'aurais pu faire quelque chose de différent et de meilleur, de plus réussi peut-être… Mais enfin, c'est fait. On ne va pas s'en mordre les orteils ! » Le genre de saillies qu'il affectionne, la plupart de son cru. Il en possède tout un florilège, entre gouaille faubourienne et vocabulaire de salle de garde. Des répliques dignes de Michel Audiard ou de l'*Almanach Vermot*. C'est sa façon à lui de tourner en dérision le meilleur et le pire de ce qui a pu lui arriver. De masquer ses blessures comme de relativiser ses victoires. Rien de vraiment sérieux, en fin de compte.

Notre rencontre touche à sa fin. « Pas d'autres questions ? – Ce sera tout pour aujourd'hui, monsieur le Président… » Il est à l'évidence soulagé que nous en ayons terminé. Mais il feint poliment de presque déplorer que cette première séance ait été si courte et s'enquiert déjà de la date du prochain rendez-vous. « Toujours trop tard ! » s'exclame-t-il avec son grand rire d'éternel potache déguisé en monarque.

LE GRAND LARGE

La métamorphose est saisissante. Je l'avais quitté, à l'issue de notre troisième entretien, d'humeur maussade, le regard absent, nerveux, tendu sous son masque de courtoisie inaltérable. Ce 21 décembre 2007, je le retrouve à son retour d'Afrique aussi ragaillardi, galvanisé qu'un soir de reconquête. Le pas déterminé, le geste ample et catégorique, comme saisi tout entier par un regain de fougue, d'assurance et d'autorité.

Étonnamment disert et impatient de me raconter son voyage, il me laisse à peine le temps de l'interroger : « En Mauritanie, au Mali, au Sénégal, partout où je me suis rendu, j'ai été reçu comme un chef d'État en exercice. Tapis rouge, haie d'honneur, présence des plus hautes autorités à ma descente d'avion… L'accueil a été extraordinaire ! » s'exclame-t-il sans forfanterie ni solennité, la mine réjouie, une lueur de défi dans l'œil. Lui qui se croyait fini, hors d'usage, le voici de nouveau plein d'allant et de projets, et comme emporté par une sorte de renaissance irrésistible.

Il jubile, réconforté par les marques de sympathie et de gratitude que les populations et les dirigeants africains n'ont cessé de lui prodiguer. Les hommes de ce continent savent ce qu'ils doivent à ce visiteur fraternel, resté sensible au sort des peuples les plus déshérités. Ils ne l'ont pas oublié à l'heure où il paraît à son tour vulnérable, en quête d'attentions et d'amitié. Leur enthousiasme, leur ferveur lui ont presque donné l'illusion d'être encore au pouvoir. Entouré, salué, célébré comme s'il incarnait toujours cette France solidaire et généreuse dont il s'est constamment efforcé de préserver l'image auprès de ces peuples délaissés qu'il sait porteurs d'une sagesse millénaire. Chirac aime l'Afrique. Il la connaît, la comprend, la respecte avec ce mélange de familiarité et de vénération qu'il voue de longue date aux plus vieilles communautés humaines. Lorsqu'il s'y rend, c'est en somme son propre univers qu'il foule et arpente, aussi à l'aise au cœur du pays dogon que sur ses terres de Corrèze, et plus admiratif des trésors ignorés du musée de Bamako que des plus glorieux chefs-d'œuvre de l'art occidental.

« Je suis très attaché à l'Afrique parce qu'il s'agit d'un continent essentiel : l'homme y est né », lance-t-il avec force, comme si quelqu'un s'était risqué à prétendre le contraire. Jacques Chirac n'a pas besoin d'insister pour que l'on comprenne qui est ici expressément visé. C'est une condamnation nette et sans appel du funeste « discours de Dakar » prononcé par son successeur, le 26 juillet précédent. Une aberration à ses yeux ! De celles qui signent l'inculture d'un homme et révèlent toute l'étroitesse de sa vision du monde. Charitablement, il préfère en imputer la responsabilité à l'auteur du discours, Henri Guaino : « C'est un personnage exalté, un type dangereux dont je me suis toujours méfié, me dira-t-il un autre jour à son sujet. Il est un peu fêlé, vous savez… Il n'a jamais eu la moindre prise sur moi. Ce n'est pas faute d'avoir essayé ! » Sans incriminer directement Nicolas Sarkozy, il s'insurge contre la thèse, exposée par celui-ci, selon laquelle l'« homme africain » ne serait pas « assez entré dans l'Histoire », et le problème de ce continent serait de trop vivre dans « la nostalgie du paradis perdu de l'enfance », paralysé par un « imaginaire » où « il n'y a place ni pour l'ouverture humaine, ni pour l'idée de progrès » (*sic*). À l'évidence Jacques Chirac juge ces formules tout aussi absurdes qu'insultantes, venant, qui plus est, d'un Président français à l'adresse de la jeune élite sénégalaise.

Il s'attache quant à lui à célébrer « la grandeur du peuple africain » et à souligner que si ce dernier a pris du retard dans sa propre évolution, « c'est d'abord en raison du lourd tribut qu'il a dû payer au reste de l'humanité ». Il faut voir son visage, entendre le son de sa voix, disant cela. Jacques Chirac n'est que révolte et indignation face à l'ampleur des méfaits commis par l'Occident non seulement en Afrique, mais aussi en Asie et dans les territoires amérindiens depuis les débuts de la conquête coloniale.

Délivré de toute prudence diplomatique, il donne libre cours à une colère que l'âge n'a fait que décupler. C'est dire la réprobation et même la rage que peut provoquer chez lui le discours d'un chef d'État européen et de surcroît français s'arrogeant le droit de faire la morale à des peuples longtemps asservis et exploités sans merci.

« Nous avons avant tout vis-à-vis de l'Afrique un devoir de solidarité, martèle-t-il comme s'il s'adressait à un autre que moi. Aujourd'hui, la Terre entière sait comment vivent les pays les plus riches, ce qui génère fatalement des besoins accrus ou des demandes renforcées chez les plus démunis dont le nombre ne cesse de croître. Ce déséquilibre est porteur de menaces qui peuvent se révéler désastreuses. Je suis inquiet de ses conséquences si l'on n'apporte pas à ces populations l'aide au développement qui leur est nécessaire, en particulier dans le domaine sanitaire, par la fourniture de médicaments, et celui tout aussi vital de l'accès à l'eau. C'est un des objectifs de ma fondation, avec la préservation des langues locales. Si l'on n'y prend garde, dans un siècle, quatre-vingt-dix pour cent d'entre elles auront disparu. Or, la disparition d'une langue, c'est l'extinction d'une mémoire, la mort d'une culture. La fin d'une petite part de l'histoire humaine. Un véritable drame moral, intellectuel, que les techniques modernes de communication peuvent permettre d'éviter pour peu qu'on s'en préoccupe… »

On le sent plus que jamais engagé sur tous ces sujets, prêt à galvaniser les énergies, à mobiliser les peuples et leurs dirigeants en faveur d'une juste cause qui est en même temps l'une des moins bien considérées qui soient. Il récuse et repousse avec la même vigueur un autre « concept » en vogue : celui de l'immigration « choisie ». Autrement dit, la possibilité pour la France de n'accueillir sur son sol que les étrangers les plus qualifiés, jugés utiles à ses seuls intérêts. Au risque d'appauvrir encore des pays, notamment africains, ainsi privés de leur substance la plus précieuse. « La plupart des jeunes Africains qui viennent faire leurs études en Europe ou aux États-Unis ne veulent pas retourner chez eux, une fois leur diplôme obtenu. Si on encourage cette tendance au lieu de les astreindre à revenir au moins un certain temps dans leur pays d'origine, on assistera à une dramatique hémorragie des intelligences, à un nouvel exode des cerveaux. Par le passé, l'Afrique a déjà cruellement souffert de ces phénomènes de transfert. D'abord, par la traite des Noirs, qui a décimé des générations entières et lui a fait perdre ses hommes les plus valides. Puis, vandalisée par les antiquaires et les trafiquants d'art, elle s'est vue dépouillée par ces prédateurs d'une grande partie de sa culture et de son patrimoine. Faut-il aujourd'hui en rajouter et que les Occidentaux prélèvent à leur profit le meilleur des élites africaines ? J'ai rencontré sur place des professeurs, des médecins de haut niveau. L'un d'eux est une sommité mondiale dans la lutte contre les grandes pandémies. Leur place est en Afrique et nulle part ailleurs… »

Jacques Chirac met tant de flamme dans ce plaidoyer que l'on croirait entendre, à l'identique ou presque, un militant tiers-mondiste des années 1960. Il ne récuserait sans doute pas cette comparaison. Mais il se défend surtout d'être de ces « beaux esprits » qui se font de l'Afrique une idée « fumeuse » et abstraite. Ce n'est pas dans les « salons parisiens » ni à « la terrasse du Flore » qu'il l'a découverte, puisqu'il se flatte de ne les avoir jamais fréquentés. Mais au contact de ses populations et au plus près de son histoire, de sa culture, de ses rites et traditions. Il vante « la grande sagesse » d'« un certain nombre de chefs africains » dont il a beaucoup appris, avant tout Léopold Sedar Senghor et Félix Houphouët-Boigny qui furent ses amis. Comme pour mieux faire oublier sa fréquentation de personnages nettement moins respectables auxquels d'autres liens le rattachent : les Bongo, les Eyadema, entre autres, qui n'ont guère contribué, quant à eux, à redorer l'image de l'Afrique ni à améliorer le sort de leurs compatriotes.

Quand on lui demande s'il n'est pas choqué par le pillage des deniers publics et des ressources nationales qui ont permis à ces potentats d'encaisser des fortunes personnelles effarantes, il estime de telles pratiques « évidemment condamnables », mais sans en paraître outre mesure scandalisé. Sur ce sujet comme sur celui des droits de l'homme, il se réfère à d'autres critères, quitte à choquer – encore eux – les « intellectuels de Saint-Germain-des-Prés » : « Dans la tradition africaine, les chefs et leurs clans ont toujours connu une situation matérielle éminente, explique-t-il. On peut contester cela au nom des principes occidentaux que moi-même je défends. Mais on ne peut pas tout juger à l'aune de ces seuls principes, fussent-ils universels. Il faut veiller à ce que leur mise en œuvre tienne compte des réalités. Il ne peut pas y avoir d'évolution démocratique dans ces pays-là sans amélioration du niveau de vie. C'est très bien, la démocratie, sauf que ça ne donne pas automatiquement à manger… »

En aparté, il me tient un discours tout aussi iconoclaste sur le très controversé colonel Kadhafi dont le séjour parisien vient de s'achever. Une visite officielle émaillée de provocations, vite devenue ingérable pour les autorités françaises. Jacques Chirac regrette de n'avoir pu le saluer, faute de s'être trouvé en France au même moment. Raison de plus pour rappeler qu'il s'est opposé jadis à ce que l'aviation américaine survole la France pour aller tuer le leader libyen, malgré la demande expresse du président Reagan. Il a toujours entretenu de « bonnes relations personnelles » avec Kadhafi et ne voit rien d'extravagant, au contraire, dans le fait que le Guide, se sachant convié sans plaisir, ait exigé de planter sa tente bédouine dans les jardins de l'hôtel de Marigny. Manière de faire comprendre que, de son temps, le leader libyen ne se fût pas comporté de la sorte. Il s'amuse plutôt des pieds de nez successifs adressés par le Guide à ses nouveaux hôtes français, et du sacré embarras où il les a plongés. Et il n'est pas loin d'approuver les répliques de Kadhafi sur la « sempiternelle » question des droits de l'homme : « Sommes-nous à ce point exemplaires dans ce domaine que nous puissions donner des leçons à la terre entière ? »

Déclarations qui peuvent surprendre quand on connaît son respect de la personne humaine, son allergie absolue à toute forme d'oppression, de sectarisme ou de discrimination. Mais son air un peu goguenard, sa façon amusée de forcer le trait en observant les réactions de son interlocuteur sont autant d'incitations à ne pas trop prendre ses propos au pied de la lettre. Jacques Chirac peut éprouver un malin plaisir à affirmer sans ciller l'inverse de ce qu'il pense ou de ce qu'il est, par jeu, esprit de contradiction ou plaisir de brouiller les pistes. Néanmoins, il y a chez lui, dans ce cas précis, un fond de vérité qui tient probablement à la manière dont, très jeune, il a appréhendé le monde, et à l'originalité des chemins qu'il a empruntés pour le connaître. Hors des vérités toutes faites et de tous les codes préétablis : ceux de l'école et de l'université qui lui ont surtout appris à savoir s'en passer, comme on peut se passer de dogmes ou de préjugés.

Lorsqu'il parle de dirigeants africains, arabes, russes ou asiatiques, de la nature de leur régime, de l'évolution de leur pays, Jacques Chirac ne les considère jamais à travers le seul prisme occidental. Pour lui, chacun d'eux est avant tout l'émanation d'une longue histoire faite de rites, de traditions, de particularités ethniques, culturelles, sociales, religieuses. Il se fonde d'abord sur sa propre initiation à l'âme et à l'histoire de ces peuples, à leurs formes d'expression les plus anciennes, au mode de civilisation dont ils sont issus et qui continuent de les façonner. Il ne raisonne jamais, les concernant, en termes d'idéologie et de modernité, mais sur la longue distance des siècles et des millénaires. « Celui qui ne comprend pas que les Iraniens sont un très grand peuple n'est pas digne d'être ministre des Affaires étrangères », a-t-il asséné un jour au téléphone à l'infortuné Philippe Douste-Blazy, avant de raccrocher.

C'est pour la même raison qu'il prend toujours la défense de son ami Vladimir Poutine quand on lui rappelle sa réputation de brutalité et d'autoritarisme. Alors qu'il a toujours considéré Mikhaïl Gorbatchev comme un personnage de circonstance, peu représentatif de l'âme russe dont il n'a pas su préserver la fierté, Jacques Chirac reconnaît en cet homme à poigne qu'est Vladimir Poutine le continuateur des grands tsars, l'héritier d'un régime d'ordre qui a permis d'assurer la grandeur et l'unité de son peuple. « Ce pays a toujours eu besoin d'un pouvoir fort et je crois que Poutine, de ce point de vue, a bien pesé les choses, estime-t-il. Et s'il est si populaire, non pas en Europe, mais chez lui, en Russie, c'est parce qu'il a bien dosé la part d'autorité qui est indispensable au peuple russe et la part d'excès que son histoire a engendrée. » Voilà pourquoi la prétention des « nouveaux mondes » à s'ériger en tuteurs ou en modèles des plus anciens, qu'ils ont souvent contribué à dégrader quand ils ne les ont pas anéantis, insupporte et irrite tant Jacques Chirac.

C'est l'amoureux du grand large et des espaces infinis, fasciné par les plus lointaines contrées de l'aventure humaine, que je vois resurgir ce matin-là à son retour de Bamako. Revivifié, enthousiaste. L'adolescent du lycée Carnot qui séchait ses cours pour aller flâner dans les salles du musée Guimet et s'imprégner des mystères de l'Extrême-Orient. Le jeune rebelle qui aimait marcher pieds nus et préférait apprendre le russe et le sanskrit, avec un vieux professeur en exil d'origine lituanienne, que des langues réputées plus utiles à son avenir professionnel. Le pilotin de dix-sept ans qui avait décidé d'embarquer à l'insu de ses parents à bord d'un cargo de la marine marchande, dans le secret espoir de ne jamais rentrer chez lui et de passer sa vie à sillonner les mers du globe…

« J'ai toujours aimé l'aventure », me glissera le Président après m'avoir longuement raconté cette escapade de jeunesse, la voix pleine d'une sorte d'allégresse et le regard embué d'une irrépressible nostalgie. Comme s'il s'agissait du meilleur moment de son existence. Lui qui ne se flatte d'aucun de ses diplômes obtenus à l'arraché, sans passion particulière, ni même de ses réussites électorales pourtant éclatantes, c'est avec fierté qu'il s'empresse de me montrer tout à coup, sortie de son cartable où il tient enfouis quelques-uns de ses documents personnels, sa première feuille de paie de pilotin. La Compagnie maritime en avait publié le fac-similé dans son bulletin intérieur, en 1974, alors qu'il venait d'être nommé Premier ministre. Il l'exhibe aujourd'hui devant moi comme son meilleur trophée. Celui de l'apprenti navigateur que le diktat paternel a empêché d'aller jusqu'au bout de ses pérégrinations. Du fils de famille vite contraint de rentrer dans le rang mais qui n'a jamais tout à fait abdiqué.

« JE N'AI JAMAIS ÉTÉ DE DROITE »

Nul doute que les déboires de son successeur contribuent à le divertir. Il les savoure à distance, en affectant l'indifférence. Il ne bouge pas, ne dit mot, feint de ne s'apercevoir de rien. Le spectacle auquel il assiste depuis le début de la présidence Sarkozy suffit à vérifier ses prévisions sans qu'il ait besoin de s'en mêler. Il s'est toujours méfié de ce prétendant trop pressé, doutant sans trop le cacher qu'il eût la stature adéquate. Et il a eu peu à attendre pour voir les faits confirmer ses prévisions et l'opinion abonder dans son sens. Quelques mois, tout au plus…

Un jour de février 2008 où je m'étonne, en arrivant dans son bureau, d'une si rapide dégringolade, Jacques Chirac se contente de décocher ce constat lapidaire : « Quand c'est foireux, c'est foireux ! » La « rupture » préconisée contre lui par Nicolas Sarkozy a eu vite fait de tourner court. Fondée sur un simple déni d'héritage et par là viciée d'avance, elle s'est avant tout soldée par une dégradation précipitée de la pratique présidentielle, aussitôt banalisée, vulgarisée sous le prétexte d'avoir été trop longtemps sacralisée. Se voulant direct, réactif, transparent par souci de se démarquer, là encore, du style de ses prédécesseurs désignés comme autant de contre-exemples, le chef de l'État, sitôt élu, a inauguré une autre façon d'exercer sa fonction en faisant étalage de ses humeurs intempestives comme de ses mœurs de nouveau riche. Ni recul ni distance : l'affichage tous azimuts, le jugement à bout portant, une confusion des genres sans limites.

Directement visé par cette prétendue entreprise de rénovation, Jacques Chirac l'a d'abord observée comme une attraction insolite, avec un mélange de curiosité, d'amusement et de scepticisme. Ni troublé ni offusqué, mais la moue de plus en plus circonspecte face à l'irruption spectaculaire de la vie privée sur la scène politique. Lui, dont les aventures féminines, pourtant innombrables, n'ont jamais fait grand bruit, il a manifestement du mal à comprendre la médiatisation tapageuse orchestrée par son successeur autour de son divorce, puis de son remariage, sans parler de quelques liaisons intermédiaires. C'est à ses yeux moins une faute qu'une incongruité, qu'il commente à sa manière : « On peut baiser sans être obligé chaque fois de tirer un coup de canon ! » Question de tenue, en somme. Ce qui n'est pas le moindre des distinguos entre Sarkozy et lui.

Au fil des mois écoulés depuis leur passation de pouvoirs, tout ce qui les différencie est devenu saisissant. Il n'y a guère à se forcer pour mesurer l'ampleur du contraste, ni voir lequel des deux en tire profit. C'est toujours par comparaison que les Français ont appris à mieux connaître et apprécier Jacques Chirac. En 1995, sa confrontation avec le genre solennel et étriqué d'Édouard Balladur a tourné à l'avantage du maire de Paris, préféré pour son caractère énergique, offensif et chaleureux. Il en va de même depuis 2007 au regard de l'activisme intempestif de Nicolas Sarkozy qui a eu pour effet quasi immédiat de susciter dans l'opinion la nostalgie d'une façon de gouverner plus maîtrisée, soucieuse de respect et d'harmonie, que son prédécesseur fut le dernier à incarner. Les deux hommes, bien involontairement et à leur corps défendant, ont ainsi permis à Jacques Chirac de se révéler tel qu'en lui-même ou presque, en grande partie libéré des images caricaturales dont il s'était laissé affubler par calcul ou commodité. Ils l'ont aidé tout autant à s'émanciper d'une droite ultralibérale et conformiste qu'il n'a jamais aimée et avec laquelle son destin politique s'est néanmoins confondu peu ou prou jusqu'à son élection à la présidence de la République.

Tout ce qui l'éloignait jadis de Balladur et tout ce qui l'oppose aujourd'hui à Sarkozy l'aura en définitive rapproché du petit-fils d'instituteurs corréziens, farouchement anticléricaux, radicaux et francs-maçons, de l'étudiant de Sciences Po et du militant pacifiste dont la sensibilité gauchisante se reconnaissait davantage dans les grands combats du PCF que dans les tièdes engagements de la SFIO. Époque dont il a gardé un refus viscéral de l'injustice, un mépris profond des valeurs bourgeoises, une fièvre d'insurgé vis-à-vis du monde de l'argent, de la finance, des grands patrons – à l'exception de ceux, François Pinault, Rafic Hariri, Henri Proglio, qui « se sont faits tout seuls »... Un état d'esprit ravivé sur le tard comme si le temps était enfin venu, pour lui, de se réconcilier avec la vérité de ses origines.

A-t-il été inscrit, dans sa jeunesse, au Parti communiste, comme tiendra à me le certifier, pour que j'en prenne bonne note, Bernadette Chirac lors d'un dîner en tête à tête ? Devant mon air incrédule, elle exhumera un souvenir imparable : celui du jour où son fiancé brandit fièrement sous ses yeux la carte dudit parti avant de la remiser prestement dans sa poche. Canular ? Simple provocation ? Elle n'en croyait rien, comme soucieuse de me démontrer que ce mari impénitent avait très tôt vendu son âme au diable. Et ce n'était pas, chez lui, le seul écart de conduite qu'elle eût à déplorer !

Jacques Chirac éclatera de rire – le rire canaille, facétieux de celui qui s'est toujours plu à effaroucher une épouse un peu plus à droite que lui – lorsque je l'interrogerai sur cette appartenance présumée. « Je n'ai jamais été membre du Parti communiste, bien entendu… C'est grotesque. Mais le fait est que j'ai vendu *L'Humanité Dimanche* sur la place Saint-Sulpice. Je criais : “Demandez, lisez *L'Huma Dimanche*, l'organe officiel du Parti communiste français !” Au même moment, je faisais signer l'appel de Stockholm, ce qui a suffi pour que je me retrouve fiché par la police. Les flics m'ont même embarqué pour m'interroger au commissariat du quartier. Pourtant, je n'avais rien fait de méchant. Mais ça m'a poursuivi… J'ai eu le plus grand mal, dans les années suivantes, à me défaire de cette réputation qui m'a valu, en tant qu'élève officier, d'être signalé comme politiquement suspect par la Sécurité militaire et d'avoir les pires difficultés à obtenir mon premier visa pour les États-Unis. »

Quand on cherche à savoir ce qui l'attirait chez les communistes, il répond spontanément : « La générosité, le désir de tout partager. C'est mon côté hippie », mettant toutefois ses engagements de l'époque au compte d'une culture politique encore « superficielle ». Il ne s'est jamais caché d'avoir conservé et même entretenu par la suite certaines amitiés communistes, notamment en Corrèze. « Lorsque je me suis présenté pour la première fois aux élections législatives dans la circonscription d'Ussel à forte dominante communiste, j'ai bénéficié d'un petit acquis de sympathie de ce côté-là. » Il distille aujourd'hui cet aveu d'un air entendu, le regard baigné de malice. Le jeune loup pompidolien ne s'était donc pas lancé dans cette première bataille sans armes ni bagages. Ce novice possédait déjà l'art de faire fructifier ses « petits acquis » de tous bords, personnels et familiaux, en particulier ceux provenant de la gauche. Il bénéficiera, comme on le sait, du soutien des vieux caciques du radicalisme corrézien et d'un ancien ministre du Front populaire, Charles Spinasse, qui le reconnaît pratiquement comme son héritier.

Les protections dont il jouit dans le même temps à Paris sont d'une tonalité politique toute différente. Il n'a pour « parrains » que des hommes issus de la droite la plus classique. À commencer par Georges Pompidou, vite devenu son modèle et son seul maître à penser, une sorte de saint patron. Ancrage d'un côté, conversion de l'autre : Chirac construit sa carrière sur cette ambivalence. Il se joue de la variété des couleurs comme de la diversité des appartenances, avec une liberté de mouvement et un sens de la métamorphose, pour ne pas dire de l'opportunisme, qui lui permettent de concilier toutes ses contradictions. Il ne renie pas sa sensibilité profonde, il l'adapte aux circonstances comme aux milieux qu'il traverse et aux suzerains qui se présentent. Bref, à tout ce qui peut favoriser ses intérêts et servir son ambition.

Ce n'est pas le genre de sujet sur lequel il se prête spontanément à une explication nette et limpide. Il faut s'y reprendre à plusieurs fois, l'attaquer sous divers angles pour épuiser toutes ses échappatoires, avant de l'amener momentanément et, comme par inadvertance, à clarifier quelque peu le fond de sa pensée. Même hors du pouvoir, Chirac n'est pas homme à se laisser enfermer dans une réponse trop catégorique. Et, dans le cas où celle-ci le conduirait à trop se dévoiler, il commence par louvoyer en égrenant des banalités. Il multiplie les subterfuges, prend prétexte d'un coup de téléphone urgent qu'il a oublié de donner dans l'espoir que je me décide enfin, sa communication terminée, à lui parler d'autre chose. Jusqu'à ce que, de guerre lasse, il fasse mine de rendre les armes…

Ce matin-là, nous évoquons l'un de ses meilleurs amis de Sciences Po, Michel Rocard, dont il partageait les idées au point d'estimer que la SFIO n'était pas suffisamment à gauche pour être fréquentable : « Nous avions, lui et moi, résume-t-il, une opinion peu flatteuse du Parti socialiste de l'époque. » Lorsque je lui demande s'il se situe alors bel et bien de ce côté-là, il s'efforce de minorer son engagement en usant d'une formule plutôt laborieuse : « Probablement peut-on dire, par rapport au classement traditionnel, que j'étais un peu à gauche, en effet. » J'insiste : « Ce qui veut dire que vous étiez aussi un peu à droite, ou pas du tout ? » La réplique fuse cette fois avec une netteté sans détour : « Je n'ai jamais été de droite ! » Il me regarde, étonné de devoir faire une telle mise au point, comme si elle n'allait pas de soi et que je puisse avoir quelque raison d'en douter.

Il a pourtant rarement affirmé cela, à ma connaissance, de façon aussi ferme et directe, hormis sur les antennes de RTL, en mars 2002, à quelques semaines du premier tour de l'élection présidentielle, où il se laisse aller à prononcer une formule identique. Il s'agissait alors pour lui de se démarquer de cette droite libérale qu'il se cachait de moins en moins d'exécrer. Mais il n'avait pas réitéré une telle déclaration par la suite, qui eût fini par lui aliéner son électorat traditionnel. Et pour cause : c'eût été laisser croire que l'essentiel de son parcours politique reposait sur un malentendu, un faux-semblant, voire une tromperie. Il s'en ouvre à demi-mot dans un passage des *Mille sources*. Je comprends mieux, en la lisant, pourquoi il a renoncé à terminer et surtout à publier cette première autobiographie après y avoir travaillé avec divers collaborateurs dans les années 1980. À cette époque, tout propos de ce genre eût pu compromettre son avenir présidentiel. Dans le passage en question, regrettant ses difficultés à établir un véritable dialogue avec les jeunes, le chef du RPR se plaint d'avoir été abusivement caricaturé auprès d'eux : « On m'a fait, à leur intention, la réputation d'un homme de droite, c'est-à-dire qu'on m'a collé l'étiquette qu'ils supportent le moins. Je ne pense pas qu'ils aient perdu beaucoup de temps à la vérifier », déplore-t-il, comme s'il ne tenait pas d'abord à lui de démontrer le contraire.

Il a donc fallu attendre plusieurs décennies et le terme de ses responsabilités publiques pour qu'il en arrive à dissiper une si longue ambiguïté. Il le fait, certes, au moment de sa vie où les risques courus ne sont plus de nature à bouleverser le cours de sa carrière ou de son existence. Mais, s'il ne devrait pas surprendre les initiés, cet aveu à retardement, destiné à figurer dans ses *Mémoires*, peut être mal perçu dans l'opinion, voire conforter ses détracteurs dans les accusations de trahison qu'ils n'ont cessé de porter contre lui. Ce dont une partie de sa garde rapprochée

– toujours la même : la plus assidue à corriger ses écarts de sincérité – s'inquiétera très fortement, des mois plus tard, lors d'une séance de relecture des premiers chapitres.

Ce type de réunion a été institué par Claude Chirac et son compagnon, Frédéric Salat-Baroux, ancien secrétaire général de l'Élysée, avec l'accord tacite du Président. Il n'était pas prévu, lui non plus, au début de notre collaboration dont je pensais, un peu naïvement, qu'elle se limiterait à nos tête-à-tête réguliers. Jacques Chirac, à plusieurs reprises, m'a assuré qu'il déciderait seul du contenu de ses *Mémoires*, même si je ne doutais pas qu'il prendrait l'avis de ses conseillers. Leur opinion pouvait être utile pour corriger d'éventuelles erreurs ou compléter ses souvenirs. Mais le risque était que ce travail personnel finisse par devenir une œuvre collective ou familiale. Si tel était le cas, mon rôle s'en trouverait singulièrement compliqué. Soumis à des influences diverses et contradictoires, le texte perdrait de son originalité et, par là, de son intérêt. Une sorte de comité de lecture a été néanmoins mis en place, dont la véritable finalité me sera vite confirmée.

La réunion se tient, ce jour-là, dans une pièce attenante au bureau du Président, en présence de ses plus proches collaborateurs, Bertrand Landrieu, Hugues Renson, Bénédicte Brissart, de son conseiller de toujours, Maurice Ulrich, et du couple Claude Chirac-Frédéric Salat-Baroux.

Bien qu'il s'agisse de son livre, le Président n'y assiste pas. « Tu vas nous empêcher de travailler, ne reste pas là ! » lui a instamment demandé sa fille lorsqu'il est venu nous rejoindre. Stupéfait, j'espérais au moins le voir se rebiffer. Mais l'ancien chef de l'État a fini par obtempérer avec une docilité déconcertante. « Vous avez l'air d'un élève fautif », lui ai-je dit pour marquer à la fois ma gêne et mon incompréhension au moment où il s'apprêtait à regagner son bureau en m'adressant un sourire résigné. Lorsqu'il passe une tête, un quart d'heure plus tard, pour s'assurer benoîtement que tout va bien, la même voix impérative lui signifie que sa présence n'est toujours pas jugée nécessaire : « Nous sommes en train de travailler, tu ne vois pas que tu nous perturbes ? » Et le Président d'en conclure avec flegme que la meilleure chose à faire, « puisqu'on n'a plus besoin de moi », est de plier bagage et rentrer chez lui, quai Voltaire.

C'est le genre de scène dont on se passerait volontiers d'être le témoin, embarrassante pour qui n'en a pas l'habitude. Indigné au fond de moi par ce qui vient de se passer, je constate que je suis le seul à en paraître étonné. C'est la première fois que je mesure directement l'emprise de Claude Chirac sur son père, à laquelle les autres sont plus accoutumés. Personne n'a réagi. Mais chacun a bien senti à quel point cette situation me mettait mal à l'aise…

Je comprendrai mieux, peu après, la raison de sa mise à l'écart. De concert avec son compagnon Frédéric Salat-Baroux, et manifestement poussée par lui, Claude Chirac entend obtenir la révision des passages du livre qu'elle estime par trop hostiles à Valéry Giscard d'Estaing ou trop élogieux envers François Mitterrand. Ce sont surtout ces derniers qu'elle conteste. « Je trouve, résume-t-elle, que ce livre marque un peu trop mon père à gauche… » J'ai beau rappeler que tout ceci résulte de nos conversations et exprime le plus exactement possible sa pensée et son opinion, rien n'y fait. Selon sa fille, ce serait desservir le Président que de trop se fier au jugement, forcément déformé par le temps, qu'il porte aujourd'hui sur les hommes et les événements, souvent loin d'être le reflet exact de ce qu'il a vécu et pensait à l'époque. Mon devoir, en somme, serait de faire le tri. Je lui rétorque qu'il s'agit là de sa seule vérité de mémorialiste et que je ne saurais faire autrement que la respecter.

Peu habituée à ce qu'on lui tienne tête, Claude Chirac peine à contenir son exaspération. Elle juge « inacceptable » que son père puisse apparaître comme plus à gauche, selon elle, qu'il ne l'a jamais été. Assurée du soutien de Frédéric Salat-Baroux, acquis à sa cause d'autant plus qu'il en est le probable inspirateur, elle cherche des alliés autour de la table. Elle interroge les autres participants dont elle attend une approbation immédiate et sans condition. Elle ne recueille qu'embarras et dérobades. Si nul n'ose la contredire, chacun la laisse s'enferrer dans ses affirmations intempestives. Faute d'arguments pour lui porter secours, Bénédicte Brissart comme Hugues Renson esquivent soigneusement son regard en paraissant chercher une solution susceptible de concilier nos points de vue. En bout de table, les yeux plongés dans le manuscrit, Bertrand Landrieu se borne à suggérer une autre formulation, sans prendre vraiment parti sur le fond, affichant une neutralité qui revient, de fait, à me donner raison.

Agacée, Claude Chirac sollicite enfin l'avis de celui qui, parmi eux, fait, de longue date, figure de sage : Maurice Ulrich, homme de confiance s'il en est du Président. La fidélité, la loyauté, la droiture personnifiées. Un modérateur, un conciliateur dans l'âme, toujours prompt à relativiser et à dédramatiser les problèmes les plus insolubles. Prudent, mesuré, pondéré à l'extrême, mais sans complaisance ni servilité. Enveloppée de feutre, son opinion n'est jamais tranchante, ce qui n'atténue en rien sa précision. Discret au point d'en paraître effacé et d'un calme à toute épreuve, Maurice Ulrich cultive un mélange d'ironie affable et d'indulgence assassine qui peut se révéler redoutable.

Je connais son dévouement au Président et sais qu'il combattra sinon désavouera sans état d'âme tout ce qui peut le desservir ou porter atteinte à son image. La position qu'il prendra dans la querelle qui m'oppose à Claude Chirac sera à coup sûr décisive. Je ne m'attends pas qu'il soit partisan d'édulcorer et moins encore de censurer la parole du Président, qu'il l'approuve ou non. Mais sa réponse, assénée avec une savoureuse placidité, dépasse mes espérances : « Personne, Claude, ne doute que votre père soit à gauche ! » Croisement, autour de la table, de regards à la fois surpris, gênés et amusés. Le sage a parlé…

ELLE ET LUI

Il y a chez lui des oublis si surprenants qu'on les croirait presque calculés. Lorsque je lui demande de me narrer ses fiançailles avec Bernadette de Courcel, le Président se contente de me répondre en croquant bruyamment des pistaches : « Je n'en ai gardé aucun souvenir particulier. Vous devriez voir ma femme. » J'insiste en vain pour qu'il fasse un effort de mémoire : l'événement semble s'être perdu dans les tréfonds d'un lointain passé où il ne paraît pas fâché de le laisser reposer. Mais son apparente amnésie se dissipera instantanément quand nous évoquerons, un peu plus tard, sa belle-famille et l'accueil qu'elle lui réserva.

Il est un peu moqueur pour les Chodron de Courcel, la branche paternelle, « des nobles en peau de lapin », comparée à la lignée maternelle, de plus ancienne noblesse, celle des Brondeau, les seuls qu'il considère comme d'authentiques aristocrates. « De ce côté-là, c'était du sérieux ! » souligne-t-il avec un respect appuyé, comme pour mieux brocarder les prétendants de l'autre bord anoblis sous le second Empire. En particulier leur figure la plus illustre, l'oncle de Bernadette, Geoffroy de Courcel, auquel il continue de vouer une solide rancœur. Soixante ans plus tard, Jacques Chirac n'a toujours pas pardonné à celui qui fut le premier compagnon du chef de la France libre son refus de lui venir en aide afin que soit expurgée de son dossier militaire la mention le désignant comme un dangereux communiste. « Je l'entends encore me dire, de toute sa hauteur : "Jeune homme, je ne m'occupe pas de ces questions. Si vous avez fait des bêtises, ce n'est pas ma faute. Au revoir, monsieur !"

Soudain très en verve comme si ce sujet l'excitait plus que d'autres, il prend un plaisir manifeste à répondre à mes questions, crépitant d'humour et d'ironie :

« Comment ont-ils perçu votre arrivée, alors que vous n'apparteniez pas au même milieu ?

– C'est mon charme naturel qui a opéré… Ils ont trouvé que j'étais physiquement convenable. Et puis, je faisais l'ENA, c'était plutôt flatteur…

– Vous ont-ils accepté facilement ?

– Je ne me suis pas posé la question. Je considère que quand j'arrive quelque part, c'est pour être bien reçu. Ce qui a été le cas, dans l'ensemble…

– Pourtant, le fait que vous soyez petit-fils d'instituteurs anticléricaux, de surcroît francs-maçons, et que vous passiez vous-même pour un quasi-gauchiste, avait de quoi inquiéter vos futurs beaux-parents, foncièrement catholiques et conservateurs.

– Je ne peux pas dire qu'ils en ont fait des affiches ! » s'esclaffe-t-il.

Et de me relater une histoire qu'il tient à me raconter, tant elle l'amuse encore aujourd'hui :

« La grand-mère maternelle de Bernadette, qui m'aimait beaucoup, s'était mis en tête de me faire attribuer un titre de noblesse. Elle voulait à tout prix que j'adopte son nom et que je me fasse appeler "Chirac de quelque chose". Elle pensait que ce serait bien, que cela me valoriserait un peu... C'était gentil de sa part, mais j'ai bien sûr refusé.

– En avez-vous parlé à vos parents ?

– Non, évidemment. C'était ridicule ! Je ne suis pas Giscard... Mon phénomène de giscardisation n'avait pas encore atteint ce degré...

– Avez-vous eu le sentiment, néanmoins, en entrant dans cette famille, de franchir une étape sociale importante ?

– Certainement pas. Je ne reconnaissais à personne une quelconque suprématie sociale par rapport à ma propre famille. J'étais corrézien et fier de l'être. C'était mon titre de gloire. Je n'avais besoin d'aucun autre... »

L'idée de se marier et, par là, de s'engager pour la vie, n'est probablement pas due à un réflexe spontané chez ce fiancé de vingt et un ans, si prompt à multiplier les escapades. Il n'était pas dans sa nature de se laisser enfermer ou même apprivoiser, et moins encore de se fixer. C'était un vagabond, un solitaire habitué à n'exister que par lui-même, avide de tout, bouillonnant, instinctif, épris de sa seule liberté. Tel qu'il est probablement resté sous ses dehors d'homme rangé... Sans me contredire, il se réfère une fois encore à l'autorité paternelle pour expliquer qu'il se soit résigné, sur tous les plans, à mener une vie plus disciplinée :

« Au départ, mon père voulait que je fasse une grande école. Finalement, il a jugé que Sciences Po n'était pas si mal, et j'ai fait Sciences Po. Quand j'ai décidé de partir pour les États-Unis, mon père a posé une condition : que je me présente à l'ENA ; alors je me suis présenté. Puis j'ai filé… Quelque temps plus tard, il m'a téléphoné pour m'annoncer que, contrairement à tout ce qu'on pouvait imaginer, j'étais reçu à l'écrit à l'ENA et que je devais rentrer en France pour passer l'oral… Je n'avais pas le choix. Je suis rentré.

– Est-ce que votre père vous a aussi incité à rentrer pour épouser Bernadette de Courcel, alors que vous étiez tombé amoureux d'une jeune Américaine et sur le point de vous fiancer avec elle ?

– Je crois que ça faisait plaisir à mon père, en effet…

– Pas à vous ?

– Si, bien sûr !

– Parce qu'on ne vous sent pas prêt à vous marier, à ce moment-là…

– Non. Mais il fallait bien faire une fin. »

Toujours ce goût de la provocation qu'il n'épargne à personne, surtout pas son épouse, devenue la cible permanente de ses railleries et de ses sarcasmes. Son union avec Bernadette de Courcel procédait-elle pour autant d'un mariage de convenance ou d'intérêt ? Certes, le nouvel époux, ne tenant déjà plus en place, a déserté le domicile conjugal dès le lendemain des noces, s'étant porté volontaire pour servir en Algérie. « Bernadette le prit très mal. Ce fut un drame affreux lorsque je lui ai annoncé que je partais pour une longue période », reconnaît-il succinctement dans son autobiographie inachevée. Une certaine complicité affective s'est néanmoins établie entre cette jeune fille de bonne éducation, timide, pieuse et instruite, et ce futur énarque séduisant en diable, impatient, désinvolte et aventureux, frémissant d'ambitions confuses et de désirs irrépressibles. Complicité que Jacques Chirac, trop pudique pour s'épancher et livrer le fond de ses sentiments, résume aujourd'hui d'une formule aussi explicite que délestée de tout romantisme : « Les contrastes s'attirent. » Presque un lapsus. Mais le mot « contraire » eût peut-être été trop fort ou moins approprié…

Assez solidement arrimé pour avoir survécu à tous les aléas, toutes les turbulences d'une longue traversée commune, leur couple est de ceux dont les codes, les ressorts intimes paraissent indéchiffrables. On l'imagine soudé par les épreuves, les luttes, les réussites d'une longévité politique exceptionnelle. Mais ce combat partagé ne suffit pas à expliquer tout ce qui subsiste entre eux deux d'exacerbé et de passionnel dans leur façon de s'affronter, en public comme en privé. Lui la réclamant sans cesse et ne paraissant plus la supporter dès qu'elle est en sa présence ; elle le surveillant, s'inquiétant pour lui sans relâche, mais s'employant à le dénigrer dès qu'elle en a l'occasion.

Il m'est arrivé, comme à d'autres, d'être témoin de querelles entre eux d'une vigueur déconcertante. Empoignade où l'on ne sait trop ce qui relève de l'animosité profonde ou d'une simple comédie conjugale. Elle, lui jetant tout à coup, d'une voix de gouvernante : « Vous n'auriez rien été sans moi. C'est moi qui vous ai fait ! » Lui, la toisant d'un air de collégien rigolard : « Qu'est-ce que vous dites ? Des conneries, comme d'habitude ! » Il faut être quelque peu initié pour ne pas trop s'émouvoir de ce type d'algarade qui aurait tôt fait, si l'on était tenté de s'en mêler, de tourner à la solidarité de couple. Leur entente, pour houleuse qu'elle soit, garde quelque chose d'indestructible. Le ménage a beau se donner en spectacle, étaler ses disputes et ses désaccords, il y a entre elle et lui une part de jeu, de mise en scène dont ils sont les seuls à connaître les codes. Mieux vaut, quoi qu'il en soit, se tenir à distance.

Soucieux de mieux connaître les conditions de leur rencontre, il me faut donc aller interroger son épouse, comme le Président m'a incité à le faire, faute de s'en souvenir lui-même avec précision. Bernadette Chirac est restée étonnamment absente, jusque-là, de l'élaboration de ses *Mémoires*, soit de son propre chef, soit qu'on avait veillé à l'y impliquer le plus tard possible. J'ai toutes raisons de penser, cependant, que sa contribution peut être utile. Et que son mari finira tôt ou tard par la consulter. Autant prendre les devants…

*

« Je crois avoir aperçu une paire de jambes… » Voici déjà trois quarts d'heure que je fais antichambre près de son bureau des Hôpitaux de Paris, où elle préside une réunion qui vient de se terminer, quand je l'entends maugréer à distance cette curieuse formule de bienvenue. Je me lève aussitôt pour la rejoindre et me présenter à elle.

Bernadette Chirac m'attend, campée sur le pas de sa porte, dans une posture de souveraine à qui son rang interdirait de se déplacer pour aller accueillir ses visiteurs ordinaires. On vient à elle et non l'inverse, ce qui paraît être, en effet, la moindre des choses. Son sourire narquois laisse cependant à penser qu'elle n'est pas dupe de ce jeu de préséances. Elle aime à rappeler qui elle est et d'où elle vient, à marquer la distance qu'exigent ses origines et son statut. Mais cette femme de caractère, fougueuse et intraitable, au coup d'œil et à l'intelligence acérés, apprécie plus encore qu'on sache lui résister et même la contredire. Comme si elle attendait de ses interlocuteurs qu'ils l'aident à s'affranchir, occasionnellement, de ses excès de raideur et de conformisme.

Rien d'avenant au premier abord. Une façon d'être assez bourrue, revêche, qui n'invite guère à la familiarité. Avec les années, l'ancienne première dame de France, réservée, délicate et gracieuse, a acquis de l'autorité en même temps qu'une silhouette de régente rude et opiniâtre, corsetée dans ses tenues de combat. Son brushing trop ample, ses lunettes trop larges, ses tailleurs trop stricts lui confèrent une allure de reine mère et de dame patronnesse qui en impose. Longtemps cantonnée par son mari à un rôle de faire-valoir, tenue de se taire et de s'effacer, elle a fini par le supplanter sur le devant de la scène. Une prise de pouvoir aussi fulgurante que spectaculaire. Désormais, elle existe seule et à part entière, faisant connaître son opinion sur toute chose et revendiquant son autonomie en toute circonstance. Elle n'y prend d'ailleurs jamais autant de plaisir que lorsqu'il s'agit de contredire le point de vue de l'ancien Président, de brocarder ses échecs et ses insuffisances. Bref, tout ce qu'il aurait pu réaliser de bien s'il avait seulement daigné l'écouter. Seule des deux à être encore valide et en activité, elle ressent aujourd'hui cette survie comme une forme de réhabilitation, c'est-à-dire de revanche personnelle : le mot le plus fréquemment employé, pour expliquer son attitude, par ceux qui la côtoient de près, heurtés, certains jours, par la façon dont elle traite son mari.

Se venger de quoi, au juste ? Pas seulement d'avoir été longtemps reléguée à l'arrière-plan au point de se voir écartée par sa fille Claude et le mentor de celle-ci, Jacques Pilhan, de certains dîners officiels à l'Élysée où sa présence eût risqué de « ringardiser » le Président. Bernadette Chirac, qui a bonne mémoire, n'a rien oublié ni pardonné des offenses dont elle fut abreuvée. Mais le pire qu'elle ait dû subir, le plus humiliant réside dans les infidélités incessantes et devenues légendaires d'un conjoint trop aventurier en tout pour se plier aux routines d'une simple vie matrimoniale. Un cavaleur qui « empile les femmes comme les dossiers », résume à sa manière celle à qui il arrive, comme par mimétisme, d'user d'un vocabulaire aussi cru que celui de son mari.

On pourrait penser qu'avec le temps, et forte malgré tout d'être demeurée son « point fixe », cette épouse si souvent trahie et délaissée a dû se faire une raison, s'accommoder de ce qu'elle seule a eu et dont « les autres » n'ont jamais profité : les honneurs et les fastes du pouvoir, la reconnaissance d'une primauté sans rivale. Mais non : chez elle, la blessure semble être restée si vive qu'aucune de ces compensations n'a jamais pu la cicatriser. « J'en ai souffert, cruellement souffert », avoue-t-elle dans ses rares moments d'abandon. D'autant que, loin d'abdiquer ou de se résigner, Bernadette Chirac, toujours aux aguets, surveillant ses allées et venues, sommant ceux qu'elle pensait informés de la renseigner, s'est longtemps évertuée à vouloir tout connaître des frasques de son époux.

« Elle se venge », répète-t-on dans ce Tout-Paris qui l'entend, le venin aux lèvres, dénigrer son mari à longueur de dîners, et s'empresse de colporter les méchancetés qu'elle débite sur lui. On est loin, aujourd'hui, de la compagne dévouée, frêle et discrète, des premières années de Matignon, qui paraissait avoir tout sacrifié d'elle-même pour la réussite politique de son mari. Après avoir révélé son propre tempérament en conquérant un mandat d'élue en Corrèze, elle a régné à sa manière sur l'Hôtel de Ville, ordonnant réceptions et festivités en véritable maîtresse de maison à qui n'échappait aucun détail domestique. Mais il lui a fallu encore batailler plusieurs années pour avoir enfin voix au chapitre et être au moins entendue à défaut d'être écoutée.

L'Élysée lui a permis d'acquérir une assurance qui a achevé de durcir son caractère. Le port de tête est devenu plus impérial, le ton plus péremptoire, le style plus rogue et offensif. Elle ne manque jamais, au cas où on se risquerait à l'oublier, de rappeler ce qu'elle représente et la considération qu'on lui doit. Gare aux ministres qui, jadis, se croyaient arrivés et n'avaient pas l'air de redouter son influence. Elle n'avait pas son pareil pour leur signifier la précarité de leur sort, en faisant comme s'ils n'existaient déjà plus, ou en leur laissant présager une disgrâce imminente. Un jour, sur le point d'embarquer pour un déplacement officiel au Japon en compagnie de plusieurs membres du gouvernement, elle glisse à Philippe Douste-Blazy, d'une voix persifleuse, le regard lourd de commisération : « Qui sait, monsieur le ministre, si vous le serez encore à l'arrivée ! » Et de se délecter de l'état de transe dans lequel elle a plongé sa victime du jour en lançant, goguenarde, à l'un de ses collègues, sitôt parvenus à destination : « Je crois qu'il a passé un mauvais voyage ! »

Chrétienne fervente et pratiquante, Bernadette Chirac s'occupe plus que jamais de bonnes œuvres et se dépense sans limites pour venir en aide aux corps et aux âmes en détresse. Mais la charité n'est pas toujours son fort, dont elle n'use qu'en cas d'extrême nécessité. Et, dans ce registre, son époux figure désormais parmi les moins bien lotis, qu'elle étrille en usant à ses dépens de formules si meurtrières qu'on aurait peine à ne pas remarquer la jouissance qu'elles lui procurent. « Vous savez que je peux être redoutable », tiendra-t-elle à me confirmer peu avant l'achèvement des *Mémoires*, en me prévenant qu'elle lirait « de très près » les pages consacrées à Nicolas Sarkozy et ne laisserait rien passer qui lui fût hostile. Ce qu'elle fera pour n'en contester en définitive aucune ligne. À regret ou à dessein ? Dieu seul le sait.

Redoutable, elle ? Notre premier contact suffira à m'en convaincre. Elle s'y déchaîne d'entrée de jeu contre son mari et l'équipe du 119, rue de Lille : « Tous des nuls, des médiocres. Il n'a jamais su s'entourer. » Ses jugements, ses griefs claquent comme autant de couperets. Pugnace, inflexible, cette guerrière lunatique livre bataille sans pitié ni miséricorde, peu portée désormais à s'encombrer de précautions quand elle s'estime insuffisamment considérée ou respectée. Elle tire à vue sur tout ce qui peut porter atteinte à la haute idée qu'elle se fait, non de son mari, mais de l'homme qui a présidé aux destinées de son pays – idée dont lui-même, par ses errements, ses excès de familiarité, ses saillies parfois hasardeuses, ne lui paraît pas toujours digne. Comme s'il n'y avait plus qu'elle, Bernadette Chirac, à se préoccuper de défendre le blason et le rang d'une Maison menacée de décrépitude…

L'entretien prévu tourne très vite au monologue, tant elle paraît déterminée à rétablir elle-même certaines vérités, s'agissant tout particulièrement de son union avec Jacques Chirac. « Ne vous faites pas d'illusions, me lance-t-elle d'un ton sans réplique, j'aurais pu faire un bien meilleur mariage. Je ne manquais pas, croyez-le, de soupirants plus fortunés et plus titrés que lui, qui n'avait rien du tout en réalité. Si je l'avais voulu, il m'aurait été facile d'épouser un fils de grande famille et même, pourquoi pas, un prince héritier… J'aurais pu devenir reine ! » Elle marque une pause, telle une actrice en scène qui vient de déclamer sa meilleure tirade et laisse à son public ébahi le temps de s'en délecter ou de s'en remettre. Elle scrute mes réactions, les yeux tapis derrière ses larges lunettes aux verres fumés. Un peu interloqué, je cherche sur son visage l'expression qui m'indiquerait si je dois rire ou la prendre au sérieux, la sachant non dénuée d'humour et capable, elle aussi, de provocation. Mais autant ne pas risquer de l'offenser et paraître tenir cette déclaration intempestive pour l'évidence même : elle aurait pu être reine… Je lui rappelle qu'elle a néanmoins régné, à sa manière, sur la France :

« Vous avez tout de même été… »

Elle m'interrompt net, en haussant les épaules, la voix sèchement réprobatrice :

« Ça n'a rien à voir. J'aurais pu être reine et j'ai été autre chose, voilà tout. »

Comme si elle tenait à ce que cela soit mentionné dans les *Mémoires*, elle souligne la consternation de ses parents, le jour où elle a fini par leur présenter ce camarade de Sciences Po au physique d'acteur hollywoodien, une sorte de Gary Cooper trépidant, dégingandé, qui l'assaille de coups de téléphone au domicile familial sans se laisser intimider par le barrage de son futur beau-père. « "Mais tu nous amènes un gamin, m'ont-ils déclaré, effarés. Est-ce seulement un être baptisé ?" C'était loin d'être le parti qu'ils espéraient pour leur fille, poursuit-elle. En fait, ils ont très mal réagi. Jacques ne possédait à leurs yeux aucune des qualités requises pour m'épouser, ne serait-ce qu'en raison de ses origines et du milieu dont il était issu, jugés plutôt quelconques… Pour eux, c'était comme s'il était né sur un tas de fumier ! »

Elle ne cherche pas à corriger cette dernière formule dont la cruauté a l'air, tout au contraire, de l'enchanter. C'est le genre de trouvailles, perfides à souhait, qu'elle propage volontiers au sujet de son mari, manière pour elle de marquer ce qui les distingue et n'aurait jamais dû les rapprocher. Et peu importe que la rudesse de son franc-parler finisse par embarrasser tous ceux, intimes ou non, devant qui elle s'exprime ainsi, sans réserve ni ménagement. Peu importe aussi que ses propos puissent être répétés, puisqu'ils semblent faits pour cela : sinon, à quoi serviraient-ils ? Manifestement, elle redoute moins les indiscrétions que de ne pas apparaître pour ce qu'elle est devenue après des années de servitude et d'effacement : une femme libre, intraitable, au caractère solidement trempé, à la dent dure et aux opinions tranchées. Une femme qui ne se laisse plus impressionner ni dominer par quiconque, surtout pas par celui qui doit plus à son épouse qu'il ne veut bien l'admettre.

Comme pour mieux souligner tout ce qui la différencie désormais d'un mari replié et vieillissant, Bernadette Chirac déploie une vitalité à toute épreuve, quitte à présumer de ses propres forces. Elle n'est jamais autant sortie depuis qu'il ne quitte plus leur domicile. Son emploi du temps n'a jamais été aussi rempli et son agenda aussi chargé depuis que ceux de l'ancien Président se sont réduits comme peau de chagrin. Elle s'épuise à courir, après-midi et soirs, de défilés de haute couture en dîners mondains, de vernissages et de premières de théâtre en ventes de charité et mariages princiers. Et cela, avec d'autant plus de fougue et d'intrépidité que son mari refuse de se déplacer, préférant, selon sa formule, « rester assis » chez lui que « debout chez les autres », et professe un mépris certain pour ces fréquentations qui intéressent sa femme, la distraient et l'amusent. Comble de cette volonté de revanche qu'on lui attribue : Bernadette Chirac est toujours élue de Corrèze quand son époux n'est plus, de son côté, qu'« ancien en tout ». En somme, c'est le règne de Bernadette qui s'est ouvert le jour où celui de Jacques a pris fin une fois pour toutes. Simple passage de relais interprété par elle comme une véritable passation de pouvoirs.

Vivre à profusion et sans jamais se ménager est aussi sa façon de résister au lent naufrage de l'après-pouvoir. Bernadette Chirac a besoin, pour son propre équilibre, de prouver qu'elle est toujours présente, utile, animée par le même sens du devoir, tant elle se console mal d'avoir dû quitter l'Élysée et renoncer à l'« existence délicieuse » qu'elle y a menée. « Il faut bien que l'un de nous tienne le coup, alors c'est moi ! » s'exclame-t-elle avec une fierté teintée de mélancolie, comme si elle accumulait les obligations pour ne pas risquer de sombrer à son tour. Déjà en charge d'une fille malade, Laurence, placée sous surveillance constante depuis sa première tentative de suicide en 1990, et à la merci d'une rechute, elle consacre aujourd'hui une grande part de son énergie à s'assurer, malgré tout, du bien-être de ce conjoint « si difficile à vivre », qu'elle aime et admire sans doute, quoi qu'elle en dise, comme au premier jour. Elle se défend d'être à son service, mais lui demeure dévouée corps et âme, comme elle finit par le reconnaître au prix d'une nouvelle rosserie : « Je n'ai pas le choix. Ce n'est pas au moment où je m'occupe des hôpitaux que je vais le laisser tomber ! »

On frappe à sa porte. Elle se retourne en maugréant : « J'avais pourtant demandé à ne pas être dérangée. » Habitué à essuyer ses rebuffades, un officier de sécurité s'avance vers elle. Sans se laisser impressionner, il lui tend un téléphone portable. « C'est le Président, madame, il insiste pour vous parler. » Elle saisit l'appareil, la mine courroucée : « Oui, que voulez-vous ? dit-elle. Je suis en train de parler avec M. Barré. Laissez-nous tranquilles… Non, *Jaaacques*, je ne rentre pas tout de suite ! » Elle raccroche, rend d'un geste sec son téléphone au garde du corps qui se retire, puis revient, gêné de devoir faire à nouveau intrusion : « C'est encore le Président, il demande où vous êtes… – Passez-le-moi ! *Jaaacques*, je vous ai déjà dit que… Non, débrouillez-vous sans moi. J'arriverai quand je le pourrai. » L'aller-retour se poursuit ainsi pendant plusieurs minutes, jusqu'à ce qu'elle abdique, me prenant à témoin de son « calvaire » : « Vous voyez ce que je subis. En fait, il veut que je rentre pour lui préparer sa soupe. Rien de plus ! Comme si c'était mon genre… »

Il est à peine dix-neuf heures. Le Président dîne tôt et se couche tôt. Elle n'a pas d'autre choix que de le rejoindre. Elle me propose de remettre à plus tard le « rendez-vous de travail » pour lequel j'étais venu. Les *Mémoires* n'étaient pas pour elle le sujet du jour. Nous en parlerions une autre fois. Elle entendait surtout, semble-t-il, m'adresser en préambule quelques mises au point présumées « utiles » au récit que j'aurais à construire – comme si je risquais de faire fausse route en écoutant une autre voix que la sienne.

Bernadette Chirac tient à me raccompagner jusque dans la cour de l'hôpital. Là, elle continue de soliloquer pendant de longues minutes, en évoquant avec nostalgie le Chirac d'autrefois : « Vous n'imaginez pas l'homme qu'il a été. C'était un roc. Rien ni personne ne pouvait lui résister... » C'est une autre femme que j'entrevois à ce moment-là, soudain plus fragile, désarmée, désemparée. Une femme qui, à l'instant de nous séparer, me glisse cette confidence poignante de tristesse contenue : « Ce n'est pas commode tous les jours de partager la vie d'un guerrier tombé de cheval. Mais je préfère ne pas imaginer le jour où il ne sera plus là... »

LA POPULARITÉ RETROUVÉE

28 février 2008. C'est son jour de gloire, l'un des derniers mais non le moins grisant de tous ceux qu'il a vécus : l'inauguration du Salon de l'agriculture. Jacques Chirac m'a invité à le suivre et à partager l'événement à ses côtés. Je le rejoins dans la cour de son domicile du quai Voltaire où l'attend son ancien ministre, Christian Jacob. Direction la porte de Versailles où un flot de photographes et de cameramen déferle sur lui dès notre arrivée.

Jacques Chirac n'a pas connu une telle ruée médiatique depuis son départ de l'Élysée. À sa descente de voiture, il est accueilli par le nouveau ministre de l'Agriculture, Bruno Le Maire, dont il a peu apprécié le récit de sa fin de mandat et qu'il ne tenait guère à saluer. Une rapide poignée de main suffira. Encerclé, assailli par les micros, les perches tendus vers lui, il peine à se frayer un chemin, mais savoure ce moment avec un bonheur sans mélange. Ici, il est et sera toujours « le Président ». Le seul, l'unique. D'autant plus irremplaçable que son successeur s'est illustré en ces mêmes lieux, quelques jours auparavant, par une brève altercation avec un visiteur qui a refusé de lui serrer la main et auquel il a riposté par un « Casse-toi, pauv' con ! » appelé à rester aussi fâcheusement célèbre, dans les annales sarkozystes, que la soirée du Fouquet's et le séjour sur le yacht d'un de ses amis milliardaires. Les agriculteurs le savent mieux que quiconque : n'est pas Chirac qui veut…

Ils sont aussi émus qu'heureux de retrouver celui qu'ils considèrent comme un des leurs. Impressionnant pour le novice que je suis, l'accueil triomphal qu'ils vont lui réserver quatre heures durant ne laisse guère de doute sur l'affection mêlée de gratitude qu'ils continuent de lui porter. « Les paysans sont des gens très sensibles. Eux et moi, on se comprend. C'est quelque chose qui ne s'explique pas et se passe de mots », me dira Jacques Chirac après sa visite, fier de me rappeler qu'il n'a jamais cessé de soutenir le monde agricole. Non par simple calcul clientéliste, même s'il a su engranger de ce côté-là des soutiens appréciables, mais par une intuition qui se révélera visionnaire après avoir été longtemps considérée comme rétrograde ou corporatiste : celle du rôle vital que l'agriculture serait appelée à jouer, dans les décennies à venir, pour répondre aux besoins alimentaires croissants d'une population mondiale menacée de famines endémiques.

Beaucoup ici gardent en mémoire l'image du jeune ministre de Georges Pompidou guerroyant sabre au clair contre les technocrates de la Commission de Bruxelles. Des bureaucrates déterminés à imposer la mise en jachère d'un grand nombre de terres cultivables et à limiter la production d'aliments de première nécessité, jugés excédentaires. Dès lors, c'est une sorte de pacte du sang qui a été scellé entre le peuple secret, tenace et frondeur, des campagnes de France et cet ardent protecteur de la ruralité. Une fidélité ritualisée, à date fixe, depuis près de quarante ans, par cette visite au Salon de l'agriculture que Jacques Chirac n'eût manquée sous aucun prétexte. Il n'a fait défection qu'une fois : en 1979, après son accident de voiture. Et, aujourd'hui, la question ne s'est pas même posée de savoir s'il serait toujours présent au rendez-vous, tant la réponse allait de soi…

La traversée du Salon de l'agriculture, c'est un peu, pour Jacques Chirac, ce que fut le pèlerinage de la Roche de Solutré pour François Mitterrand : un moment de ferveur, de communion qui tient lui aussi du sacré et de l'intemporel. Une façon assez semblable de célébrer les prodiges de la nature, la permanence des choses, la vitalité et le génie du travail des hommes. À ceci près que Chirac n'a jamais cherché, de son côté, à transformer cette visite d'amitié en cérémonial d'automythification, fût-il reçu ici, entouré et même adulé comme une sorte de dieu bienveillant et familier. Il n'est pas davantage venu pour y délivrer un message particulier, une de ces « petites phrases » distillées à bon escient pour combler l'attente des médias, même si le moindre de ses commentaires sera aujourd'hui guetté comme un oracle par la cohorte des journalistes accourus pour la circonstance.

Le Président ne dit rien. Il esquive des questions qu'il feint de ne pas comprendre. Il se contente de distribuer à tout-va sa fournée habituelle d'encouragements et de compliments, les mêmes depuis des décennies : « Félicitations. » « Continuez, c'est encore mieux que l'an dernier ! » « Ah ! la belle vache, ah ! le beau taureau, je n'ai jamais rien vu de pareil ! » « Ce jambon espagnol est une merveille. C'est l'Europe dans ce qu'elle a de meilleur ! » Il ne dit rien de plus, mais il est *là*. Et sa présence se voit, se ressent, avec cette intensité physique, charismatique qui n'appartient en propre qu'à quelques grands fauves de l'arène politique.

Il progresse pas à pas, avec lenteur et prudence, en s'appuyant d'une main sur l'épaule du président du Salon, au milieu des vivats et d'une bousculade qu'il semble retrouver avec une joie mêlée d'un peu d'effroi, l'allure moins confiante qu'autrefois. Fini le temps des grandes enjambées et des traversées au pas de charge : ses supporters découvrent ce jour-là un Chirac au ralenti, devenu économe de ses forces alors qu'il leur paraissait jadis increvable. Il faut les efforts énergiques de ses gardes du corps pour lui permettre de naviguer lentement d'un stand à l'autre à travers cette marée de plus en plus compacte d'officiels et de reporters qui l'enserrent de tous côtés. Hélé, ovationné, sollicité par la masse des exposants et des badauds qui se pressent le long des allées et tentent de l'approcher, il salue, remercie ses supporters avec le même hochement de tête, le même geste ample de la main, doigts largement déployés, qu'on lui connaît. Il va vers eux, se laisse emporter au cœur de cette foule enthousiaste qui lui fait fête. Il s'y mêle tout entier, au grand dam d'un service d'ordre vite débordé. Il saisit à grandes brassées les mains innombrables qui se tendent. Il embrasse sans discontinuer femmes et enfants. Il prodigue consciencieusement aux animaux qu'on lui présente les caresses attendues. Sans omettre d'engloutir bière, fromages et charcuteries à un rythme digne de sa réputation, quoique plus mesuré désormais.

Je l'ai perdu de vue depuis de longues minutes, comme enfoui dans cette cohue débonnaire, lorsque je l'aperçois de nouveau. Il resurgit de la mêlée, tel un rescapé qui cher-

cherait ses repères, aussitôt repris par le flot qui l'entraîne, la démarche de moins en moins assurée, vers un autre de ces groupes qui ne cessent de proliférer sur son passage. Il prend son temps, avance mètre après mètre comme il peut, sans hâte ni nervosité particulière, avec ce même sourire comme étiré sur un masque de cordialité. En dépit d'une fatigue qu'il peine à dissimuler, il veille comme autrefois à ne manquer aucune étape de cette longue déambulation qui l'épuise autant qu'elle le stimule. Immergé au milieu d'une marée humaine assourdissante, il ne voit personne, n'entend plus rien de ce qu'on lui dit, et c'est en vain que je tente de capter son regard, devenu aussi absent que celui d'un automate.

Après deux heures et demie d'une marche aussi chaotique qu'exténuante qui nous a permis d'arpenter à peine la moitié de l'immense hall de la porte de Versailles, je décide, plus éreinté que lui, de quitter discrètement le cortège et de rebrousser chemin. Je prends encore le temps d'observer Jacques Chirac. Son énergie, même déclinante, reste fascinante. Comme la constance, la disponibilité avec lesquelles il continue de répondre aux sollicitations, de multiplier embrassades, signatures d'autographes et photos de groupe, sans jamais marquer le moindre signe d'impatience. Et en le regardant, je finis par me demander comment il fait pour aimer à ce point ses semblables. Les aime-t-il, d'ailleurs, autant qu'il le laisse paraître ? Ou bien a-t-il besoin de leur contact et de la chaleur qu'ils lui témoignent pour se réconforter, vérifier qu'il n'a rien perdu de sa popularité, conjurer cette solitude de l'après-pouvoir qui l'oppresse bien plus qu'il ne veut le reconnaître ?

Même si elle n'est évidemment pas dépourvue d'arrière-pensées, je crois à la sincérité des attentions qu'il prodigue aux autres en toute circonstance ou presque, surtout les plus difficiles, d'autant que rien ne l'y oblige désormais. Dans ce domaine, les simulateurs même les plus doués ont tôt fait d'être démasqués. S'agissant de Chirac, les Français ont toujours senti d'instinct la valeur des sentiments qu'il leur porte, d'où la sympathie, restée vivace à son égard, de bon nombre de nos compatriotes. Mais aujourd'hui l'enjeu de cette relation est devenu moins crucial pour eux que pour lui. C'est qu'au temps exaltant de la conquête et de la séduction s'est substitué dans sa vie celui, plus ingrat et incertain, où la seule question est de savoir ce qui l'emportera, chez les autres, de la fidélité, de l'ingratitude ou de l'oubli. Si tant est qu'il doute encore de la réponse…

Au nom d'un fatalisme qu'il arbore avec superbe, Jacques Chirac affecte de ne pas s'en inquiéter. Mais certains réflexes trahissent son besoin vital de préserver le lien noué de si longue date avec ce peuple dont il eut le destin en charge et, par là, sa crainte de voir s'interrompre le fil de leur longue histoire commune.

Nous sommes dans sa voiture, roulant le long des quais de Seine, à l'issue de l'un de nos entretiens. Nous parlons de façon détendue du travail en cours. Il me demande distraitement à quel moment, selon moi, ses *Mémoires* seront susceptibles de paraître. Tandis que je m'efforce de lui répondre, je le sens préoccupé par tout autre chose. Il ne m'écoute pas. Il m'a déjà oublié, concentré sur ce qui se passe autour de lui, tel un acteur qui, posté dans un coin, regarde la salle se remplir avant son entrée en scène. Le monde est son théâtre et il n'a pas encore perdu l'habitude d'y tenir le rôle principal. Le regard tourné vers l'extérieur, il tend le bras à travers la vitre baissée, la main en éventail. Il se tient prêt à saluer, comme autrefois, les passants sur le trottoir. Mais il n'y a pratiquement personne sur cette partie du trajet, hormis quelques touristes qui semblent ne pas le reconnaître. Chirac n'est pas habitué à passer inaperçu, lui qui a toujours aimanté les foules dès qu'il surgissait quelque part. Doit-il, devenu comme transparent, se résoudre désormais à ce qu'on se détourne de lui ou s'obstine à ne plus le voir ? Il s'est préparé pour le cas où, sa main brandie dans le vide, tel un navigateur à la dérive qui tente de se signaler.

Il repère deux promeneurs qui ont ralenti le pas, le regard intrigué, et prenant les devants, il leur adresse sans succès un salut empressé, comme pour confirmer qu'ils ne se sont pas trompés, qu'il s'agit bien de lui. À un feu rouge, un groupe de Japonais qui l'a immédiatement identifié se précipite vers son véhicule, ému, enthousiaste, avec des exclamations de joie, pour le photographier, le toucher, le remercier. Il se prête au jeu avec jubilation, comblé, comme apaisé. « Vous nous manquez ! » lui lance un passant français qui s'est approché à son tour, bouleversé de le voir. « Vous aussi, vous me manquez ! » lui répond-il spontanément. Ce bain de chaleur humaine lui procure un plaisir dont il n'a jamais eu tant besoin. C'est tout juste s'il ne descend pas de voiture pour se mêler au petit attroupement qu'il est ravi de provoquer.

Séquence inoubliable qui me rend encore plus attachant cet homme à la gloire acquise et au destin accompli, qui donne pourtant l'impression de se suffire si peu à lui-même. Non par haine de soi, même s'il ne s'aime pas plus que de raison. Mais parce qu'on ne vit pas impunément pendant plus de quarante ans dans le regard des autres, et que ce miroir reste le seul qui puisse encore le rassurer…

Les sondages devraient y contribuer. Ils le placent, au printemps 2008, en troisième place dans le classement des personnalités politiques préférées des Français. Une sorte de résurrection alors qu'il se croyait promis à l'effacement, sinon à l'indifférence. Et ceci à l'heure même où la cote du président en place entame une dégringolade vertigineuse. Le moins qu'on puisse dire est que Jacques Chirac n'est pas mécontent de ce sursaut de popularité, moins d'un an après son départ de l'Élysée. Mais il a la pudeur ou la malice de ne pas trop s'en réjouir. Il va même, lorsque je l'en félicite, jusqu'à le banaliser : « Les Français aiment bien leurs vieux présidents lorsqu'ils ne sont plus au pouvoir. » Je lui objecte qu'il est bien le seul dans ce cas-là. Valéry Giscard d'Estaing n'a jamais bénéficié d'un semblable retour en grâce. Il me regarde en souriant : le parallèle n'est pas pour lui déplaire. Quant au sort de son successeur…

Fidèle à la ligne qu'il s'est fixée, Jacques Chirac s'interdit de réagir publiquement aux attaques répétées de Nicolas Sarkozy. Il le laisse plutôt s'enferrer dans une entreprise de dénigrement qui, pense-t-il, ne peut que desservir son auteur. Le 7 mai 2008, le chef de l'État, face aux députés UMP réunis à l'Élysée, s'est plu à brocarder publiquement « l'immobilisme » de son prédécesseur, histoire de souligner qu'il n'entendait pas, quant à lui, ralentir le rythme des réformes sous prétexte de préserver la paix sociale. Comment Chirac pourrait-il cette fois laisser passer ce nouvel affront sans riposter ?

Je m'étonne devant lui qu'il persiste à se taire. Il feint de n'attacher à tout cela aucune importance : « S'il pense que je n'ai rien fait, c'est son problème », me répond-il comme à tous ses visiteurs qui lui font part, eux aussi, de leur indignation. Il a probablement raison au regard d'une opinion publique qui lui sait gré de ne se prêter à aucune controverse. Mais, à terme, son silence peut finir par accréditer l'idée, déjà largement répandue, nonobstant la sympathie personnelle dont il jouit auprès des Français, qu'il a été, en effet, un président sans vision ni audace, avant tout soucieux de ne pas brusquer une vieille nation rétive au changement par crainte de s'exposer à une réaction populaire porteuse de déchirures et d'affrontements.

S'abstenir de la moindre mise au point revient à donner raison à celui qui n'a pas même attendu de lui succéder pour dénoncer son inertie sans être jamais sérieusement recadré comme un simple ministre aurait dû l'être. Et pourquoi ce dernier s'en priverait-il aujourd'hui qu'il n'a manifestement plus rien à craindre d'un prédécesseur d'aussi bonne composition ? L'Histoire jugera, certes, mais encore faut-il l'y aider. Je me dis que ce sera toute l'utilité de ces *Mémoires* auxquels Jacques Chirac s'est attelé bon gré mal gré. À condition, évidemment – mais rien n'est moins sûr –, qu'il consente à y défendre son action avec la vigueur nécessaire et sans souci de ménager qui que ce soit.

Le 9 juin, à l'occasion du lancement de la Fondation Chirac, au musée du quai Branly, je l'entends déclarer à la tribune, devant un parterre de Prix Nobel et d'anciens hauts responsables internationaux auxquels se sont joints quelques membres du gouvernement – mais sans le Premier ministre et en l'absence du président de la République, passé le saluer furtivement avant la séance : « Les responsabilités d'un homme d'État ne s'achèvent pas avec ses mandats publics. Par-delà l'engagement politique demeure l'engagement de l'homme, le sens de ses combats, ce en quoi il croit. » Est-ce le signe qu'il aurait enfin résolu le dilemme auquel il est confronté depuis la fin de sa présidence : non d'avoir des convictions, mais de savoir ce qu'il veut en faire ? On serait tout près de le penser en l'entendant exposer avec force sa future feuille de route, s'il n'y avait déjà, chez lui, cette façon de se mouvoir, prudente, à pas comptés, cet air d'être là sans y être, comme absorbé par un horizon lointain, et d'interpréter un rôle de circonstance plus que de s'adonner tout entier à l'ultime mission qu'il se serait fixée.

Je l'observe, à quelques tables de distance, pendant le déjeuner officiel qui suit la cérémonie, sur le toit terrasse du musée. Entouré de Kofi Annan, de Rigoberta Menchú, d'Abdou Diouf et de ses généreux donateurs, Marc Ladreit de Lacharrière et François Pinault, il paraît heureux d'avoir retrouvé une tâche à sa mesure, si ce n'est une nouvelle raison de vivre. Mais, le repas terminé, il sera le premier à s'éclipser, requis par sa sieste quotidienne. Et l'impression qui subsiste après son départ, tandis que la plupart des convives s'attardent pour bavarder au soleil, est celle d'une séquence inaboutie, peut-être sans lendemain. Comme s'il n'avait fait que passer en simple figurant d'une pièce dont il était pourtant destiné à tenir le premier rôle…

Lorsque je le revois, au début de l'été, avant son départ en vacances, il n'a qu'une hâte : m'informer, satisfait de lui comme rarement, qu'il vient de décliner l'invitation de son successeur à assister, les 13 et 14 juillet, à la création de l'Union pour la Méditerranée. Baptême qui se déroulera en présence de quarante chefs d'État et de gouvernement, dont le Palestinien Mahmoud Abbas, l'Israélien Ehud Olmert, le Tunisien Ben Ali, le Turc Recep Tayyip Erdogan et… le Syrien Bachar el-Assad. Étrange salmigondis qui ne lui dit rien de bon, d'autant que trois acteurs essentiels manquent à l'appel, dont la défection rend ce show diplomatique encore plus invraisemblable : les rois du Maroc et de Jordanie et le colonel Kadhafi. Mais ce n'est pas leur absence qui interdit à Jacques Chirac de prendre part aux festivités. Une présence, plutôt, suffit à l'en dissuader : celle de Bachar el-Assad dont il prononce le nom avec répulsion.

Chirac avait de l'estime pour son père, Hafez el-Assad, qu'il décrit, quoique tout aussi tyrannique et sanguinaire, comme un interlocuteur sérieux et digne de confiance. Mais il n'a que mépris et aversion à l'égard du fils qu'il tient pour un personnage infréquentable, retors et dévoyé. Un corrompu, un criminel de la pire espèce. L'assassinat de Rafic Hariri, qu'il impute, de manière directe ou indirecte, au dirigeant syrien n'est évidemment pas étranger à ce jugement sans appel. Pour lui, cet « acte impardonnable » disqualifie une fois pour toutes le régime qui s'en est rendu coupable. Et le gouvernement français se déshonore en recevant à bras ouverts son probable commanditaire, comme en organisant son retour en grâce dans la communauté internationale. Ce n'est pas faute, me dit-il, d'avoir mis en garde son successeur, dès leur passation de pouvoirs, contre les illusions d'un possible rapprochement avec le maître de Damas. Mais l'une des obsessions de Nicolas Sarkozy aura été d'emblée de réussir là où son prédécesseur, selon lui, a échoué – c'est-à-dire en tous domaines ou presque –, quitte à s'aveugler sur la pertinence de ses propres initiatives… Et celle-ci est pour le moins malencontreuse, comme la suite de l'histoire ne tardera pas à le confirmer.

Jacques Chirac se montre en tout cas catégorique :

« Je ne veux pas me retrouver dans la situation de devoir serrer la main de Bachar. C'est la raison pour laquelle je ne serai pas à Paris le 14 juillet…

– L'avez-vous dit à Sarkozy quand vous vous êtes vus ?

– Oui, bien sûr, je le lui ai dit et je l'ai dit à qui voulait l'entendre.

– Et qu'a-t-il répondu à cela ?

– Il était embêté, mais, en vérité, c'est une maladresse diplomatique. Cette affaire a été mal gérée.

– Il y a quand même aujourd'hui toute une série de gens, de Bernard Kouchner à Jack Lang, qui militent ouvertement pour une réconciliation avec la Syrie…

– Oui, hélas ! Mais ce que ces gens-là ne savent pas, ou refusent de comprendre, c'est qu'on ne s'entend pas avec Bachar el-Assad. Il se contente d'empocher tout ce qu'on peut lui offrir en termes d'amabilités diplomatiques, mais il ne donne rien en retour. Je n'ai jamais vu Bachar donner quoi que ce soit. Bachar ne rend jamais rien. Il n'y a qu'une solution, c'est de le contraindre, d'une manière ou d'une autre, à quitter le pouvoir. »

Je lui demande s'il a l'intention de s'exprimer publiquement à ce sujet, mais il s'y refuse encore une fois, par souci de « ne pas gêner » son successeur. Toujours est-il que, même silencieux, Jacques Chirac n'en pense pas moins.

LA MESURE DE L'HUMAIN

Question rituelle, devenue une sorte de jeu avant chaque séance de travail : « Combien de temps m'accordez-vous aujourd'hui, Monsieur le Président ? – Vingt minutes, pas plus, me répond-il, l'œil fixé sur sa montre. J'ai un déjeuner important à l'autre bout de Paris, vous comprenez… – Mais il est à peine dix heures du matin, lui fais-je remarquer en riant. Nous avons donc deux bonnes heures devant nous… » Il s'incline en soupirant sans renoncer cependant à user du moindre prétexte pour tenter de se dérober : un problème d'intendance, une note « importante » qu'il doit remettre à ses collaborateurs… Il me faut alors lutter pied à pied pour déjouer ses tentatives réitérées d'abréger nos entretiens. Mais il arrive aussi – quoique plus rarement – que ce soit lui qui fasse durer les choses sans se soucier du délai convenu ou du visiteur qui l'attend, et s'attarde sur certains sujets au point de regretter que nous ne disposions pas d'assez de temps, ce jour-là, pour poursuivre notre discussion.

Il se laisse guider le plus souvent, acquiesçant au cheminement que je lui propose de suivre à travers les grandes étapes de son existence. Comme s'il m'appartenait de lui faire redécouvrir ou mieux connaître une histoire dont il aurait tout oublié ou qui lui serait devenue étrangère – la sienne, pourtant… Certains jours, son laconisme est tel et son envie de se raconter si limitée que j'en suis presque réduit à tout faire moi-même : les questions et les réponses. Il ajoute un mot, nuance, d'une phrase tout au plus, les commentaires ou réflexions que je formule à sa place dans l'espoir qu'il les approuve ou les conteste. À force de le côtoyer, je commence, il est vrai, à pressentir ce qu'il pense et ne fait pas toujours l'effort d'exprimer. À savoir interpréter ses silences, ses hésitations, ses réactions de doute ou de perplexité, comme autant de bribes de vérités qui demanderont à être précisées après coup. Mais, à d'autres moments, c'est lui qui prend l'initiative du thème qu'il souhaite aborder, oriente l'entretien dans la direction où il a résolu d'aller, et m'entraîne sur ces territoires personnels où il a, si longtemps, pris soin de ne laisser entrer personne.

L'amorce est toujours la même : une note, un document préparé à mon intention et qu'il me tend avant le début de notre échange : « J'ai retrouvé ceci pour vous, je ne sais pas si ça peut vous intéresser… » Je me précipite, il va sans dire, pour en prendre connaissance. Surpris, intrigué comme s'il s'apprêtait à me révéler à l'improviste une part de ses secrets les mieux protégés.

Il y a toujours, chez Jacques Chirac, quelque chose du collégien qui, sans doute pour se préserver de la tutelle paternelle, écrivait des poèmes en cachette, enfouissait dans un tiroir le journal où il consignait ses impressions, ses rêves, ses pensées, avec la volonté farouche de tout garder pour soi. L'habitude de ne rien livrer de lui, de ne rien confier à personne, de s'entourer de silence et de mystère a fait partie très tôt de sa façon d'exister et de se construire. Sur ce plan-là comme sur d'autres, il a gardé ses habitudes d'adolescence : celles du fils unique qui, avec l'argent que lui donnait sa mère, achetait des recueils de poésie et fréquentait galeries d'art ou ateliers de peintres en catimini, sans en parler à quiconque. Le goût des jeux de masques et des apprentissages clandestins ne l'a jamais quitté depuis lors, dans sa vie intime comme dans l'exercice du pouvoir. C'est tout un versant de lui-même et de sa destinée qui s'est ainsi constitué dans l'ombre, avec le souci constant de ne rien divulguer de ses véritables lectures, de ses passions d'esthète et de collectionneur, comme des amitiés qui ont réellement compté dans son existence. Sans parler de ses amours…

S'il répugne tant aujourd'hui encore à se confesser ou seulement à exprimer ses sentiments, c'est, d'une certaine manière, parce qu'il s'est toujours interdit de le faire, par souci de s'appartenir ou crainte d'être incompris. Et conviction d'avoir, en fin de compte, plus à y perdre qu'à y gagner.

Un matin, il me montre une simple feuille de papier. Elle porte la maxime suivante : *Le patriotisme, c'est l'amour des siens ; le nationalisme, c'est la haine des autres.* Je lui demande de façon assez cavalière – mais le ton de nos conversations est devenu de plus en plus direct et spontané – qui en est l'auteur et dans quel livre il l'a trouvée : « C'est tiré de moi ! me répond-il avec une fierté amusée. – D'un de vos discours ? – Non, j'avais noté cela un jour pour ne pas l'oublier… De temps en temps il m'arrive, mais rarement, d'avoir une idée et, comme j'ai peur de la perdre, je la note. C'est en fonction de cette phrase que j'ai fixé ma conduite vis-à-vis du Front national, entre autres. »

Peu importe que le général de Gaulle et Romain Gary aient écrit sensiblement la même chose : Jacques Chirac a fait sienne cette formule et il la revendique comme l'expression de sa propre pensée.

Le rejet des extrêmes et de tout ce qu'ils véhiculent de violence, de haine et d'intolérance participe aussi de son allergie à tout système dogmatique, politique ou religieux. C'est pourquoi, bien que de confession catholique et se réclamant par habitude ou commodité de la religion de son enfance, il se sent davantage d'affinités avec la philosophie bouddhiste dont il a fait très tôt son propre apprentissage. Philosophie qui « ne connaît pas une solution, une réalisation comme la seule juste parmi toutes celles qui, ayant pris la mesure de l'humain, enrichissent le trésor spirituel de l'humanité », a-t-il déclaré un jour en recevant le Dalaï-Lama. C'est aussi pourquoi il admire tant que le judaïsme sache, de son côté, se nourrir depuis toujours, à travers l'étude et la recherche, de l'intelligence du monde et de son histoire.

Il me montre une de ses notes les plus récentes concernant les dernières baguettes de bambou découvertes en Chine : « Il a fallu plus de deux mille ans pour qu'on les retrouve, m'explique-t-il en se rapportant à ce qu'il a écrit. Ces baguettes avaient échappé à un autodafé du premier empereur Tsin, en 220 avant Jésus-Christ. Elles proviennent du pillage d'une tombe princière, dans l'une des anciennes provinces de la Chine préimpériale. Passées en contrebande à Hong Kong, elles ont été, pour finir, réquisitionnées par le musée de Shanghai en 1994. J'ai été consulté à l'époque sur leur authenticité. Après plusieurs années de traitement, elles ont révélé des inscriptions rapportant des dits de Confucius qui contrastaient de façon saisissante avec la version canonique de sa pensée. Elles étaient susceptibles d'entraîner une révision profonde de l'interprétation du confucianisme. »

Puis il me lance, avec un sérieux d'expert assuré de son effet :

« Je suis pour la révision du confucianisme !

– Au nom de quoi ?

– Au nom de la vérité. On a pris dans Confucius un certain nombre d'écrits qui n'étaient pas représentatifs de la totalité de la pensée du maître, et on a fabriqué à partir de là le confucianisme. Et moi, je prétends et m'efforce depuis longtemps de démontrer, au fil des découvertes, que le confucianisme est beaucoup plus complexe qu'on ne l'a dit. On fait de Confucius une présentation caricaturale. Le confucianisme est une théorie de paix et de sagesse, cela ne fait aucun doute. Mais elle est caricaturée en ce sens qu'on veut y voir une référence permanente, établie une fois pour toutes. D'une manière générale, on dénature une pensée à force de l'exploiter sans revenir aux textes fondamentaux ni tenir compte des nouvelles interprétations possibles. C'est valable aussi bien pour le Coran. C'est valable pour beaucoup de choses… »

J'ai toujours pensé que la culture de Jacques Chirac, ne serait-ce qu'en raison du soin qu'il a mis si longtemps à la nier ou la dissimuler, était bien plus étendue qu'on ne l'imaginait. Mais de là à l'entendre un jour disserter en aparté sur Confucius… Sa passion la plus ancienne, qui englobe celle-ci au demeurant, concerne l'histoire de l'humanité depuis les origines. Il l'a étudiée, explorée en amateur éclairé, sans en faire profession, contrairement à ce qu'il eût peut-être souhaité. Il me l'avait laissé entendre à plusieurs reprises, jusqu'à cette autre matinée où il finit par sortir de son cartable de cuir noir deux fiches recouvertes de plastique transparent qu'il pose devant moi pour me les commenter en détail.

Heureux de voir l'intérêt que je leur porte, il m'en offre une copie dédicacée : « C'est pour vous. Vous pouvez en disposer comme vous l'entendrez… » Ces documents à usage personnel et dont seuls quelques intimes connaissent l'existence sont d'autant plus précieux qu'il les a lui-même confectionnés, établis et mis au point. Il l'avoue sans forfanterie, avec cette sorte de pudeur ou d'humilité qu'il réserve toujours à ses propres œuvres.

La première de ces fiches relate l'invention de l'écriture depuis les premières traces qui en ont été découvertes sur les tablettes sumériennes, en 3300 avant notre ère, à Ourouk, en basse Mésopotamie, jusqu'à la mise au point par les humanistes italiens, en 1300 après Jésus-Christ, de l'écriture moderne avec l'utilisation des caractères « latins ». Aventure de plusieurs millénaires dont Jacques Chirac connaît par cœur chacune des grandes étapes, du *Code d'Hammourabi*, « le premier grand texte », aux différentes phases de la création de l'alphabet.

Je comprends mieux, en parcourant cette chronologie minutieusement reconstituée, les raisons de son attachement au « dialogue des cultures ». Une idée qui n'a rien d'un simple leitmotiv quand on se réfère, comme ici, au seul mouvement de l'Histoire. Si Jacques Chirac a mis tant de conviction, d'énergie et de sincérité à défendre, durant sa présidence, face à la montée de tous les intégrismes, le nécessaire respect de chaque identité culturelle et de leur

« égale dignité », tout comme la nécessaire reconnaissance de la « magnifique » diversité du génie humain, « trésor » qu'il s'agit non de dissocier, mais de partager, c'est qu'il croit au rôle essentiel, dans toute l'histoire de l'humanité, de la transmission du savoir, de la sagesse et de l'intelligence. C'est cette chaîne-là qu'il craint de voir s'interrompre ou se relâcher dans un monde où l'« emprise terne et menaçante de l'uniformité » et « les logiques de l'enfermement et du ghetto » risquent de l'emporter simultanément sur « l'exigence de l'ouverture et de la compréhension mutuelle ». Mise en garde exprimée avec force, le 20 juin 2006, dans son discours d'inauguration du musée du quai Branly.

Voilà pourquoi, à travers la fondation qui porte son nom, Jacques Chirac milite notamment pour la préservation des langues menacées. « Les langues meurent très vite et, en s'effaçant, chacune emporte avec elle un peu du génie humain, me redit-il comme si ce problème était devenu l'une de ses obsessions. Il y a actuellement quelque six mille langues dans le monde, et si on n'y prend garde, la plupart auront disparu dans un siècle.

– Au fond, lui dis-je, vous êtes persuadé que l'homme lui-même est voué à disparaître de la surface de la planète…

– Il n'y a pas, il n'y a jamais de fatalité absolue. Mais je suis assez tenté, en effet, d'adhérer à la thèse de certains chercheurs selon laquelle toutes les espèces, dans l'histoire, sont vouées à disparaître. Il n'est donc pas improbable que l'espèce humaine subisse le même sort dans quelques millions d'années, remplacée par une autre… »

D'où cette double question qui le préoccupe depuis longtemps – « d'où venons-nous, où allons-nous ? » –, dont témoigne la seconde fiche qu'il me fait découvrir, intitulée

« Les grandes étapes de l'histoire de l'Univers, de la Terre et de la Vie ». Du big bang, il y a quinze milliards d'années, à l'apparition de l'homme moderne voici 150 000 ans… À quoi lui sert-il de disposer constamment de tels repères à portée de main ? À mieux se pénétrer de la relativité des choses ? À juger des problèmes immédiats et des enjeux du futur avec la distance des siècles et des millénaires ? Il ne cache pas avoir souvent éprouvé le besoin, quand une réunion politique, une conférence internationale, voire un Conseil des ministres se perdaient en débats fastidieux, de sortir discrètement cette fiche de sa serviette et de s'y plonger pour resituer les péripéties du moment dans un contexte un tantinet plus vaste.

En l'écoutant, je crois discerner ce qu'a pu être sa philosophie de vie et saisir, à travers elle, une part sans doute essentielle de cette vérité intime qu'il s'est toujours ingénié à masquer. À quel point se seront trompés sur son compte tous ceux qui auront vu en lui un chef d'État de faible envergure intellectuelle, incapable de raisonner au-delà du très court terme et de dépasser l'horizon de ses mandats électoraux successifs ! Malentendu dont ses rivaux et ses détracteurs ne sont pas les seuls responsables, il est vrai, puisque c'est lui, plus que tout autre, qui l'a sciemment fabriqué et entretenu sans jamais chercher à le dissiper.

« Vous savez, un rêve, c'est très difficile à partager. » Il n'a cure, en réalité, de ce qu'on peut penser de lui, convaincu qu'on a plus à gagner à être méconnu ou sous-estimé que trop réputé pour l'étendue de son savoir et la profondeur de son intelligence. « Ce n'est pas à mon âge que je vais chercher à me revêtir de la pelisse de l'intellectuel. Si les gens pensent que je suis inculte, c'est qu'ils ont quelque part raison. Pourquoi devrais-je les démentir, puisque j'ai tout fait pour qu'ils le croient ?… Il est très confortable, en fait, de laisser planer à son sujet d'éternels malentendus. » Et, loin de regretter que ce qui a le plus compté pour lui soit passé longtemps inaperçu, il s'en féliciterait plutôt : « Ça ne m'a jamais empêché de m'intéresser à ce qui m'intéresse, et je le faisais d'autant plus librement qu'on n'était pas susceptible de penser que cela puisse m'intéresser, résume-t-il, pas mécontent de sa formule. Un responsable politique et à plus forte raison un chef d'État doit avoir son jardin secret. S'il n'en a aucun, c'est qu'il n'est rien du tout, en vérité… »

Il mettra plusieurs mois encore avant de se décider à me révéler, presque subrepticement, quelques-unes de ses citations préférées, répertoriées sur une simple feuille de papier. Une sorte de bréviaire privé, constitué au fil de ses lectures clandestines et dont il a veillé, là encore, à ce que personne ne puisse soupçonner l'existence. Chacune de ces citations l'accompagne de longue date, comme autant d'éléments propres à inspirer secrètement ses manières de vivre, d'être et d'agir. En particulier celles-ci :

Qui ne se souvient pas de son pays natal ne pourra jamais devenir un homme (proverbe vietnamien).

Je parle avec ma main, tu écoutes avec tes yeux (Shitao).

L'œuvre d'art est l'expression extérieure d'une nécessité intérieure (Kandinski).

Nous n'apprenons rien en lisant, nous devenons quelque chose (Goethe).

Ce n'est pas assez de faire des pas qui doivent un jour conduire au but, chaque pas doit être lui-même un but en même temps qu'il nous porte en avant (Goethe, in *Conversations avec Eckermann*).

En découvrant la seconde citation de Goethe, j'ai aussitôt dit à Jacques Chirac que « Chaque pas doit être un but » ferait un excellent titre pour le premier volume de ses *Mémoires*. Il a fait mine de s'en étonner avant d'acquiescer. Mais je doute qu'il m'ait montré cette phrase par hasard et sans préméditation. Rien, chez lui, n'est jamais totalement improvisé ni exempt d'arrière-pensées. Surtout quand il s'efforce de laisser penser le contraire.

L'APPRENTISSAGE DU COUTEAU

Parce qu'il ne se fait pas une haute idée de lui-même, Jacques Chirac serait plutôt enclin à partager l'opinion de ses détracteurs. « S'il pense du mal de moi, c'est qu'il a ses raisons », répond-il lorsqu'on lui rapporte des propos hostiles entendus à son sujet. Il laisse dire, le plus souvent. Vieille habitude de politicien instruit du fait que le meilleur moyen de confondre ses ennemis est de paraître ignorer leurs griefs, voire de les approuver. Mais aussi aveu d'impuissance ou de résignation face à une réalité dont il semble avoir pris acte, une fois pour toutes, à mi-parcours d'une carrière politique menée de front, mais rarement à découvert.

« Qu'elle soit superficielle, caricaturale ou simplement inexacte, on est cependant plus ou moins responsable de son image de marque, constatait-il dans les années 1980. On y a toujours, à l'origine, prêté la main. Tantôt c'était dans le souci de donner une très bonne idée de soi – ce qui aboutit le plus souvent à l'inverse –, tantôt c'était pour préserver de la curiosité publique la meilleure part de sa personnalité, qu'on ne voulait pas exhiber sur le devant de la scène. En fin de compte, on a péché quelque part, soit par excès, soit par défaut. Si on y ajoute l'intérêt que peuvent avoir certains à simplifier le trait, à le durcir et à le modifier à votre détriment, on obtient une image de vous qui correspond, si l'on est sincère, à ce que l'on craint que vous soyez, et, si l'on est votre ennemi, à ce qui peut le plus vous desservir. Pour moi, il est donc acquis que je suis un fonceur. Autant dire que je manque de réflexion, que j'ignore le doute et que la nuance m'est étrangère. On y gagne vite une réputation de “bulldozer” et les gens ont tendance à considérer que vous ne réfléchissez guère – puisque vous agissez vite. » S'étant habitué à l'idée qu'un homme public n'appartient jamais qu'à l'image que l'on s'en fait ou qu'il prend soin de renvoyer, Jacques Chirac s'était prêté sans trop de difficultés à un jeu qui supposait moins de sincérité que de faculté d'adaptation. La suite de sa carrière politique prouvera qu'il n'en était pas dépourvu.

« Bulldozer » est le surnom que Georges Pompidou donnait, comme on le sait, à ce collaborateur aux méthodes brutales et expéditives, prompt à s'emparer des dossiers, à évacuer les obstacles et à imposer ses vues, sans précautions ni scrupules d'aucune sorte. Les images du même ordre n'ont pas manqué, par la suite, pour qualifier cet exécutant au zèle intempestif. Bernadette Chirac se plaît à rappeler celle, aimablement féroce, dont usait Maurice Druon pour résumer son mari : « C'est une bicyclette. Il ne tient debout que quand il roule. » Marie-France Garaud et Pierre Juillet, ses anciens tuteurs déçus, comme la plupart des « barons », les caciques vieillissants de l'après-de Gaulle, ont rivalisé de formules tout aussi acerbes et méprisantes pour le dépeindre, en bref, comme un ambitieux immature et sans discernement, aussi dépourvu de caractère que de convictions. « Un agité », selon Giscard, qui n'a jamais été le moins venimeux à son égard. « Un traître », renchérirent ceux qui lui imputèrent la défaite du Président sortant, en mai 1981, après l'avoir déjà vu à l'œuvre contre Chaban sept ans auparavant. À gauche, l'appellation « Facho Chirac », dont on le gratifia, parut suffire à l'étiqueter de façon quasi irrémédiable. Jusqu'à ce qu'on s'aperçoive qu'il ne correspondait en rien à cette image pour le moins réductrice…

C'est ainsi que Jacques Chirac a longtemps pâti d'une réputation à la fois d'inconsistance et de raideur. Ses allures de hussard survolté, fébrile et impétueux, y contribuaient, comme la vacuité supposée de ses idéaux et sa tendance manifeste à se laisser influencer et même dominer par ses mentors successifs, chacun d'eux étant censé lui apporter ce dont il aurait le plus besoin : des références, des idées, une structure politique, un fief électoral, un strapontin ministériel et des moyens d'action.

C'est à leur contact que ce rebelle en mal d'aventures s'est découvert une vocation tardive mais dévorante : la conquête du pouvoir. Et qu'il a résolu de lui consacrer tous les atouts dont il disposait : son énergie, son charisme, une capacité de travail à toute épreuve, un sens du secret et de la dissimulation exercé depuis l'adolescence, enfin son aptitude à tirer parti de tout, des faiblesses ou de la bienveillance des autres, fussent-ils ses supérieurs, comme de la faveur des circonstances. C'est alors, par un curieux mélange de calcul et de pudeur, qu'il a entrepris de fabriquer ce personnage public dédié tout entier à la réussite de ses ambitions. Une figure de conquérant édifiée comme en dehors de lui-même. Insatiable, un peu sommaire, cynique et quasi inculte. Figure qui ne le gênait pas dès lors qu'elle servait ses intérêts immédiats…

Plus que tout autre, c'est lui qui aura inventé, pour les besoins de la cause, sa propre caricature. Jusqu'à faire oublier l'homme qu'il était vraiment. Un frondeur plus enclin à la transgression qu'au respect des valeurs établies. Un solitaire, fraternel dans l'âme mais assez peu porté à s'épanouir dans la compagnie de ses semblables. Un obstiné, flexible, changeant, malléable sur ce qu'il considère comme accessoire, mais campé sur des repères forgés de longue date, s'agissant de ce qu'il tient pour essentiel. Il faudra l'expérience cruelle mais salutaire de deux défaites électorales, puis celle de la trahison et de l'isolement, pour qu'il finisse par s'affranchir de ce rôle de composition, sans cesser d'en être tout à fait prisonnier, et démontrer que cet inconstant avait en réalité plus de suite dans les idées qu'il ne le laissait présager.

Je me demande à quel moment précis de sa vie il a entrepris de s'identifier à ce personnage créé de toutes pièces. Question qui le ferait sourire si je la lui posais de but en blanc et qu'il aurait tôt fait d'éluder. D'après ce qu'il me dit ou me laisse entendre, je distingue deux étapes déterminantes à l'origine de ce processus.

La première est celle où il se résigne, au lendemain de son escapade américaine, à intégrer le modèle d'ordre et de discipline imposé par son père. Son camarade de Sciences Po, Gérard Bélorgey, relate une scène significative de cette évolution chez le jeune homme de vingt-trois ans : « Lorsque nous prîmes en 1955 le train vers l'école d'EOR de Cavalerie de Saumur, son père l'accompagnait et, au branle de la rame, se mit au garde-à-vous sur le quai et dit : “Jacques, Honneur et Patrie !” Et Jacques, dans le compartiment où il tenait à peine debout, au garde-à-vous lui aussi, répondit : “Oui, père, Honneur et Patrie !” »

L'autre tournant décisif intervient cinq ans plus tard lorsqu'il effectue ce qu'il appelle son « apprentissage du couteau ». Rien à voir, cette fois, avec l'armée où il aurait pu faire carrière – autre rêve avorté – après ses quatorze mois de service militaire en Algérie, s'il ne s'était heurté au veto du directeur de l'ENA, qui refusa sa démission. Il s'inclina à regret, emporté vers un destin qui, une fois de plus, n'avait pas sa préférence. Ce qu'il avait apprécié dans le commandement qui lui avait été confié en Algérie, c'était moins le métier des armes à proprement parler que le fait d'avoir vécu là, comme il l'expliquera plus tard, « un moment de très grande liberté. Un des seuls moments où j'ai eu le sentiment d'avoir une influence réelle sur le cours des choses (…), parce qu'il y allait de la vie des soldats que j'avais sous mes ordres ».

Tout autre est l'« apprentissage » qu'il lui faut accomplir au terme de son passage à l'ENA. Expérience non plus de la fraternité des armes, mais de la rivalité, de l'émulation, d'une véritable lutte « au couteau », en effet, afin de sortir de l'école à un rang lui permettant d'accéder à l'un des grands corps de l'administration, le Conseil d'État, l'Inspection des Finances sinon la Cour des Comptes. Chirac ne figure pas parmi les premiers de sa promotion, si bien qu'il doit se contenter de l'opportunité tenue pour la moins avantageuse. Déception ? « Ça m'était tout à fait égal, affirme-t-il aujourd'hui. De toute façon, le Conseil d'État ne m'intéressait pas du tout. Je dois bien avouer que la Cour des Comptes ne me passionnait pas beaucoup plus, mais enfin… Pour moi, servir l'État, c'était occuper un poste de responsabilité où l'on puisse disposer d'une certaine influence. » Tant qu'à faire, autant viser le vrai pouvoir…

Si son ambition, à vingt-trois ans, semble encore indécise, une chose est sûre : ce fils au garde-à-vous s'est déjà fait une raison sur ce que sera son avenir, en même temps qu'il a vérifié son aptitude au combat. Reste pour lui à opérer son entrée en politique, laquelle sera elle-même aussi fortuite que solidement assumée.

Jacques Chirac est-il devenu gaulliste comme François Mitterrand s'est un jour découvert socialiste ? Le parallèle paraît évident quand on compare le parcours de ces deux provinciaux issus de sensibilités politiques strictement contraires à celles qu'ils ont par la suite défendues et même incarnées. De gauche à droite ou de droite à gauche, leurs trajectoires inversées trahissent de frappantes similitudes. À cette nuance près que l'adhésion au gaullisme d'un Chirac ballotté entre des influences souvent contradictoires semble plus fluctuante et moins catégorique que la conversion au socialisme d'un Mitterrand tributaire de ses seules variations. On ne parle pas ici de sincérité, probablement plus évasive chez ce virtuose de la complexité qu'était François Mitterrand, dont Guy Mollet disait : « Il n'est pas socialiste, il a appris à parler socialiste. » Du moins le parlait-il bien, en y mettant toute la conviction du grand comédien qui tient son rôle. Jacques Chirac a endossé le sien avec une même maestria dans l'art de se dédoubler, mais il a mis plus de temps à trouver le ton juste, le vocabulaire adéquat, le style approprié et les idées qui vont avec. Il a dû recourir pour y arriver à l'inspiration de metteurs en scène divers

– jusqu'à celle de sa propre fille, en dernier ressort –, quand François Mitterrand s'est toujours suffi à lui-même.

On sait que le « grand homme » de Jacques Chirac a été non le Général, mais Georges Pompidou auquel il doit son entrée au gouvernement, en 1967, sitôt élu député de Corrèze, au moment précis où la rivalité entre les deux têtes de l'Exécutif, et leurs équipes respectives, est déjà bien engagée. Jacques Chirac assure aujourd'hui n'avoir remarqué à l'époque aucune tension particulière entre les deux clans, et s'être en tout cas tenu à l'écart de leur guerre présumée. Mais le jeune secrétaire d'État a, de toute évidence et par la force des choses, choisi son camp. Un camp qui ne lui ressemble pas, mais qu'il rejoindra sans gêne apparente : celui du conservatisme éclairé, du scepticisme accommodant, de la modération bien-pensante.

Jacques Chirac est resté fidèle, parfois jusqu'au fétichisme, à la mémoire de Georges Pompidou, symbole à ses yeux d'une modernité humaniste, du bon alliage entre culture et action, entre pragmatisme et vision à long terme. « Un maître en sagesse, un maître en courage. » Une photographie de Pompidou orne les murs de son bureau au 119, rue de Lille. Il n'y en a aucune de Charles de Gaulle. Quel souvenir garde-t-il de celui-ci ? Il pèse ses mots et se montre quelque peu embarrassé dès qu'il s'agit d'évoquer la figure du Général. Il a l'humilité ou la prudence de ne pas le désigner comme son modèle : « Lui, c'est autre chose, c'est l'Histoire, vous comprenez… », s'empresse-t-il de corriger lorsqu'on fait référence à son exemple. Il ne s'aventure jamais loin sur ce terrain-là. Pour lui, le Général est moins une source d'inspiration qu'une sorte d'exception prodigieuse à laquelle il serait malséant et en tout cas hasardeux de chercher à se mesurer. On le respecte, on l'admire, on peut aller jusqu'à le vénérer. Mais le plus sage est de se tenir à distance, tant sa hauteur paraît inaccessible, sa dimension hors de portée.

Jacques Chirac nie avoir jamais adhéré au RPF dans sa jeunesse, contrairement à ce qu'il a parfois raconté ou laissé dire, sans doute pour se donner un certificat de gaullisme en bonne et due forme. Il se situait ouvertement à gauche à cette époque. Du moins jusqu'en 1958 : « Tout ce que je peux dire, c'est que l'arrivée du général de Gaulle m'est très vite apparue comme une grande chance pour notre pays. Je n'étais pas gaulliste, je n'avais jamais été un militant, mais je n'avais aucun préjugé particulier à son égard… Je me suis simplement dit que le Général était le seul qui puisse redresser la situation et l'image de notre pays. Je souffrais de voir que la France n'était plus à son rang ni à sa place. Et, intuitivement, j'ai pensé que de Gaulle était une réponse à ce problème. » Il reconnaît toutefois avoir été partagé sur la question algérienne, et plutôt d'Algérie française, sans pour autant basculer dans la dissidence. Au nom d'une raison d'État loin d'avoir été celle du cœur, en la circonstance. Mais le jeune Chirac a déjà appris à surmonter, en d'autres domaines, ce genre de dilemme.

En 1967, le nouveau député de Corrèze, qui vient d'emporter à l'arraché une circonscription jugée imprenable, est reçu par le Général. C'est leur première rencontre en tête à tête. De retour chez lui, il livre ce simple commentaire à son épouse : « Il m'a fait l'effet d'un bon grand-père. » Comme s'il avait surtout retenu l'image d'un vieil homme sur le déclin, et rien ou presque du personnage historique, resté pourtant impressionnant. Peu timide de nature, il avoue même s'être senti plus libre au contact du chef de l'État qu'il ne l'était avec le Premier ministre. « Pour moi, me confiera-t-il un jour, Georges Pompidou c'était un peu mon Général. » On ne saurait mieux dire…

À l'ombre de son mentor, Jacques Chirac poursuit sa formation politique en même temps qu'il accomplit son expérience du pouvoir. Au cours des cinq années passées à Matignon comme chargé de mission, avant son entrée au gouvernement, il ne s'exerce pas seulement au règlement des dossiers où il a tôt fait de se singulariser par son esprit d'initiative et sa rapidité d'exécution, alliés à une fougue ébouriffante, un culot sans limites, une vitalité irrésistible qui lui assurent de hautes protections mais ne lui valent pas que des amis dans l'univers feutré des cabinets ministériels. C'est aussi là que cet « imprudent », comme l'appelle Olivier Guichard, qui se méfie de lui et suggère en vain de l'écarter, va parfaire son « apprentissage du couteau ». Bientôt guidé et conseillé par les meilleurs instructeurs en la matière.

Il apprend assez vite, en effet, à tirer profit des réalités ambiantes, à occuper les responsabilités laissées vacantes, à prendre le parti du plus fort et à s'abriter derrière lui, le temps de progresser à sa hauteur. Il a repéré en Pierre Juillet, grognard d'un gaullisme pompidolien tiraillé entre sa fidélité au Général et ses liens de connivence avec le Premier ministre, le véritable homme de confiance de ce dernier. Chirac se place donc dans son sillage et acquiert de l'autorité à ses côtés, d'autant plus aisément que Juillet l'adopte comme son disciple idéal, ou presque. Quitte à paraître influençable et même manipulable, Chirac se laissera façonner au gré de l'idée qu'on se fait de lui et des objectifs qu'on lui assigne. Jusqu'au moment où le « petit rapace », ainsi dénoncé par l'une de ses principales victimes, Jacques Chaban-Delmas, comme un tueur aux ordres du couple Garaud-Juillet, s'estimera capable, son instruction faite, d'agir pour son propre compte et même de se retourner contre ses commanditaires. Lesquels ont flairé chez lui le grand carnassier qu'il est et excité son appétit au risque de se faire dévorer à leur tour. C'est de la sorte que le jeune énarque au destin programmé par d'autres a fini par devenir un véritable professionnel de la politique, de mieux en mieux armé pour opérer par lui-même et à son seul profit.

Lorsqu'il dresse le bilan de ses relations avec Marie-France Garaud et Pierre Juillet, Jacques Chirac admet s'être laissé dominer par ces deux éminences grises, conscientes de l'emprise qu'elles exerçaient sur lui et sachant l'exploiter. Mais sans rancœur apparente à leur endroit. Au contraire : il semble encore aussi fasciné par eux deux qu'il l'était un quart de siècle auparavant, à l'époque où il passait pour une simple marionnette entre leurs mains.

Il décrit Pierre Juillet comme un homme « extrêmement intelligent », inapte à comprendre l'évolution des choses, mais doté d'une culture historique et d'une indépendance d'esprit hors du commun. « Il pouvait être ombrageux, susceptible, fantasque, supportant mal la contradiction. Mais il défendait ses convictions avec force et courage, sans jamais craindre de déplaire, y compris à Pompidou qui entretenait avec lui des relations parfois tumultueuses. Quand il n'obtenait pas gain de cause ou estimait qu'on ne l'écoutait pas assez, il pliait bagage et repartait s'occuper de ses moutons dans sa propriété de la Creuse où il menaçait de s'enfermer pour toujours. Pompidou n'était pas mécontent de le voir s'éloigner quelque temps, puis il finissait par lui demander de reprendre du service. C'est toujours Pompidou qui le rappelait. Il faut bien comprendre que le problème des hommes politiques, surtout à l'échelon le plus élevé, c'est d'avoir des conseillers qui n'ont pas peur de leur dire exactement ce qu'ils pensent. Je ne sais pas si Sarkozy a autour de lui des conseillers qui lui disent, par exemple, que, sur le plan de son comportement, il ferait mieux de faire attention. Mais Pierre Juillet, lui, n'aurait pas hésité à le mettre en garde. Quitte à se faire virer. Mais Pierre Juillet s'en foutait. Il était de toute façon très exigeant. Et l'écouter était impressionnant. J'étais impressionné… »

Il n'est pas moins élogieux pour Marie-France Garaud, comme s'il demeurait, même à distance, sous son charme ou son emprise. « Un personnage tout à fait exceptionnel, insiste-t-il en rendant un hommage presque nostalgique à l'acuité de son intelligence et à la sûreté de son sens politique. Elle était très belle, extrêmement brillante, avec un abattage incroyable… » Dans le livre de Pierre Péan, il ajoute : « Fine mouche, mais, entre nous, un peu garce. » Appréciation qu'il s'étonne aujourd'hui, sans la réfuter, d'avoir pu porter sur cette cavalière au col raide, cette muse fouetteuse, cruelle et implacable. Quelques témoins, dont Jacques Friedmann, se souviennent des humiliations et rebuffades qu'elle lui infligeait : « Quand elle ne l'appelait pas “mon poussin” en présence de ses visiteurs, elle le traitait d'une façon très dure : “Ce que vous dites est idiot ! On ne vous changera jamais !”… Ce que ne faisait jamais Pierre Juillet. » Avoir été si souvent rudoyé, rabroué, moqué et même fustigé a peut-être endurci son caractère, mais sans doute aussi entretenu sa propension à douter de lui-même, à se sous-estimer, voire à se dévaluer, encore aujourd'hui, par des phrases du genre : « Je ne suis pas très intelligent, vous savez » ; ou : « J'ai encore dit une connerie. Je ferais mieux de me taire ! » Comme en écho aux réprimandes dont le cravachait celle qui, ayant réponse à tout et ne doutant pas d'avoir raison sur tout, entendait façonner un disciple à sa hauteur – et à sa main…

S'est-il secrètement vengé de Marie-France Garaud en ne lui proposant pas de devenir ministre en 1974, comme elle s'y attendait ? Il assure n'avoir compris qu'après coup qu'elle l'espérait et à quel point elle avait été déçue qu'il n'y eût pas pensé. Calcul ou simple négligence ? « Ça ne m'est pas venu à l'idée, voilà tout, et elle ne m'a jamais pardonné », constate-t-il avec regret, mais sans se le reprocher outre mesure. Il n'a pas oublié, quant à lui, même s'il affecte de n'en tenir rigueur ni à elle ni à Pierre Juillet, le funeste « appel de Cochin » que tous deux étaient venus lui arracher, sur son lit d'hôpital, en décembre 1978, au lendemain de son accident de voiture. « J'ai signé ça, pour dire la vérité, sans y réfléchir, sans bien réaliser la portée de la chose, alors que j'étais en pleine débandade physique. Ils sont venus me porter un texte en me disant que c'est cela qu'il fallait dire et penser sur l'Europe. Mais je n'étais pas, il faut le reconnaître, en état de réfléchir, ni de leur tenir tête. Je l'ai approuvé sans l'avoir vraiment lu… »

Puis est venu très vite, brutal et irréversible, le temps de l'éloignement et de la rupture. Jacques Chirac l'explique comme une évolution en fin de compte naturelle : « Il fut un temps où ils considéraient l'un et l'autre que j'étais leur chose et ils ont mal supporté que je veuille voler de mes propres ailes. Petit à petit, je me suis dégagé du moule, et ils l'ont très mal pris. » Il insiste néanmoins sur ce qu'il doit à leur intelligence politique, comme à cette « haute idée de la France » qui les habitait – « l'idée, profondément ancrée dans leur esprit, que la France passe avant tout ». Lui ont-ils inculqué, de surcroît, leur vision conservatrice d'une société française enracinée dans ses us et coutumes et inapte au changement ? Il s'en défend, même s'ils lui ont probablement transmis, pour partie, leur crainte d'un réformisme à tout-va. Et comme pour mieux paraître affranchi de leur tutelle, il assure avoir été personnellement favorable au projet chabaniste de « Nouvelle société », réprouvé et combattu par les ultra-pompidoliens. Lesquels, dit-il aujourd'hui, « auraient été bien inspirés d'y réfléchir à deux fois avant de le rejeter en bloc ». Des mots qu'il s'est bien gardé de prononcer à l'époque…

On est tenté de croire à sa sincérité, connaissant ses origines politiques et le tempérament d'insurgé qui couve en lui. Mais force est de constater qu'il se montra fort discret dans son soutien présumé aux thèses réformistes du Premier ministre. D'autant plus discret que celui-ci figurait déjà dans sa ligne de mire. « Quoique d'accord avec ses idées, je n'avais aucune confiance en Chaban. Je le trouvais très léger, pas assez travailleur », reconnaît-il, pour justifier qu'il se soit ensuite chargé de son exécution politique. Toujours en service commandé et sous l'influence de ses deux maîtres à penser. Mais en y mettant toute l'ardeur d'un prétendant qui sent le pouvoir à sa portée.

Par-delà l'antipathie que certains d'entre eux lui inspirent depuis l'affaire Markovic, l'élimination des « barons », du moins leur marginalisation, n'est rien d'autre, pour Jacques

Chirac, au lendemain de la mort de Georges Pompidou, qu'une question de survie politique personnelle. Devenu leur bête noire, il se sait condamné, en cas d'élection de Chaban, à une fin de carrière prématurée. C'est donc lui qui portera le coup fatal au représentant de sa propre famille politique en organisant la sécession de quarante-trois députés UDR, pour le plus grand profit de son concurrent le mieux placé, selon lui, pour l'emporter : Valéry Giscard d'Estaing. Mais, plus de quarante ans après les faits, reste posée la question de savoir jusqu'à quel point ce « traître », alors dénoncé comme tel par la plupart des militants gaullistes, a véritablement provoqué ou seulement anticipé la défaite du maire de Bordeaux. Un candidat certes affaibli par nombre de cabales et de rumeurs orchestrées par l'entourage pompidolien, mais plus encore victime de lui-même, de sa légèreté, de ses errances, de sa confusion, de ses maladresses, de son état flagrant d'impréparation. Des carences que Chirac, comme d'autres, a eu vite fait de remarquer, avant de les exploiter contre lui…

La même question vaut ici pour les « barons » dont le règne était déjà en voie d'épuisement quand il précipita l'issue de leur longue suprématie. Leur degré d'usure est déjà tel qu'il n'aura pas beaucoup d'efforts à fournir pour s'emparer de leurs dépouilles et prendre le commandement d'une armée devenue trop impotente pour combattre.

Chirac n'a sans doute pas du gaullisme une idée aussi précise ni aussi absolue que ses vétérans les plus endurcis. Aucun fait d'armes ni brevet d'ancienneté ne lui confère quelque légitimité que ce soit pour prétendre l'incarner. Mais il a compris d'instinct – fidèle en cela aux leçons gaulliennes les plus constantes – que l'héritage du Général ne survivrait qu'à la condition de s'affranchir des « Saintes Écritures » pour s'adapter une fois encore aux circonstances, qui ne sont plus celles ni de juin 1940, ni de Koufra, ni de Bir Hakeim. Un gaullisme des temps ordinaires dont seul un novice doué d'assez de souffle et d'ambition peut raviver les rêves de grandeur.

C'est ainsi, paradoxe assez cocasse, que Jacques Chirac s'est imposé du jour au lendemain comme le seul rédempteur possible d'une famille politique qu'on l'accusait, la veille encore, d'avoir sabordée. Le seul capable de perpétuer son existence et de rétablir son hégémonie après lui avoir évité, par son entrée à Matignon, une dissolution de l'Assemblée nationale qui lui eût été à coup sûr fatale. Là résidera son malentendu initial avec Valéry Giscard d'Estaing, leur quiproquo de départ : contrairement aux espoirs du nouveau Président, son Premier ministre n'est pas là pour organiser les obsèques du principal parti de la majorité, en apparence moribond, mais pour lui assurer, le moment venu, une résurrection triomphante. Ce qu'il fera aux dépens de qui l'on sait…

Voici pourquoi le « traître », désigné comme le fossoyeur du gaullisme, est bientôt apparu comme son garant sinon le meilleur, du moins le plus apte à le défendre. Fût-il un converti récent plutôt qu'un dévot de la première heure… Ce qui importait peu, en définitive, puisqu'il était l'homme d'une autre histoire. D'une autre épopée, peut-être ?

SON MEILLEUR ENNEMI

Oublier n'est pas pardonner. Vis-à-vis de ceux qui l'ont trahi, attaqué ou dénigré, Jacques Chirac pratique une sorte d'amnésie volontaire qui ne le dispense pas d'avoir la mémoire longue. Entre toutes, c'est la forme de revanche qu'il préfère. La plus subtile, la plus discrète, mais aussi la plus durable. C'est ainsi qu'il a feint, un jour devant moi, d'ignorer, avec insistance et même application, le nom du Premier ministre en place, François Fillon : « Il est à Matignon, dites-vous ? Ce n'est pas possible, je n'en ai jamais entendu parler... Vous m'auriez demandé spontanément qui est le Premier ministre, je vous aurais répondu n'importe qui, mais pas Fillon. C'est ridicule, Fillon Premier ministre, vous vous rendez compte ? Vous êtes sûr ? Je n'arrive pas à le croire... » Simulation ironique qui suffisait à confirmer les sentiments mitigés que son ancien ministre lui a toujours inspirés, un peu trop « faux jeton » à son goût...

Une autre de ses spécialités dans ce domaine est un mélange d'indulgence fataliste et de compassion rétrospective. « C'est la loi du genre en politique. Tout le monde trahit tout le monde », professe-t-il avec philosophie, se sachant nullement exempt de tout reproche à cet égard, quand on lui rappelle les reniements, lâchages et défections de certains de ses anciens « compagnons ». Pour un peu, il leur trouverait des excuses ou des alibis en mettant leur attitude au compte d'« ambitions somme toute légitimes ». Mais relativiser une faute ne signifie pas qu'on l'absolve. Et mieux vaut, là encore, ne pas trop se fier au ton bonhomme et conciliant dont il use volontiers pour évoquer les comportements passés d'Édouard Balladur, de Charles Pasqua et de Nicolas Sarkozy. Il répète trop souvent qu'il ne leur en veut pas de l'avoir abandonné au pire moment de sa carrière, et se souvient d'ailleurs à peine de quoi il serait censé leur en vouloir, pour qu'on puisse le croire sur parole. Sa mansuétude est dans ce cas trop appuyée pour sonner juste. La vérité est qu'il n'a cessé de leur en tenir rigueur, qu'aucun d'eux n'a plus jamais trouvé grâce à ses yeux, et que le seul des trois avec lequel il ait dû pactiser a été constamment en proie à sa suspicion, tenu pour un ministre hasardeux avant d'être considéré comme un successeur par raccroc.

Il ne les désigne pas pour autant comme ses « ennemis ». Un mot que je ne l'ai jamais entendu prononcer à propos de personne, comme s'il lui était étranger et le jugeait superflu. Il évite même de l'employer à l'adresse d'un de ses prédécesseurs qui le mériterait pourtant plus que tout autre. Lorsqu'il parle de Valéry Giscard d'Estaing, dont l'animosité lui a rarement fait défaut en quarante années de vie politique, Jacques Chirac veille à se montrer ni trop cruel ni trop vindicatif. Il s'en tient le plus souvent au registre de l'ironie faussement bienveillante. Un composé assez subtil d'éloges moqueurs et de sarcasmes admiratifs pour railler avec force déférence « l'inégalable supériorité intellectuelle de Giscard », ou se désoler en riant de son « désir éperdu d'être aimé autant qu'il estime le mériter ». Jacques Chirac garde en réserve une pleine malle d'anecdotes le concernant, dans lesquelles il puise à pleines mains dès qu'il en a l'occasion, sans beaucoup se faire prier. Il se gausse alors des manies, des lubies, du côté précieux, bizarre et alambiqué de ce monarque à fausse particule et armoiries d'emprunt qui lui doit pour beaucoup d'avoir été débarqué de son trône en mai 1981.

Tourner Valéry Giscard d'Estaing en ridicule reste son divertissement préféré. Jacques Chirac s'y adonne avec un bonheur jamais assouvi. Mais sans hargne ni hostilité déclarée envers ce lointain prédécesseur qui, de son côté, le poursuit d'une rancœur tenace, obsessionnelle. Trente ans plus tard, Giscard déborde toujours de fiel lorsqu'on prononce le nom de celui qu'il tient pour l'unique responsable de sa défaite. Il se fige pour n'être plus qu'un bloc de ressentiment. Tout se passe pour lui comme si le temps s'était arrêté un 10 mai 1981, jour de son éviction du pouvoir. Jour funeste que Chirac, pour sa part, n'est pas loin de saluer comme une issue bénéfique. Une sorte de libération dont il n'y a pas lieu d'être affligé…

Conscient d'avoir, d'une certaine manière, gagné la partie en se faisant réélire président de la République, et fort d'une longévité élyséenne qu'il ne manque jamais de rappeler – douze ans contre sept pour son auguste concurrent, score sans appel ! –, Chirac, ce tueur sans haine, affectait vis-à-vis de Giscard, aux premiers temps de notre collaboration, une sorte de détachement miséricordieux. Il s'efforçait d'en dire le moins de mal possible, luttant visiblement contre la tentation d'en dire davantage. Parce qu'on ne se dénigre pas entre anciens chefs d'État ? Toujours ce respect scrupuleux de la fonction qui lui sert aussi de prétexte ou de paravent pour voiler le fond de sa pensée... Ce n'est pas lui, quoi qu'il en soit, qui aurait dégainé le premier, même s'il se tenait prêt à riposter en cas d'agression caractérisée. Laquelle a bien fini par se produire et à la seule instigation, comme il était prévisible, de son insatiable contempteur...

« Giscard a eu tort de m'attaquer alors que j'étais sur le point d'achever le premier volume de mes *Mémoires* », expliquera-t-il plus tard pour justifier les jugements assez féroces qu'il lui réserve. On ne réveille pas impunément un Chirac qui ne dort ou ne somnole que d'un œil, selon les jours. Placé en situation de légitime défense, il en tirera parti avec une délectation peu dissimulée...

L'essentiel de ses souvenirs relatifs à Valéry Giscard d'Estaing est en effet déjà rédigé lorsque celui-ci, réagissant le 25 juin 2009 à la disparition d'Omar Bongo, accuse publiquement le fondateur du RPR d'avoir bénéficié, pour sa campagne présidentielle de 1981, des largesses financières du chef de l'État gabonais. Un pétard mouillé plus qu'une fracassante révélation : Chirac n'a jamais fait mystère, quand il ne s'en flattait pas, de sa fructueuse entente avec le petit homme de Libreville, lequel n'avait pas « arrosé » que le RPR de ses dividendes pétroliers. Vingt-huit ans après les faits, on assiste surtout au énième épisode de l'interminable règlement de comptes entre les deux anciens Présidents. Mais Giscard a pris des risques, cette fois, en venant taquiner la crinière de son vieux rival. Parce que en matière de financements occultes, et s'agissant de l'Afrique...

Coup de téléphone à mon domicile, le lendemain, en provenance de la rue de Lille :

« Allô, ici, c'est Chirac. Dites-moi, vous écrivez toujours votre livre ?

– Le vôtre, Monsieur le Président.

– Oui, si vous voulez… En tout cas, comme vous l'avez vu, Giscard a passé les bornes, une fois de plus. Ce qu'il a déclaré contre moi n'est pas convenable. Ça suffit. Je n'ai plus aucune raison de le ménager. Il a mal choisi son moment. Ne retirez rien de ce que je vous ai dit sur lui. Vous pouvez même en rajouter, si besoin…

– Je ne comprends pas, lui dis-je, pourquoi il continue de s'en prendre à vous de cette façon…

– Il est comme ça. Il ne peut pas s'empêcher de cracher son venin. Il a toujours besoin de vexer les autres, de les humilier. C'est une habitude qu'il a… Il est comme ces enfants qui prennent plaisir à arracher les ailes des mouches… Est-ce que je lui rappelle, moi, qu'il a été l'ami de Bokassa ? Et pourtant, il y aurait beaucoup à dire à ce sujet… Comme sur les autres raisons plus personnelles de ses voyages si fréquents en Afrique dont je vous ai déjà parlé. Il disparaissait des semaines entières sans qu'on sache où il était ni ce qu'il y faisait exactement…

– Allons, Monsieur le Président, c'est un grand amoureux de la chasse, vous ne l'ignorez pas…

– Oui, mais comme par hasard il allait plutôt chasser le gros gibier dans des pays où il n'y en a pas, sinon du petit… Vous me suivez ? »

Sa fureur est retombée. Je le sens d'humeur plus légère et apaisée à la pensée que l'affront qu'il vient de subir ne restera pas impuni. Lui qui en veut si peu à ses propres victimes, comme je le lui ferai remarquer un jour en riant, il a manifestement du mal à comprendre que Giscard puisse encore lui tenir rigueur du sort définitif qu'il lui a réservé. D'autant qu'il ne se reconnaît guère de faute ou de manquement à son endroit. Et que, s'il devait à tout prix désigner un coupable…

« Au fond, il ne m'a jamais aimé, m'avait-il prévenu avant même que je l'interroge sur leurs relations. J'ai eu d'emblée avec lui une communication difficile, pour ne pas dire impossible. Il me situait très bas dans son estime, dont je n'avais rien à faire au demeurant. Et son entourage n'a pas contribué à arranger les choses ni à améliorer son opinion. Poniatowski, en particulier, qui haïssait les gaullistes et considérait que j'étais de trop là où il pensait devoir être le seul. »

En réalité, leur affrontement ne date pas de la période où ils se sont trouvés ensemble – de 1974 à 1976 – aux commandes du pays, l'un à l'Élysée, l'autre à Matignon. C'est leur intérêt politique respectif qui les a conduits à faire alliance pour la conquête et le partage du pouvoir. Mais sans effacer ni même atténuer tout ce qui existait déjà entre eux d'inconciliable. Une façon d'être, de se comporter, que Chirac a ressentie d'entrée de jeu, chez Giscard, comme de la condescendance et du mépris à son encontre – « Je n'étais qu'un puceron à ses yeux ! » –, et le second perçu, chez le premier, comme une forme incurable d'inconséquence, d'agitation et de légèreté. Le jeune Chirac a été sans conteste ébloui par l'aisance et la virtuosité intellectuelles de son aîné, mais il est peu probable que ce dernier lui ait jamais témoigné une considération équivalente.

Difficile, quoi qu'il en soit, d'imaginer attelage plus mal assorti. L'un altier, distant, aussi dépourvu de naturel, imbu de ses origines et assuré de son excellence, que l'autre se montre accessible, spontané, familier jusqu'au rustique, plus attaché à ses racines qu'à son rang, et peu porté à se hausser du col. Si les contraires s'attirent, dit-on, ces deux-là, aussi dissemblables que possible, suffiraient à faire mentir le vieil adage.

Mais leur antagonisme ne vient pas seulement d'une différence de caractère, de style et de sensibilité. Il résulte aussi d'une rivalité immédiate suscitée et attisée en sous-main par Georges Pompidou. Sitôt arrivé à l'Élysée en juin 1969, ce dernier décida d'adjoindre au nouveau ministre des Finances, avec mission expresse de le surveiller, un secrétaire d'État au Budget nommé Jacques Chirac. Lequel l'admet aujourd'hui, avec amusement : « J'étais un petit caillou dans la chaussure de Giscard. » Les deux n'étant pas programmés pour s'entendre, il s'ensuivra une guérilla incessante, émaillée d'incidents, de brouilles, de vexations réciproques. Jusqu'au règlement de comptes final…

En matière de provocation, Chirac n'est pas le moins doué des deux, qui prend volontiers des initiatives sans en référer à son ministre de tutelle, prétendument injoignable. Mais, dans le registre de l'humiliation calculée, c'est Giscard qui l'emporte, avec une maestria souvent meurtrière.

Un jour, il interdit à son secrétaire d'État d'entrer dans son bureau par la grande porte, lui imposant de passer par celle de ses collaborateurs. La fois suivante, il demande qu'on lui serve une tasse de thé en sa présence et omet délibérément de lui en proposer… Chirac, qui n'a rien oublié de ces épisodes il est vrai mémorables, se fait vite une raison : « Je n'ai pas tardé à comprendre qu'entre lui et moi la dimension affective était très réduite, et j'en ai tiré les conséquences », lâche-t-il tout en convenant que Giscard demeurait à ses yeux « impressionnant ». Un aveu qui en dit long sur la complexité de leurs relations. De son côté, tout au moins…

Jacques Chirac est sans conteste subjugué et même intimidé par ce supérieur dont il espère en vain une preuve tangible d'estime sinon de respect. Preuve qui lui sera moins que jamais accordée au temps de Matignon. Si Giscard l'a choisi en 1974 comme Premier ministre, ce n'est pas par goût, mais par nécessité, et avec la détermination, vite transparente, de le cantonner dans un rôle secondaire. Le chef du gouvernement prendra acte, deux ans plus tard, de l'impossibilité qui lui est faite d'assumer pleinement ses fonctions et annoncera sa démission – décision sans précédent sous la Ve République – avec le fracas que l'on sait.

Au terme d'une collaboration éprouvante, Jacques Chirac ne se reconnaît plus aucun langage commun avec ce Président qui, l'ayant pratiquement destitué à peine nommé, ne s'est jamais efforcé, par la suite, de trouver le ton juste ni d'adopter l'attitude appropriée à son égard. Et le Premier ministre sortant ne se sent pas seul dans ce cas : « S'il l'avait voulu, Giscard aurait eu les gaullistes dans le creux de sa main, estime-t-il avec le recul. Mais il n'a jamais su leur parler. Il suffisait de peu, de prononcer cette formule magique pour les gaullistes : “Tous ensemble !” Au lieu de quoi, il les a pris de haut et leur a asséné un cours d'économie ! »

Il pense que Giscard s'est montré tout aussi maladroit dans sa relation avec les Français, dont il se croyait proche parce qu'il se présentait chez eux à l'improviste ou les invitait à partager son petit-déjeuner à l'Élysée : « On ne peut pas dire qu'il soit vraiment peuple. Alors il forçait la dose, comme ceux qui essaient de se donner une caractéristique qu'ils n'ont pas. Vous imaginez la tête des gens qui le voyaient débarquer chez eux à la tombée du soir, escorté par des caméras de télévision, tandis que madame était en train de préparer la soupe… Giscard n'a jamais eu de sens du ridicule, c'est tout son drame. »

Jacques Chirac cède vite à l'hilarité lorsqu'il entreprend d'égrener quelques-unes de ses anecdotes préférées sur Valéry Giscard d'Estaing, des scènes devenues avec le temps de véritables sketches sans cesse retouchés, peaufinés au gré de son inspiration. Notamment celle du fameux week-end à Brégançon qu'il relate avec une minutie un peu perverse, s'esclaffant chaque fois de son grand rire carnassier.

Un après-midi de juillet 2009, en Corrèze, dans sa voiture qui nous conduit à Sainte-Féréole, sur les lieux de son enfance, il se met à me raconter une autre de ses histoires qui font toujours le bonheur de ses amis, et à coup sûr le sien : « Figurez-vous que Giscard peut avoir des élans de générosité d'autant plus appréciables qu'ils sont rares et contenus… Un jour, sans doute par un souci momentané de se montrer aimable à mon égard, il m'annonce qu'il a décidé de m'offrir un de ses jeunes chiens : un braque d'Auvergne issu d'une portée de douze et baptisé Yasmine. Déjà très distinguée, très giscardienne, le cou effilé, le regard lointain… On voyait que son maître était passé par là ! À mon contact, elle s'est comme métamorphosée. Elle s'est mise à sauter partout, sur les fauteuils, les divans. On ne pouvait plus la tenir. Elle s'était chiraquisée, en quelque sorte.

Giscard a dû la trouver très mal élevée et regretter son cadeau. Je n'ai pas le souvenir qu'il m'en ait fait d'autres ! »

Et d'enchaîner sur l'avarice bien connue de son prédécesseur : « Un autre jour, alors que je suis encore son Premier ministre, il me demande de l'accompagner à une vente de charité. Nous arrivons ensemble sur les lieux, mais, comme toujours, en marchant légèrement à distance l'un de l'autre. Il m'avait fait comprendre que je devais toujours me tenir quelques pas derrière lui lorsque nous étions en public. Au fur et à mesure que nous approchons du stand où il nous faut acheter nos billets, je le vois ralentir le pas et reculer jusqu'à ma hauteur, puis, l'air de rien, s'arranger pour que je passe devant lui. Flairant la manœuvre et connaissant sa réputation, je fais mine, à l'instant fatal, de n'avoir emporté sur moi que le strict nécessaire pour payer mon entrée. Je fouille en vain dans mes poches, rien : pas un sou de plus ! Je m'excuse de ne pas pouvoir le dépanner. C'est la seule fois où j'ai vu Giscard sortir un peu d'argent de sa poche. Et la dernière où il a pris le risque de me laisser le précéder ! »

Après deux ans de cohabitation, les deux hommes ont atteint un tel niveau d'aversion et de ressentiment mutuels que leur affrontement paraît inéluctable. Il sera destructeur pour le Président sortant, évacué dans la force de l'âge. Débonnaire, Jacques Chirac ne nie pas que les torts aient pu être partagés, parlant d'un « processus qui n'a pas été contrôlé de part et d'autre ». Mais il décrit le comportement du chef de l'État de l'époque comme loufoque, incompréhensible et suicidaire. Sa tentative manquée d'imposer l'un de ses affidés, Michel d'Ornano, comme maire de Paris, fut perçue par les gaullistes, déjà ulcérés d'être dépossédés du pouvoir suprême, comme « une véritable déclaration de guerre », rappelle-t-il. Dès lors, ceux-ci se mirent en ordre de bataille pour la reprise de l'Élysée. Laquelle passait au préalable par l'éviction de son locataire, fût-ce au prix d'une victoire du candidat socialiste. Et d'une alternance peut-être nécessaire, à défaut d'être salutaire…

Lorsque je lui demande, afin qu'il s'en explique dans ses *Mémoires*, s'il avait ou non scellé un pacte, pour ne pas dire un « contrat », avec François Mitterrand en vue de liquider le Président encore en place, Jacques Chirac commence par s'insurger, avec une vigueur un peu trop appuyée, contre les allégations « scandaleuses » de Valéry Giscard d'Estaing à ce sujet. « Songez qu'il est allé jusqu'à interroger lui-même Mitterrand, pratiquement sur son lit de mort, pour obtenir de lui, à l'arraché, des aveux dont il pourrait se servir contre moi… Chez lui, c'est pire que de l'affabulation, c'est de l'idée fixe. Giscard est un faiseur d'embrouilles ! »

Il convient toutefois qu'un dîner a bien eu lieu avec le leader socialiste au domicile de son amie Édith Cresson, peu avant l'élection présidentielle de 1981. Mais il banalise cette rencontre, la jugeant « tout ce qu'il y a de plus normal en démocratie ». Il feint d'en minimiser la signification – « J'étais content de passer une soirée avec le chef de l'opposition, voilà tout ! » – et réfute toute entente politique avec Mitterrand contre le Président sortant. « C'eût été impensable ! Cela ne me ressemble pas. Je la démens catégoriquement ! » Il se veut d'autant plus outré qu'on puisse penser le contraire qu'il me sent moi-même à demi convaincu, voire pas du tout.

Il se défend avec une égale véhémence d'avoir souhaité et plus encore provoqué la défaite de Giscard en mai 1981. Il admet tout au plus l'avoir un peu « poussé dans le fossé… mais parce qu'il avait déjà le pied sur la pente glissante ». A-t-il personnellement voté en sa faveur, comme il s'y était engagé, faute de pouvoir faire davantage ? Il me garantit que oui, et m'assure même avoir voté pour lui « à bulletin ouvert, comme je le fais toujours en Corrèze ». Comme je lui objecte qu'on peut toujours avoir un autre bulletin dans sa poche, il ne le conteste pas : « C'est vrai, ou dans son chapeau ! » Et d'embrayer aussitôt sur une histoire corrézienne, justement : « Nous avions, mon suppléant Henri Belcour et moi, un ami qui, à chaque élection, venait nous dire : "Je vote pour vous. D'ailleurs, je n'ai apporté qu'un bulletin." Et puis, un jour, je l'ai vu se diriger vers l'isoloir, un seul bulletin à la main, en effet, mais sans se rendre compte que le rideau était resté à moitié ouvert. À ce moment-là, sans qu'il s'en aperçoive, je l'ai surpris en train de glisser son bulletin dans sa poche et d'en sortir un autre, délicatement, de son chapeau… » Cette histoire le fait encore rire de bon cœur. « En tout cas, lui dis-je, ce n'est pas ce que vous avez fait ce jour-là… – Non, me répond-il. Moi, je ne portais pas de chapeau ! »

Outre qu'il n'est pas dans sa nature ni dans ses habitudes de passer aux aveux, à quoi lui servirait-il de dire toute la vérité, sinon à perdre une occasion de guerroyer jusqu'au bout, pour le plaisir, avec le meilleur de ses ennemis ? Aujourd'hui retirés des affaires politiques, les deux hommes ne paraissent nullement disposés à rendre les armes. Aucune réconciliation n'est envisageable, ni même souhaitée de part et d'autre, comme si la moindre trêve eût risqué de les plonger dans une léthargie sans fond ou de leur ôter leur ultime raison de vivre.

Ils se sont côtoyés pendant quelques années à la table du Conseil constitutionnel où leurs échanges se limitaient à un « Bonjour ! Bonsoir ! », accompagné d'une poignée de main plutôt distante. La veille de chaque séance, Giscard téléphonait à Jean-Louis Debré, le président du Conseil, pour savoir s'« il » – sous-entendu Chirac – avait prévu d'y assister. Et son alter ego faisait de même : « Est-ce que Papi vient, aujourd'hui ? » Non pour s'en inquiéter, mais pour se rassurer, tout au contraire. Parce que la défection de l'un eût ôté à l'autre beaucoup de charme, voire tout intérêt, aux débats du lendemain. Comme s'ils étaient devenus en fin de compte indissociables, tels de vieux partenaires de scène au numéro trop bien rodé pour pouvoir jamais se passer d'être ensemble… Depuis lors, Giscard a pris acte de l'irréversible déclin de son cadet avec une sorte de délectation morose, comme s'il en allait de sa propre survie.

Quand l'un de ses amis journalistes lui demandera, en septembre 2011, ce qu'il pense des raisons médicales invoquées par Jacques Chirac pour ne pas assister à son procès, Valéry Giscard d'Estaing formulera son propre diagnostic – assassin il va sans dire : « C'est la première fois qu'il ne ment pas ! » Le pire hommage qu'il puisse lui rendre. Mais probablement pas le dernier. Giscard a fait provision de haine et de rancune comme on stocke sucre et farine en temps de guerre, pour être certain de ne manquer de rien jusqu'à la fin des hostilités. C'est-à-dire à l'instant où, si Chirac disparaissait le premier, il lui reviendrait peut-être de prononcer ici ou là son éloge funèbre. La seule revanche qu'il puisse encore espérer. À moins que son ennemi juré ne s'arrange pour mourir le même jour que lui, histoire de lui gâcher la vie jusqu'au seuil de l'éternité, et même au-delà…

ILS SE SONT AIMÉS JUSQU'À LA PRÉSIDENTIELLE

S'il n'évoque jamais ses escapades extraconjugales, d'autres le font à sa place, à commencer par son épouse. C'est elle, un soir de juillet 2009, en Corrèze, alors que nous devisons en tête à tête dans la salle à manger de Bity, qui abordera directement cette question présumée sensible, à propos d'une ancienne ministre dont elle s'est étonnée de trouver le nom cité dans le manuscrit des *Mémoires* de son mari. « Pourquoi elle plus qu'une autre ? Si vous commencez, mon pauvre ami, vous n'en finirez pas ! » me lance-t-elle d'un ton narquois.

Comme je lui réponds en plaisantant qu'il serait, en effet, difficile de traiter d'un tel sujet dans le livre du Président, elle redresse la tête pour me dévisager, un éclair de défi dans le regard : « Vous voulez parler des autres femmes ? Je peux vous y aider, si vous le souhaitez… » Et de m'énumérer quelques noms parmi les plus connus, dont celui d'une ancienne journaliste du *Figaro*, Jacqueline Chabridon[1].

1. La liaison de celle-ci avec Jacques Chirac a été confirmée par Renaud Revel dans *Les Amazones de la République*, First, 2013.

« Beaucoup d'entre elles ont voulu ma place, attirées par le pouvoir comme elles le sont toutes. Mais elles se faisaient des idées… »

Je ne suis pas le premier interlocuteur auprès de qui Bernadette Chirac s'épanche ainsi, avec cette franchise provocante, sur sa vie de couple. Un tabou déjà brisé dans ses conversations avec Patrick de Carolis, où elle ne fait pas davantage mystère des multiples conquêtes féminines de son mari : « Il avait un succès formidable. Bel homme, et puis très enjôleur, très gai. Alors les filles, ça galopait. » Elle reconnaît avoir été jalouse – « Il y avait de quoi, écoutez ! » –, ne nie pas que leur couple ait traversé des « moments difficiles » et qu'elle eut même la tentation de divorcer : « J'ai hésité parce que j'avais des enfants, et peut-être aussi parce que j'étais prisonnière des traditions familiales. Les conventions faisaient que, dans ce genre de situation, on offrait une façade et on tenait le coup. (…) Cela exige une bonne dose de volonté, de ténacité, de persévérance. » À défaut d'avoir été la seule femme à compter dans la vie de son époux, Bernadette Chirac tient à rappeler qu'elle est restée son « point fixe ». Autrement dit, l'unique garante de sa stabilité personnelle, affective et sans doute politique. Celle, en bref, sans qui il eût tout perdu, comme elle le laisse entendre en soulignant le sort de Napoléon lorsqu'il abandonna Joséphine. Une façon de reprendre l'avantage ou de se rassurer à bon compte.

Lorsqu'on fait allusion à ses infidélités, devenues autant de secrets de Polichinelle, Jacques Chirac répond par un de ses bons mots qu'on croirait empruntés à Sacha Guitry : « Je n'ai pas trompé ma femme, je me suis trompé de femme. » Formule dont la drôlerie, bien qu'assez cruelle, l'enchante tout en lui permettant de brouiller les cartes. Mais, ici, son art de l'esquive peine à masquer la vérité tant on le sait plus attaché à sa femme qu'il ne veut bien l'avouer, même s'il ne lui a jamais accordé en matière sentimentale une place exclusive. Quant aux innombrables liaisons qu'on lui prête, il a assuré un jour qu'elles n'excédaient guère – autre pirouette restée célèbre – « dix minutes, douche comprise ». Pour mieux faire oublier, là encore, que certaines ont été pour lui bien plus que de simples passades.

D'une pudeur extrême sur sa propre vie amoureuse, il affiche dans le même temps une grivoiserie de païen invétéré. Il a toujours raffolé des femmes comme des plats canailles, avec une avidité frénétique. Il se donne aujourd'hui encore des airs de Gargantua jamais repu, et toujours en alerte, pour parler de la plupart d'entre elles. Surtout les moins farouches, celles, résume-t-il à sa manière, qui ont « des frelons dans la culotte ». Avec l'âge, il se repaît plus que jamais de ces formules paillardes, souvent sorties tout cru de son humour rabelaisien et pieusement consignées, elles aussi, sur ses chères fiches plastifiées. Il les exhume de temps à autre de son cartable ou du tiroir de son bureau, comme pour se rafraîchir la mémoire ou se redonner du tonus, le sourire égrillard, l'œil facétieux. Ainsi de ce quatrain d'Alfred Capus qui le fait toujours rire aux éclats :

Toujours fidèle à ma conduite
Et sans trop nuire à ma santé,
Je tire encore deux coups de suite,
L'un en hiver, l'autre en été.

Ou de cette citation de Bismarck, dont il aurait pu faire sa devise : « Les hommes ne mentent jamais autant qu'avant l'amour, pendant la guerre et après la chasse. » Toute une partie de sa vie en quelques mots. Il m'en fera cadeau, l'air de dire : « Faites-en bon usage à votre tour ! »

Il y a plus graveleux… Un matin, sans doute pour se mettre en forme avant d'aborder des sujets jugés plus fastidieux, il me demande si je connais la « fameuse » lettre de George Sand à Alfred de Musset, son amant de l'époque. Je lui réponds que non. Prenant une mine affligée, il se désole de mon « ignorance impardonnable » et, comme pour parfaire mon éducation, me tend la lettre en question avec autant de soin et de délicatesse que s'il s'agissait d'une relique à manier avec d'infinies précautions. Il me recommande de n'en lire qu'une ligne sur deux à partir de la première. Je me mets donc à parcourir ce qui suit sous son regard amusé :

Je suis émue de vous dire que j'ai
bien compris l'autre jour que vous aviez
toujours une folle envie de me faire
danser. Je garde un souvenir de votre
baiser et je voudrais que ce soit
une preuve que je puisse être aimée
par vous. Je suis prête à vous montrer mon
affection toute désintéressée et sans cal-
cul car si vous voulez me voir aussi
vous dévoiler sans artifice mon âme
toute nue, daignez me rendre visite,
nous causerons entre amis. Franchement
je montrerai que je suis une femme

sérieuse, capable de vous offrir l'affection
la plus profonde comme la plus étroite
amitié, en un mot, la meilleure épouse
que vous puissiez imaginer. Puisque votre
âme est triste, pensez que la solitude su-
bite est longue, bien dure et souvent
pénible. Aussi en échange, l'âme é-
branlée, accourez donc bien vite me la
faire oublier. À l'amour, je veux me sou-
mettre entièrement.

Plus surprenant encore : entendre Jacques Chirac déclamer, un autre matin, en préambule à notre séance de travail, un extrait de *La Négresse blonde* de Georges Fourest, livre qui compte parmi ses préférés. L'œuvre d'un écrivain inclassable, sorte de funambule de l'extravagance poétique, esprit burlesque, moqueur et raffiné. Le Président apprécie tout particulièrement ses parodies des grands auteurs classiques, comme ce *Phèdre* dont il me lit avec entrain et en prenant son temps quelques pages en effet plutôt lestes :

Dans un fauteuil en bois de cèdre
(à moins qu'il ne soit d'acajou),
en chemise, madame Phèdre
fait des mines de sapajou (...)

Elle fait venir Hippolyte,
fils de l'amazone et de son
époux, un jeune homme d'élite,
et lui dit : « Mon très cher garçon,

dès longtemps d'humeur vagabonde,
monsieur votre père est parti ;
on dit qu'il est dans l'autre monde ;
il faut en prendre son parti ! (…)

Viens, mon chéri, viens faire ensemble
dans mon lit nos petits dodos !
Hein ! petit cochon, que t'en semble,
du jeu de la bête à deux dos ? » (…)

Comme elle bave de la sorte,
de fureur et de rut, voilà
qu'un esclave frappe à sa porte :
« Madame, votre époux est là ! »

(…) *Il entre, embrasse sa femme,*
la rembrasse en mari galant :
aussitôt la charogne infâme
pleurniche, puis d'un ton dolent :

« Monsieur, votre fils Hippolyte,
avec tous ses airs de grand bigot,
et ses mines de carmélite,
est bien le roi des saligots !

Plus de vingt fois, sous la chemise
le salop m'a pincé le cul
et, passant la blague permise,
volontiers vous eût fait cocu :

il ardait comme trente Suisses
et (rendez grâces à ma vertu)
si je n'avais serré les cuisses,
votre honneur était bien foutu !... »

Phèdre sait conter une fable
(tout un chacun le reconnaît) :
Son discours parut vraisemblable
si bien que le pauvre benêt

de Theseus promit à Neptune
un cierge (mais chicocancard !),
un gros cierge au moins d'une thune
pour exterminer ce pendard ! (...)

Jubilant à chaque strophe, émerveillé par l'audace de certains passages, le Président se livre devant moi à un récital aussi savoureux que désopilant. Moment enchanteur où je vois surgir tout à coup un Chirac plus vrai que nature, truculent, jouisseur. Un libertin rustique et jamais rassasié.

Inutile, pour autant, d'attendre de lui la moindre révélation sur une vie sentimentale que l'on sait fort agitée. Même s'il ne l'a pas toujours été, il se veut aujourd'hui extrêmement discret sur l'identité des femmes qui ont peuplé ses jours et ses nuits. Mais celles qui ont vraiment compté pour lui ne sont pas si nombreuses qu'il ait pu les oublier. Aux questions qu'on peut toujours lui poser à leur sujet, il oppose un silence de marbre. La surdité a des avantages. Et la mémoire n'est plus si sûre, avec l'âge. Ni confirmation ni démenti : il laisse planer un mystère ouvert à toutes les interprétations. À moins de réagir par une simple boutade, comme cette fois où, m'étant risqué à l'interroger sur l'enfant naturel qu'on lui attribue au Japon, il s'esclaffa : « Pourquoi un ? »

Jacques Chirac est de cette dernière génération d'hommes d'État encore soucieux, dans leur pratique du pouvoir, de séparer sphère privée et vie publique, même si les deux pouvaient se confondre en coulisses. Ses frasques, bien connues des milieux politiques et journalistiques, n'avaient fait l'objet que de simples rumeurs, jusqu'à ce que son épouse en vienne à expliquer à la France entière que celles-ci n'étaient pas toutes, comme il eût dit, « sans fondement ». Officialisant ainsi une réalité conjugale qui, pour son mari, encore présent à l'Élysée à ce moment-là, n'avait probablement pas à être divulguée.

Une certaine tradition républicaine voulait aussi que les hommes politiques recrutent de préférence leurs favorites parmi les actrices de théâtre ou de cinéma. Jacques Chirac a été l'un des premiers, avec François Mitterrand, à changer de vivier en choisissant une partie des siennes parmi des journalistes en vogue, quitte à verser dans ce mélange des genres qu'il s'efforçait pourtant d'éviter. L'une de ces liaisons, de toutes la plus passionnelle, faillit même faire basculer son destin personnel et politique avant d'inspirer un roman, *Nous nous aimerons jusqu'aux présidentielles*, publié aux éditions Jean-Claude Lattès en 1985. Signé d'Huguette Debaisieux, il semble avoir été écrit à quatre mains avec le discret concours de l'héroïne principale, Jacqueline Chabridon. Laquelle a probablement voulu régler ses comptes avec l'homme qui l'avait rejetée sans ménagement, du jour au lendemain, « contraint » de sacrifier leur amour et son propre bonheur à ses seules ambitions nationales… et aux intérêts de son ménage.

Cette affaire de cœur datait des années 1970, époque où les milieux de droite s'inquiétaient de savoir le Premier ministre en place épris d'une journaliste de gauche travaillant pour *Le Figaro*. Il ne la quittait plus, apparemment déterminé à refaire sa vie avec elle. Une jeune femme ravissante, sensuelle et talentueuse, dont la vitalité et le pouvoir de séduction avaient déjà provoqué quelques ravages dans le monde politique, son terrain de prédilection, où l'on se disputait de tous côtés ses faveurs. François Mitterrand, encore leader de l'opposition, avait été l'un des premiers à succomber aux charmes de cette jeune provinciale entreprenante et ambitieuse qui venait d'épouser Charles Hernu, l'un de ses premiers lieutenants. Jacqueline Chabridon devint, malgré une relation à éclipses, l'amie et la confidente du futur Président. Valéry Giscard d'Estaing manifesta lui aussi un intérêt pressant pour cette flibustière socialiste qu'il s'efforça sans succès de gagner à sa cause, à défaut de pouvoir partager son intimité. Mais c'est Jacques Chirac, son Premier ministre, qui sut conquérir, sitôt arrivé à Matignon, celle qui avait reçu mission de le « suivre » pour le compte du *Figaro*.

Loin de se résumer à une simple passade, leur liaison se mue en une véritable histoire d'amour, au point de bouleverser leur vie conjugale respective. Jacqueline Chabridon, mariée en secondes noces au journaliste politique Alain Fernbach, se tient déjà prête à quitter son foyer quand le chef du gouvernement envisage à son tour, pour la première fois, de divorcer. En attendant, les amants décident de s'installer dans le même appartement. On les découvre côte à côte et presque main dans la main durant les voyages officiels où la présence de la journaliste est d'autant plus remarquée que le Premier ministre ne fait rien pour la dissimuler. Si bien qu'il arrivera, lors d'un déplacement en Inde, ce qui devait arriver : un reporter de l'Agence France-Presse, les voyant cheminer ensemble à la tête de la délégation française, adresse aussitôt à Paris, sans penser à mal, une photographie du « couple » ainsi légendée : « Le Premier ministre Jacques Chirac et son épouse, en visite à New Delhi ». Méprise d'autant plus embarrassante que Bernadette est elle aussi du voyage. Le cliché tombe tel quel sur les téléscripteurs avant d'être rectifié en hâte, puis finalement détruit sitôt la bévue remarquée.

La signataire de *Nous nous aimerons jusqu'aux présidentielles*, Huguette Debaisieux, a beau recourir à la formule consacrée – « Toute ressemblance avec des événements ou des personnages existant ou ayant existé est purement fortuite ou involontaire » –, l'intrigue comme l'identité de ses principaux protagonistes sont on ne peut plus transparents. L'héroïne, une journaliste baptisée Frédérique Gaillard, y est décrite comme « fantasque et imaginative » : deux épithètes qui suffiraient à résumer Jacqueline Chabridon. Son amant, Fabien Cordier, n'est encore que ministre des Finances au début de leur aventure commune, et son portrait physique – « pas très grand, plutôt frêle, presque fragile » – vise probablement à estomper toute similitude. Mais on a tôt fait de reconnaître l'homme politique qui se cache – si peu – derrière cet infatigable laboureur de terrain électoral à « la tenue légèrement compassée » et au « visage sérieux », avec « un air d'étudiant attardé, pas antipathique », qui « s'éreinte à sourire, serrer des mains, promettre des lendemains qui chantent et des interventions pour le-petit-fils-qui-voudrait-bien-faire-son-service-militaire-dans-le-coin »... Le portrait de son épouse, Hélène, n'est guère plus éloigné de l'original, « avec son tailleur de flanelle anthracite, ses cheveux châtains relevés à la diable, ses yeux clairs de jeune fille de bonne famille arrivée vierge au mariage et son visage sans maquillage », qui « se cantonnait dans une quarantaine sans âge ». Sa repartie désabusée ou faussement résignée, lorsqu'elle apprend la nouvelle liaison de son mari, est tout aussi conforme au modèle initial : « Ce n'est pas la première fois qu'une femme traverse la vie de Fabien. C'est normal : un homme politique !... » Il n'y manque, dans le timbre de voix, que le grincement d'ironie reconnaissable entre tous.

La fiction colle de si près à la réalité, dans cette chronique des jeux périlleux de l'amour et du pouvoir, qu'il suffit d'en suivre les épisodes successifs pour tout savoir, ou presque, de ce qui s'est passé dans la vie intime de Jacques Chirac à ce moment-là. À peu de chose près, tout y est raconté de la façon la plus nette qui soit. D'abord la folle passion qui s'empare des deux protagonistes, « une complicité de tous les instants, sur tous les plans », poussée jusqu'à l'insouciance du qu'en-dira-t-on. Puis la mise au point de ce que Fabien Cordier, dans son langage technocratique, appelle « un plan d'action pour envisager l'avenir » : autrement dit la décision – du moins la promesse – d'épouser sa maîtresse. Cette dernière, dans un premier temps, n'en croit pas ses oreilles : « Vraiment, Fabien, ce n'est pas très gentil de se moquer de moi... – J'ai pensé à tout, lui répond-il. Mes projets, Hélène, les enfants. La seule difficulté, c'est que je veux bien faire les choses et que ça prendra du temps. » Assurant que « si nous le voulons vraiment, tout est possible », Fabien reste sourd à la mise en garde de

Frédérique, qui n'est pas sans rappeler celle, trente ans plus tard, d'une certaine… Bernadette Chirac sur le même sujet : « Le divorce est toujours un handicap. Même à Napoléon, ça n'a pas réussi. Tu vas avoir la terre entière contre toi, susciter des jalousies, attiser des haines. »

Frédérique n'a pas tort d'être méfiante, même si son propre vertige finit par l'aveugler. Car l'entourage du ministre, le pensant promis à un destin national, s'alarme déjà d'une liaison devenue par trop voyante. Et tout spécialement sa plus proche conseillère, l'implacable Joséphine Maréchal, facilement identifiable elle aussi, qui va jusqu'à mobiliser l'épouse délaissée pour faire échouer leurs plans…

La suite du roman raconte les pressions et chantages qui s'exercent alors sur la journaliste pour la contraindre à renoncer, « dans l'intérêt de la France », à une idylle jugée nocive et compromettante. « Un homme qui envisage une candidature à la présidence de la République ne peut pas en même temps assumer un divorce », lui explique-t-on sans rire, en l'accusant de nuire à son amant et de le « perturber ». La jeune femme s'évertue en vain à démontrer le contraire : « "On" avait façonné à Fabien une image qui ne correspondait peut-être pas exactement à sa personnalité. Le jeune surdoué d'il y a dix ans était devenu, après avoir passé un certain nombre d'épreuves, un homme qui commençait à être en accord avec lui-même. Quoi d'étonnant à ce qu'il aspire au bonheur ? Et l'équilibre qu'il pourrait acquérir en étant heureux n'était-il pas un facteur positif pour lui permettre de mener à bien toutes les tâches qui s'imposaient à lui ? »

C'est bien sûr la raison d'État qui finit par l'emporter. En apparence toujours très amoureux de Frédérique, Fabien se résout à lâcher prise dans l'intérêt non de son bonheur, mais de sa carrière, de son parti et de… la France – autant de prétextes ou d'alibis pour mettre un terme à une aventure qui ne lui paraît plus mériter tant de sacrifices.

Comprenant que « toutes les cartes étaient truquées dans le jeu que Fabien lui a distribué », la journaliste aurait tenté, dit-on, de mettre fin à ses jours… après avoir dû avorter.

Selon ses confrères de l'époque, bien placés pour suivre l'affaire de près sans l'avoir jamais ébruitée, le sort de Jacqueline Chabridon fut réglé de manière encore plus brutale et expéditive que dans le roman d'Huguette Debaisieux. Mise en garde sans ménagement par une ministre en vue, Simone Veil, proche du chef du gouvernement – « Vous êtes sa petite pauvre, il ne vous épousera jamais ! » –, menacée de représailles par les caciques du mouvement gaulliste, de Pierre Juillet à Charles Pasqua, Jacqueline Chabridon aurait été évincée du jour au lendemain, avec autant de lâcheté que de désinvolture, par celui qui se disait, la veille encore, déterminé à l'épouser.

Jacques Chirac s'efforcera, par la suite, de tenter de la consoler : « J'allais, à sa demande, lui porter des chocolats dans la clinique où elle cachait sa tristesse », témoigne un de ses anciens collaborateurs, Jean-François Probst[1]. Entre-temps, il semble qu'on ait aussi veillé à « récupérer » et faire disparaître les lettres que l'imprudent Premier ministre lui avait adressées.

Il ne subsistera désormais aucune trace, aucune preuve tangible de cette relation passionnelle, hormis le roman qu'elle inspirera quelques années après et qui ne connaîtra

1. *Le Nouvel Observateur*, 29 octobre – 4 novembre 2009.

pas le succès escompté. Une affaire classée, quoi qu'il en soit.

On peut aujourd'hui se demander ce que serait devenu Jacques Chirac si, au lieu de capituler et de rentrer dans le rang sur l'injonction de ses conseillers, il avait décidé de rompre les amarres comme il n'a jamais osé le faire, si ce n'est en catimini, le temps d'une escapade plus ou moins prolongée.

Sa vie personnelle en eût sans doute été métamorphosée, tant Jacqueline ressemblait peu à Bernadette. La première aussi émancipée, moderne, enjouée, pétillante, que la seconde paraissait conformiste, réservée, cadenassée dans ses principes et son éducation. L'une fille de communiste, l'autre d'origine aristocratique, elles n'avaient rien en commun, ni le milieu dont elles étaient issues, ni le monde qu'elles fréquentaient. Douée d'un entregent sans limites, introduite dans la plupart des cercles d'influence de la capitale, mais le cœur fermement arrimé à gauche, Jacqueline comptait beaucoup d'amis dans le Tout-Paris intellectuel, artistique et journalistique, dont elle partageait les mœurs et les idées, quand Bernadette, à la même époque, réservait ses sorties et ses amitiés à des cénacles plus conventionnels, conformes à ses origines comme à ses propres convictions.

En épousant cette mitterrandienne de choc – une « gauchiste », selon Marie-France Garaud, qui voyait déjà Matignon sur le point de basculer dans la subversion –, le Premier ministre se serait probablement affranchi d'une droite traditionnelle qui lui ressemblait moins qu'il ne le laissait encore paraître. Il avait d'ailleurs commencé à s'afficher aux côtés des amis les plus sulfureux de Jacqueline. À terme, s'étant « rejoint » avec vingt ans d'avance, c'est sa destinée politique qui en eût peut-être été transformée, soit que son divorce l'eût effectivement privé de tout avenir présidentiel, soit que l'évolution personnelle qui en aurait découlé lui eût ouvert plus rapidement les portes de l'Élysée.

Sa rupture forcée avec Jacqueline Chabridon ne dissuadera pas Jacques Chirac de renouveler l'expérience et de nouer des liens de même ordre dans les milieux de la presse et de la télévision. Une célèbre journaliste a aussi compté un temps parmi ses amies intimes. Mais, dans son cas, sans enjeu particulier ni « rien de vraiment sérieux », comme elle le reconnaît aujourd'hui, même si leur aventure n'alla pas sans de sérieuses répercussions sur sa propre vie conjugale. « J'ai assez vite compris qu'il n'attachait, de son côté, aucune importance à sa vie privée ou sentimentale. Tout cela, pour lui, passait au second plan, loin derrière la politique. Il se souciait peu des conséquences. À tel point qu'il s'est toujours obstiné, par la suite, comme s'il ne s'était aperçu de rien, à me demander des nouvelles de mon premier mari, dont j'avais divorcé peu après. » Ce qui n'a pas empêché cette grande journaliste de conserver un souvenir toujours émerveillé de sa liaison avec Jacques Chirac, qu'elle continue de rencontrer aujourd'hui, épisodiquement, à son bureau, à l'insu de Bernadette. Lorsque je lui ai demandé quel était, hormis ses atouts physiques, le secret de son succès auprès des femmes, elle m'a spontanément répondu, avec la même tendresse dans les yeux : « Son énergie, sa vitalité... Jacques, c'était la vie ! On se sentait invulnérable à ses côtés. Moi qui suis toujours inquiète en avion, je n'ai jamais eu peur quand j'étais avec lui... »

Dans les années 1980, rares étaient les correspondants de l'AFP à pouvoir ignorer l'intérêt ardent et assidu que le maire de Paris portait à l'une de leurs jeunes et belles consœurs, Élisabeth Friedrich[1]. Et pour cause : il ne se passait pas de jour sans qu'il appelle les bureaux de l'Agence en demandant à lui parler de toute urgence. Non sans ingénuité, il se présentait au téléphone sous le même nom d'emprunt, « Monsieur Thomas », tout en s'efforçant tant bien que mal de maquiller sa voix. Mais le stratagème fut vite éventé, tant son pseudonyme sonnait faux et sa voix, surtout, était facile à identifier. Si bien que la nouvelle conquête chiraquienne était devenue l'un des secrets les plus répandus des milieux journalistiques parisiens.

Élisabeth Friedrich connut une longévité exceptionnelle dans le cœur et la vie de Jacques Chirac, avant d'être à son tour brutalement congédiée, une vingtaine d'années plus tard, sur la pression d'un entourage résolu à éradiquer, avant qu'il ne soit trop tard, une affaire sentimentale qui menaçait elle aussi de mal tourner – celui qui était devenu entre-temps président de la République ayant eu à nouveau, dit-on, la tentation de divorcer…

Hormis un malencontreux cliché montrant de nouveau Jacques Chirac en galante compagnie sur une plage de l'île Maurice, rien ne fut publiquement révélé de leur relation. « Tout le monde savait », mais il était encore de bon ton, et conforme aux usages, de ne jamais divulguer officiellement les mœurs débridées de la classe politique. Tout comme il était de tradition, au sein des couples concernés, de préserver, vis-à-vis de l'opinion, les apparences d'un ménage

1. Renaud Revel, *Les Amazones de la République*, *op. cit.*

sans faille, où l'« on ne divorce pas quand on peut toujours s'arranger », pour reprendre la formule de François Mitterrand, autre expert en dissimulations du même genre. Quelles que soient les raisons évidentes et même pressantes qu'on aurait eu de le faire…

Jacques Chirac s'en est toujours tenu, en définitive, à sa propre conception des choses en ce domaine, ainsi résumée à Franz-Olivier Giesbert : « Nous autres, les hommes, nous sommes comme les Cro-Magnons de la préhistoire. Toujours à chasser et à courir la gueuse. Mais, à la fin des fins, il nous faut retourner dans notre grotte. Moi, j'ai besoin de cette grotte pour me retrouver. Sans elle, je serais malheureux comme les pierres. » Voilà pourquoi, adepte lui aussi, à sa manière, du « point fixe », il paraîtra toujours s'offusquer, comme d'une faute ou d'un écart de conduite, du divorce et à plus forte raison du remariage de tels ou tels de ses ministres ou collaborateurs. Une anomalie qui l'agace et le perturbe. De la même façon qu'il se réjouit de leurs frasques, signes de bonne santé, et se plaît à les raconter quand il ne se vante pas des siennes devant son épouse, après plus d'un demi-siècle de « fidélité conjugale irréprochable ».

Un samedi après-midi où il se morfond à son domicile, il décide de nous rejoindre, elle et moi, rue Scipion, au siège des Hôpitaux de Paris. Bernadette Chirac m'y a donné rendez-vous pour relire ensemble le manuscrit des *Mémoires* de son mari. Il en avait assez d'être seul dans leur appartement du quai Voltaire et prévient sa femme de son arrivée alors qu'il est déjà en route. Il débarque dans le bureau et, avisant les sourcils froncés et la mine peu accorte de la maîtresse des lieux, il feint d'être désolé de son intrusion : « J'espère au moins que je ne dérange pas... » La réplique ne se fait pas attendre : « Mais si, *Jaaacques*, vous voyez bien que vous nous dérangez... »

Il lui promet de se taire et de nous laisser travailler. Mais, à peine plongé dans un fauteuil, il ne résiste pas au plaisir de la taquiner sur la vie sentimentale agitée de son successeur : « Dites donc, Bernadette, il paraît que le petit... vous savez, celui que vous aimez bien... » Comprenant sans peine où il veut en venir, tant ses mimiques sont suggestives, elle l'interrompt : « Je ne vois pas comment il ferait, avec l'emploi du temps qu'il a et tous les problèmes que vous lui avez laissés sur le dos... » Et lui de s'esclaffer : « Voyons, Bernadette, ces choses-là, ce n'est pas une question d'emploi du temps ! » Réaction faussement indignée de son épouse, laquelle s'écrie, en pointant le doigt sur lui et pouffant de rire à son tour : « Ah ! Je vous y prends ! »

Jamais je ne les ai vus s'amuser autant l'un de l'autre. Bien plus complices, en réalité, qu'on peut les imaginer.

L'INTOUCHABLE

« Je me suis toujours très bien entendu avec François Mitterrand. » Sur l'instant, j'ai pris cela pour une plaisanterie, une provocation de plus. Je l'ai regardé en souriant et, devant mon air incrédule, il réitéra aussitôt ce qu'il venait de me déclarer, avec un geste de la main catégorique, comme pour trancher une fois pour toutes un débat qui n'avait pas lieu d'être. Il ne cessera par la suite de me rappeler les « bonnes » et même « excellentes » relations entretenues avec son prédécesseur, et de démentir que leur cohabitation se fût mal passée, comme on le racontait selon lui à tort.

Peu lui importait que les faits puissent démontrer le contraire. Jacques Chirac n'en avait cure, puisqu'il était dans *sa* vérité. La vérité, reconstruite et ici révisée de fond en comble, de qui entend restituer sa propre histoire non telle qu'elle a été, mais selon l'idée qu'il s'en fait après coup. Comme chez beaucoup de mémorialistes, je retrouvais chez lui cette propension à réinventer sa vie, à n'en livrer qu'une version décalée, conforme à la seule image qu'il lui plaisait d'en conserver. Phénomène d'autant plus accentué, chez lui, qu'il n'est pas homme à s'encombrer d'archives et de documents, hormis ceux que je m'efforce d'exhumer de dossiers relégués dans ses placards sans qu'il s'y intéresse.

Ce n'est pas à la lumière de leurs différends passés que Jacques Chirac souhaitait évoquer la mémoire de François Mitterrand. Mais à celle de leur connivence ultérieure, de cette entente mystérieuse, scellée entre eux sur le tard, et qui, d'une certaine manière, a fait de lui son successeur. C'est ainsi que l'ennemi d'hier est devenu à ses yeux une sorte d'intouchable ! Et même une de ses grandes références politiques : « De Gaulle m'a appris la grandeur de la France, Pompidou la sagesse de la France et Mitterrand la culture de la France », comme s'il était devenu l'héritier des trois, et du dernier autant que des deux autres.

Je me souvenais comme tout le monde de l'hommage admiratif et presque affectueux qu'il avait rendu à François Mitterrand le jour de sa disparition, en janvier 1996. « On doit être impeccables », avait-il aussitôt dit à son ministre de l'Intérieur, Jean-Louis Debré, en apprenant la nouvelle. Et force est de reconnaître qu'il l'avait été au-delà de toute attente. Je n'ignorais pas davantage le soutien à peine voilé que son prédécesseur lui avait apporté au détriment d'Édouard Balladur. Non content de dépêcher auprès du maire de Paris l'un de ses plus proches conseillers pour le presser de se présenter, François Mitterrand avait souhaité publiquement passer le relais à « un chef de l'État qui aime les Français ». Petite phrase meurtrière pour le Premier ministre en place, guère suspect de correspondre à ce portrait idéal.

Mais lorsque nous avons abordé, au cours de l'automne 2008, le chapitre présumé épineux de la première cohabitation, je ne m'attendais pas à voir Jacques Chirac édulcorer à ce point la violence de leurs affrontements passés. Selon lui, tout n'avait été qu'échanges courtois et policés entre ces deux adversaires de toujours, contraints par les urnes à une coexistence qui ne s'annonçait guère pacifique et ne le fut pas, quoi qu'il en dise après coup. Gommée, oubliée, cette période de haine et d'hostilités où l'Élysée, comme encerclé par l'ennemi, semblait à la merci d'un coup de force.

Pas un sujet sur lequel Jacques Chirac ne s'attache vingt ans plus tard à minimiser ses différends avec le chef de l'État disparu, ni même à lui reconnaître autant de circonstances atténuantes. Son refus de signer l'ordonnance sur les privatisations ? « À l'époque, ce n'était pas l'essentiel. Et puis, je suis un homme de compromis plus que de rupture. La rupture, c'est un mouvement d'humeur, une manière de s'affirmer qui n'est pas toujours conforme à l'intérêt général. Mitterrand a voulu tester d'emblée sa marge de manœuvre. C'était ça ou se démettre. À aucun moment je n'ai cherché à l'humilier. Puisque le rapport de force jouait apparemment en ma faveur… » Le soutien apporté par le Président aux manifestants contre le projet de loi Devaquet sur les universités ? « C'était une loi hâtive et mal ficelée. Quand j'ai appris que Mitterrand avait reçu les étudiants à l'Élysée, je me suis dit que si j'avais été à sa place, je n'aurais pas manqué d'en faire autant ! » Sa dénonciation de l'État-RPR ? « Il n'avait pas totalement tort. On avait pris une part de gâteau excessive, il faut bien le dire. »

L'évocation de ce qui n'avait été, de part et d'autre, qu'une guérilla de tous les instants, laissait place au tableau quasi idyllique d'une confrontation feutrée, sans heurts mémorables ni animosité particulière. Seuls surnageaient leurs points d'accord : la suppression de la peine de mort et l'adoption du traité de Maastricht. Plus trace, donc, chez Jacques Chirac, de leur opposition frontale sur la plupart des réformes entreprises par son gouvernement, ni de l'acharnement savant et minutieux avec lequel ce Président retranché dans son palais s'était employé, jour après jour, à « déboulonner » son Premier ministre, comme il le lui avait promis dès sa prise de fonction. Du grand art, estime aujourd'hui un Chirac plus enclin à saluer l'habileté et le savoir-faire mitterrandiens qu'à s'attribuer quelque mérite dans une partie qui, de fait, ne tourna pas en sa faveur.

« Naturellement, nous étions en désaccord, mais c'était pour des raisons politiques », concède-t-il comme si ces raisons-là étaient somme toute secondaires et qu'ils se situaient l'un et l'autre bien au-dessus des idées ou appartenances censées les opposer. D'où ce qui, de son propre aveu, les rapprochait véritablement : « un certain sens de la relativité des choses, une certaine idée de ce qu'est la nature humaine ». Bref, un même fond de scepticisme et d'indifférence. Chacun selon son style et sous des masques distincts, ils appartenaient à une race similaire : celle des grands chasseurs solitaires, insaisissables, cyniques et calculateurs.

Est-ce parce qu'ils se ressemblaient trop, par-delà tout ce qui les distinguait, que ces deux convertis, adeptes d'un même pragmatisme puisé aux sources de la vieille tradition radical-socialiste, en étaient arrivés à se comprendre avant de finir par s'entendre à l'issue d'une longue période d'observation mutuelle ? Pour achever de faire cause commune, il ne manquait à ces deux professionnels du rapport de force que la saisie d'une même proie dont ils pourraient à loisir se partager la dépouille. Ce fut Édouard Balladur et, à travers lui, tous ceux qui, pêle-mêle, les avaient l'un et l'autre trahis ou délaissés.

À l'inverse de Valéry Giscard d'Estaing qui l'avait imprudemment sous-estimé, François Mitterrand s'était très vite méfié de cet adversaire au sourire trop cordial, à la poignée de main trop chaleureuse, au style trop enveloppant pour lui paraître inoffensif. De la même façon qu'il avait su détecter à temps sa part de doute et d'affectivité. Un « faux dur », plus vulnérable qu'on ne le pensait, mais apte à s'affranchir de tout état d'âme quand les circonstances et son intérêt l'exigeaient. Mitterrand se gaussait de ce « professionnel du mot nu, ce rhéteur du compliment direct, qui n'a jamais poussé ses études jusqu'au conditionnel », tout au plus à l'aise dans « la simplicité des fausses évidences ». Il ne le considérait pas moins, non par le verbe mais dans le combat, comme le plus redoutable animal politique de sa génération. Et le seul rival à sa mesure.

De son côté, instruit par Georges Pompidou du danger de croire Mitterrand sur parole ou de se laisser impressionner par lui, Jacques Chirac n'avait longtemps vu dans le leader socialiste qu'un personnage suspect, fourbe et tortueux. Il l'accusait de duplicité permanente : « Dire ce qu'il pense – une fois n'est pas coutume – serait contraire à sa nature », proférait-il alors à son sujet, sans lui reconnaître d'autre vertu qu'une intelligence manœuvrière exempte de tout scrupule. On trouve encore un puissant écho de son opinion de l'époque dans une interview accordée en 1998 à Jean Lacouture, l'un des biographes de Mitterrand.

Lorsque je lui rappellerai, texte en main, la sévérité des jugements qu'il portait alors sur son prédécesseur, malgré l'hommage public qu'il lui avait rendu deux ans auparavant, Jacques Chirac en paraîtra d'abord étonné. Avant de confirmer l'exactitude de ces critiques, s'agissant du comportement déloyal de son adversaire, en 1988, lors du débat télévisé de l'entre-deux tours de la présidentielle – à propos de l'affaire Gordji –, ou de ses manœuvres pour le moins cyniques vis-à-vis du Front national, « qu'il a façonné de ses mains, comme je le lui ai expressément reproché ». Jacques Chirac s'était montré encore plus sévère lorsque le journaliste lui avait demandé si Mitterrand était animé, selon lui, par certaines convictions : « Probablement, mais je ne saurais dire lesquelles. Hormis, en ce qui me concerne, la construction de l'Europe à laquelle il était très attaché, j'estime que les convictions républicaines qu'il affichait n'étaient pas très solides. S'il avait été un vrai républicain, il n'aurait pas contribué, comme il l'a fait, à la consolidation du Front national… »

Après un temps de réflexion, plutôt que de se déjuger, Jacques Chirac se bornera à me dire : « Je crois que je n'ai rien à changer. » Rien à changer non plus à son portrait d'un Mitterrand qui « intellectualisait tout » et enfermait la France dans des « perspectives archaïques » : « Ce n'était pas un visionnaire, si intelligent qu'il fût. » Il était même allé jusqu'à regretter de l'avoir désigné comme un « exemple » dans son discours d'adieu : « Si c'était à réécrire, je retirerais ce mot. »

Est-ce parce qu'il se trouvait, à l'époque de cette interview, en pleine cohabitation avec les partisans du Président défunt, qu'il s'était livré à un tel règlement de comptes posthume ? Comme si Mitterrand payait en quelque sorte pour tous ceux qui se réclamaient alors de son héritage…

Preuve d'une admiration alors plus mesurée, l'un des actes majeurs de son premier mandat avait déjà constitué un désaveu cinglant pour son prédécesseur encore vivant. En reconnaissant avec éclat, dans son discours du Vel' d'Hiv', le 16 juin 1995, la responsabilité des autorités françaises dans la déportation des Juifs, Jacques Chirac n'a pas seulement défié, ce jour-là, l'orthodoxie gaulliste et bousculé le dogme fondateur de la France libre comme personne ne s'était risqué à le faire avant lui. Il a surtout dénoncé l'hypocrisie mitterrandienne qui consistait à s'abriter – une fois n'est pas coutume – derrière la mythologie gaullienne pour se donner bonne conscience, et à s'en servir comme d'un alibi afin d'occulter la véritable nature du régime de Vichy, voire se défausser du rôle compromettant qu'on pouvait y avoir tenu. L'idée selon laquelle le seul pouvoir légal et légitime se trouvait à Londres sous l'Occupation et qu'à ce titre la France n'était impliquée en rien dans les crimes commis en son nom par un État à la solde de l'ennemi, cette idée n'avait de sens et de valeur qu'incarnée et sublimée par l'homme du 18 juin. Mais ce qui avait été pour de Gaulle une fiction nécessaire ne pouvait que perdre, après lui, tout ou partie de son crédit au regard de la seule vérité des faits. D'autant que François Mitterrand n'était assurément pas le mieux placé pour la défendre et la perpétuer. Rattrapé par un passé encombrant, l'ami de René Bousquet s'était agrippé jusqu'au bout à la préservation d'une légende qui n'était pas la sienne et que son exemple personnel ne pouvait que disqualifier. Cette obstination lui avait valu d'être conspué aux cris de « Mitterrand à Vichy ! », en juillet 1992, lors de la commémoration du cinquantième anniversaire de la rafle du Vél' d'Hiv. Trois ans plus tard, c'est sur les lieux mêmes où son prédécesseur a été pris violemment à partie que Jacques Chirac constatera officiellement et sans détour, dans un discours tout de courage et de lucidité, l'implication de l'État français dans dans le sort infligé à la communauté juive.

Il se défend aujourd'hui d'avoir voulu, en exprimant sa conviction intime, « atteindre Mitterrand en quoi que ce soit » : « Je ne visais personne en particulier. Mais le fait est que l'immense majorité des Français avait accepté sans broncher les décisions de Vichy. C'est en cela que la France était responsable. Je n'ai rien dit de plus. » Cette prise de position spectaculaire, à laquelle il ne s'attendait pas, fut ressentie comme un terrible camouflet par l'ancien chef de l'État. Le même dont Jacques Chirac se plaît depuis lors à célébrer la « personnalité exceptionnelle » au point de relativiser jusqu'à leurs divergences les plus criantes…

Selon lui, rien de vraiment sérieux ne l'avait jamais opposé à François Mitterrand, si ce n'est, encore une fois, le simple jeu politique. Peu importe qu'il eût déclaré à ce sujet dans la même interview : « Nous pouvions parler cordialement, mais nous n'étions jamais sur la même longueur d'onde. » Dix ans après, il ne se reconnaît plus dans ses propos de l'époque : « Les gens s'imaginaient, à tort, que nous avions des rapports difficiles lorsque j'étais son Premier ministre. Mais quand nous nous rencontrions en tête à tête, chaque mercredi matin, avant le Conseil, il n'y a jamais eu un mot plus haut que l'autre. Il lui arrivait fréquemment de me parler de littérature française, et moi des arts asiatiques. Et, sur ces deux thèmes, on s'entendait plutôt bien. Parce que je reconnaissais sa compétence et sa supériorité dans le premier domaine, et qu'il ne contestait pas la mienne dans le second. » Un respect mutuel, une qualité de relations qu'il n'avait jamais connue avec Giscard. Mitterrand le traitait comme son égal, en quelque sorte, bien qu'il fût, lui, Chirac, de loin le plus fasciné des deux. Ce qu'il admet aujourd'hui en préférant toutefois recourir à un autre mot : « Fasciné, peut-être pas… Mais épaté, oui, je dois bien l'avouer ! » Épaté comme on l'est devant un prestidigitateur surdoué dont les tours restent inimitables…

Le 1er décembre 1988, quelques mois après la fin d'une cohabitation qui s'était soldée, pour le Premier ministre, par un fiasco écrasant dans sa tentative de conquête de l'Élysée face au Président sortant, les deux hommes se retrouvèrent à l'occasion de l'inauguration du musée d'Orsay. Retrouvailles courtoises, mais sans chaleur aucune de part et d'autre. Ce jour-là, le maire de Paris apparaît encore plus fébrile que d'habitude. Nerveux, ne tenant pas en place, il ne cesse de consulter sa montre. Il a hâte que la cérémonie se termine tandis que le chef de l'État prend un malin plaisir à faire durer les choses. Il s'approche de son ancien rival, l'air patelin, la lippe cruelle, en s'étonnant de le voir si pressé : « Que vous arrive-t-il, monsieur le Premier ministre ? s'enquiert-il, moqueur. Nous avons tout le temps… Il faut savoir prendre son temps… » De retour à l'Élysée, François Mitterrand apprend par Georgette Elgey, qui a assisté à la scène, la véritable raison de la nervosité de Chirac : il devait se rendre au chevet de sa fille Laurence qui venait de faire une nouvelle tentative de suicide. Mitterrand décroche aussitôt son téléphone : « Laissez-moi seul, demande-t-il à sa collaboratrice. Il faut que je lui parle… » On n'imagine pas Mitterrand s'excusant. Mais appeler son principal adversaire à un moment pareil revenait quasiment au même. Il est probable que Jacques Chirac n'y fut pas insensible.

Bien plus que l'exercice du pouvoir, qui n'était pas fait pour les rapprocher, c'est l'expérience d'une solitude similaire qui finira par forger cette connivence encore si perceptible chez le seul des deux protagonistes encore vivant. Solitude, pour Mitterrand, d'un monarque en fin de règne, miné par la maladie, accablé de drames et de scandales, abandonné de presque tous. Solitude, du côté de Chirac, d'un perdant en quête de revanche, cerné par le doute et la trahison. Tel est le sort auquel l'un et l'autre s'étaient trouvés confrontés, contraints de s'épauler pour survivre et triompher de leur ennemi commun. Solidarité de relégués ou d'éclopés qui allait se révéler d'une terrible efficacité face à la conjuration adverse.

C'est le moment où les deux hommes se découvrent un sentiment réciproque, la compassion, plutôt absent jusqu'ici de leurs relations. Mitterrand s'apitoie sur l'isolement pathétique d'un Chirac lâché par les siens et lui prodigue conseils et encouragements avec une sollicitude quasi paternelle. Tandis que son ancien Premier ministre s'émeut du traitement injuste infligé au vieux Président par une grande partie de ses anciens amis et lui témoigne attention et soutien avec une déférence quasi filiale.

Le maire de Paris, ce politicien sans âme dont il s'est tant moqué dans le passé, n'est sans doute pas, pour le Président sortant, le candidat qu'il juge le plus digne d'entrer après lui à l'Élysée. Mais il s'en accommode, préférant, à tout prendre, avoir pour successeur un adversaire dont il n'aurait rien à attendre plutôt qu'un disciple rétif dont il aurait tout à redouter. Ce n'est pas le représentant de la droite, après tout, mais bien celui de son propre parti, Lionel Jospin, qui a invoqué contre lui la nécessité d'un « devoir d'inventaire », comme on brandit la menace d'un procès posthume. Alors, entre deux inconvénients… « Il m'a laissé entendre, sans me le dire ouvertement, qu'il était content que ce soit moi qui le remplace », confirme Jacques Chirac quinze ans plus tard, comme si François Mitterrand l'avait en quelque sorte adoubé après l'avoir beaucoup aidé, en sous-main, à éliminer ses deux principaux concurrents.

Avec l'âge et son propre départ du pouvoir, devenu à son tour un Président hors jeu, dépossédé de toute fonction, le simple témoin ou l'acteur déchu d'une histoire qui se poursuit sans lui, Jacques Chirac tend à s'identifier de plus en plus à son prédécesseur. Il s'était inspiré de son exemple pour imposer sa propre longévité à la tête du pays et survivre, entre autres aléas, à ceux d'une longue cohabitation. En s'érigeant aujourd'hui en protecteur de sa mémoire, c'est aussi leur image commune qu'il défend : la marque éminente des deux derniers grands spécimens d'une race politique en voie d'extinction. Ainsi les voilà plus que jamais complices en fin de partie. Unis comme par une communauté de destins que personne après eux ne pourrait plus comprendre ni partager.

SEPT ANS DE SOLITUDE

« La fidélité, la vraie, c'est rare, très rare », soliloque-t-il en ce matin de novembre 2008 avant de me raconter la « petite réunion amicale » à laquelle l'ont convié, la veille au soir, les membres de l'association « Avec le président Chirac ». Outre son fondateur Henri Cuq, il y avait là Bertrand Landrieu, Christian Jacob, Roger Romani, Jacques Toubon, Maurice Ulrich et une poignée d'autres irréductibles. Ses grognards, en quelque sorte, toujours fervents, vigilants, affectueux, prêts, si besoin était, à se mobiliser pour lui de nouveau, quand la plupart de ses « maréchaux » – à l'éclatante exception de Jean-Louis Debré – ont eu vite fait de rallier son successeur. Et donc, à ses yeux, de déserter.

De tout cela Jacques Chirac a pris acte avec l'apparente sérénité d'un mandarin rompu de longue date aux mœurs du sérail. Rien qui puisse l'étonner dans ce domaine. Mais, en cette phase ultime de son existence, où personne n'a plus d'intérêt réel à le fréquenter, les moindres témoignages d'amitié ou de loyauté comme les preuves, plus fréquentes, d'éloignement et d'ingratitude, revêtent une acuité toute particulière.

Sachant de longue date ce qu'il en est de la précarité des relations humaines dès que la moindre parcelle de pouvoir est en jeu, il a pris les devants. Il n'a pas attendu la défection d'une grande partie des siens pour les considérer comme perdus, ou même s'amuser à dépeupler leurs rangs. « Il est mort celui-là, non ? » me demande-t-il régulièrement, comme on vérifie un fait acquis, quand il nous arrive d'évoquer certains de ses anciens compagnons, ministres ou adversaires. Il s'est ainsi constitué son petit cimetière personnel, de mieux en mieux garni avec le temps, en ayant déjà anticipé l'inhumation de ceux, pourtant bien vivants, qui lui ont tourné le dos ou s'apprêtent à le faire. Une façon assez expéditive de dissiper les ombres qui s'accumulent autour de lui et de dégager ce qui lui reste d'horizon. Et rares, en effet, sont les amis sûrs ou supposés tels qui échappent à ce tri définitif. Une sélection opérée simultanément, mais avec moins d'humour et de détachement, par un entourage persuadé de ne plus pouvoir compter sur personne ou presque.

C'est souvent la principale activité du jour, au 119, rue de Lille, que de s'enquérir, comme dans un camp retranché, du comportement des uns et des autres, hors les murs, et de tenir avec une fébrilité d'assiégé le registre quotidien des désertions et reniements. Il faut remonter aux années noires du chiraquisme, à cette longue « traversée du désert » qui précéda la conquête de l'Élysée, pour comprendre la façon dont le clan continue d'appréhender ses relations avec le monde extérieur. Les blessures, les humiliations endurées à ce moment-là n'ont jamais cicatrisé. Tout, depuis lors, est resté sujet à méfiance, à suspicion, au sein d'un cercle familial hanté par le souvenir des trahisons passées et convaincu de devoir protéger « le Président » des prédateurs en tout genre censés pulluler autour de lui et chercher encore à l'atteindre.

Telle est la tâche que s'est particulièrement assignée Claude Chirac. Devenue la gardienne ou la tutrice de son père, elle ne paraît plus avoir en tête, aujourd'hui comme hier, que de le faire vivre en vase clos, de limiter ses contacts et de restreindre sa liberté de parole en gardant la haute main sur une « communication » verrouillée, réduite au strict minimum, par crainte d'un propos déplacé ou d'une phrase malencontreuse. Virtuose des communiqués de presse et des éléments de langage soigneusement calibrés, elle a toujours veillé à ce qu'il en dise le moins possible et ne sorte jamais des rails qu'elle lui avait tracés – au risque d'assécher son inspiration. Voilà pourquoi, convaincue par Jacques Pilhan que la parole présidentielle gagnait à être sacralisée, elle s'est surtout employée à l'éloigner des journalistes, considérés, à quelques exceptions près, comme nocifs et indésirables. Ceux-ci devaient en passer par elle, et elle seule, à l'Élysée, pour espérer accéder au chef de l'État. Bien qu'accrédités auprès de la présidence, la plupart d'entre eux ne franchirent jamais les portes de son bureau. On imagine les malentendus, les frustrations, les aigreurs qui en résultèrent.

L'obsession de Claude Chirac était de préserver son père des interlocuteurs présumés indiscrets comme on craint, en période d'épidémie, de trop exposer un être vulnérable. Il en allait de même de ses autres visiteurs, filtrés, évalués, tolérés ou écartés selon les calculs ou arrière-pensées qu'elle leur prêtait, puisqu'elle avait aussi tout pouvoir sur l'agenda présidentiel. Seuls échappaient à son contrôle ceux qui pouvaient arguer de leur statut ou de leur vieille complicité avec Chirac. À son contrôle, mais non à sa vigilance. Tant il n'était pas, pour elle, de ministre ou de conseiller qui ne fût peu ou prou suspect de dissimuler une nature de courtisan et, par là, celle d'un traître en puissance.

L'amère expérience des sept années de solitude où elle avait vu se dresser contre son père des rivaux prêts à tout pour l'évincer n'était pas pour rien dans cet excès de défiance, même si elle ne suffisait pas à le justifier. C'est au moment où il venait de l'installer à ses côtés à la mairie de Paris, au printemps 1990, qu'elle avait assisté à la première fronde lancée contre lui : celle du tandem Pasqua-Séguin et d'une escouade de « rénovateurs » impatients de s'emparer de la direction du RPR à son détriment. Complot assez vite maté, tant il était brouillon et mal ficelé. Il préfigurait cette autre conjuration fomentée trois ans plus tard, avec plus de rouerie, de cynisme et de duplicité, par le dernier en date des hommes de confiance de son père, Édouard Balladur, et quelques-uns de ses jeunes protégés, dont Nicolas Sarkozy, pour le supplanter dans la course à l'élection présidentielle. Cette fois, c'est sa mort politique que le maire de Paris avait frôlée de près. Un traumatisme dont le clan ne s'est jamais vraiment remis. Une frayeur de tout perdre dont chacun de ses membres porte encore les stigmates.

Ni le succès de 1995, ni l'exercice du pouvoir n'ont eu sur eux l'effet galvanisant et même rassurant qu'ils auraient pu y trouver. Comme si le doute s'était installé une fois pour toutes dans leur esprit et que le sentiment d'être toujours à la merci des mauvais coups d'ennemis innombrables, d'abord dans leur propre camp, l'avait très vite emporté sur l'euphorie de la victoire et les espoirs d'un début de règne, il est vrai sans véritable état de grâce.

L'épisode malencontreux du premier soir fut déjà révélateur de cet état d'esprit. Son élection à peine acquise, le nouveau Président préféra fêter l'événement en tout petit comité, au domicile de François Pinault, plutôt que d'aller le célébrer avec la foule de ses supporters massés place de la Concorde. Au même moment, son épouse rabrouait sèchement les journalistes pressés de recueillir ses premières réactions. « Avec la victoire, confirme Franz-Olivier Giesbert, Chirac n'est pas sorti du bunker où les traîtrises en tout genre l'avaient emmuré avec sa femme et sa fille Claude (…). Frappé par ce qu'il faut bien appeler le syndrome Balladur (…), il ne veut plus s'entourer que de gens fidèles, constants et dévoués. »

De fait, cette logique du repli sur soi, dictée par la crainte de l'inconnu et une méfiance généralisée envers tout ce qui n'était pas sous contrôle, va conduire à brider l'énergie du nouvel élu, à éroder son goût de l'action et de l'offensive, déjà limité, d'entrée de jeu, par deux décisions lourdes de conséquences. D'abord, le refus de dissoudre l'Assemblée nationale qui le prive d'une majorité parlementaire acquise à son gouvernement et à la politique qu'il entend mener. Ensuite le choix de la rigueur et de l'orthodoxie budgétaire comme priorités nationales au détriment de l'objectif fixé et annoncé durant la campagne présidentielle : la lutte contre la « fracture sociale ». Pour sortir de l'impasse résultant de l'un et de l'autre, au terme de deux années de crises et de contestations, l'Exécutif finira par recourir à une dissolution de convenance qui donnera les résultats que l'on sait. Après quoi, claquemuré en son palais, dans la seule compagnie des siens, le successeur de François Mitterrand n'aura plus qu'à attendre à son tour des jours meilleurs

– plus que jamais conforté dans sa résignation à l'autarcie par les contraintes de la cohabitation.

En parlant avec lui à diverses reprises des multiples obstacles qu'il avait dû affronter au cours des sept années précédant son élection, de cette lente et improbable remontée des abîmes avant de réussir à s'imposer, j'ai acquis la conviction que c'était bien de ce côté-là qu'il fallait chercher pour comprendre le Président non pas inerte, mais un peu trop pétrifié dans sa fonction qu'il était devenu. Certes, cette période d'épreuves l'avait sans doute aidé à se forger, selon la formule un brin ironique de Philippe Séguin, à s'assumer enfin tel qu'en lui-même. Mais Séguin ne croyait pas si bien dire – il allait le vérifier à ses dépens – en affirmant que Chirac savait désormais devoir « accomplir son destin sans se faire aucune illusion sur les hommes ». Aucune, en effet, et sur quasiment plus personne. C'était sans doute un autre de ses points communs avec François Mitterrand que d'être arrivé au pouvoir à l'âge où il est déjà trop tard pour entretenir des rêves ou nourrir de grandes espérances. L'âge où l'on préfère se réfugier dans les valeurs sûres et les situations établies plutôt que se hasarder à changer de cap ou d'itinéraire. Et moins encore d'amis ou d'hommes de confiance.

Ayant perdu le goût de l'imprévisible et de l'inconnu, Jacques Chirac n'aura donc aucune hésitation quant au choix de son Premier ministre. Alain Juppé représente pour lui tout ce que Philippe Séguin n'est pas et n'aurait jamais été : un partenaire stable, solide, dévoué, tout acquis à sa cause et plein d'apparente abnégation à son égard. Juppé est le garde-fou idéal, le bouclier exemplaire dont il peut user en toute circonstance. Quand il n'aurait eu que rébellions, crises et ruptures à attendre d'un Séguin volcanique et incontrôlable, ombrageux, affectif, aussi destructeur pour les autres que pour lui-même. Il admire sa vigueur intellectuelle, sa force de conviction, ses talents d'orateur. Mais, détestant les affrontements d'homme à homme et les conflits entre amis, il n'entend pas se soumettre à cette relation passionnelle que Séguin déclenche immanquablement avec tous ceux qui prennent le risque de le fréquenter.

Philippe Séguin l'a compris et en souffre. « Chirac ? J'ai été son tuteur, jamais son collaborateur, clamait-il à la fin de sa vie avec autant de hargne que de dépit. S'il s'est méfié de moi, c'est qu'il m'avait évalué à ma juste valeur, non ? » Ce qui n'était sans doute pas faux, mais peut-être pas au sens où il l'entendait. La vérité est que Philippe Séguin ne s'est jamais consolé de ne pas avoir été désigné par Jacques Chirac comme son fils préféré : ce qu'il aurait pu être s'il n'avait tout fait pour l'en dissuader. Il éructe en permanence contre lui, claque la porte à tout propos, ivre de jalousie et d'amertume de se sentir moins aimé que son rival, Alain Juppé, lequel s'offusque, de son côté, des témoignages d'estime et d'affection que Chirac s'efforce malgré tout de prodiguer à un Séguin toujours plus irascible. Devenu pachydermique, débitant verdicts, prophéties et rosseries entre deux bouffées de cigarette et deux grondements d'hilarité, Philippe Séguin se consumera de tristesse, de rancœur et de désabusement jusqu'à l'écroulement final, une manière qui lui ressemblait de quitter ce bas monde. « C'est vrai, admet aujourd'hui Jacques Chirac en soupirant, je n'ai pas donné à Séguin le signe de reconnaissance qu'il attendait. Il faut dire qu'il n'était pas facile à manier. Mais c'est tout de même moi qui l'ai nommé à la Cour des Comptes... »

Est-ce à dire que son entente avec Alain Juppé fut, à l'inverse, aussi absolue, aussi parfaite qu'il s'est toujours attaché à la décrire ? Même s'il le voit moins souvent, depuis son départ de l'Élysée, il ne cesse de vanter la compétence, l'intelligence, la hauteur de vues et la loyauté de son ancien Premier ministre, entre autres qualités qui le promettent, toujours selon lui, à « un grand destin ». S'il continue de déplorer que son protégé n'ait jamais su serrer les mains sans détourner le regard, il balaie très vite les objections qu'on peut lui opposer sur le côté cassant, rigide et peu avenant de celui qu'il a présenté un jour comme « le meilleur d'entre nous ». Une formule « malencontreuse, bien que justifiée », qui a naturellement achevé de compliquer ses relations avec Séguin. Pour Chirac, Juppé est un « homme de cœur », même s'il a le plus grand mal à le montrer. « Un garçon exceptionnellement honnête, au point que son honnêteté a pu être un handicap. Pour Juppé, l'ambition ne justifie pas tout », tient-il à souligner, comme si cette qualité-là constituait en réalité son seul véritable travers.

Dans un style tout différent de celui de Philippe Séguin, le maire de Bordeaux est un affectif, un écorché vif, lui aussi, plus sensible qu'on peut le croire et moins cuirassé qu'il n'y paraît. Jaloux de sa relation privilégiée avec Chirac, Alain Juppé prend facilement ombrage des attentions qu'il peut accorder à d'autres, et à Philippe Séguin tout spécialement.

Lors de son premier voyage officiel de chef d'État en Tunisie, Jacques Chirac convie le président de l'Assemblée nationale, natif de ce pays, à l'accompagner. Jamais avare de compliments, il le couvre d'éloges durant leur séjour, soucieux de lui faire plaisir au point d'aller, comme en pèlerinage, visiter sa maison natale. « Il va finir par s'agenouiller devant le lit où il a été conçu ! » ironise à l'oreille de son voisin le ministre de l'Intérieur, Jean-Louis Debré, qui s'inquiète déjà de la réaction du Premier ministre. Debré multiplie en vain les mises en garde auprès de Chirac : « Je pense que vous en faites un peu trop avec Séguin. Juppé va très mal le prendre. Vous aurez des problèmes en rentrant. » Mais le Président continue de plus belle, jusqu'à rendre un hommage ébouriffant à Philippe Séguin lors du dîner officiel offert par les autorités tunisiennes. À son retour à Paris, Jean-Louis Debré vient à peine de quitter l'aéroport de Villacoublay quand le téléphone sonne dans sa voiture. C'est Alain Juppé qui lui demande, avec sa voix cassante des mauvais jours, de bien vouloir le rejoindre à Matignon avant de rentrer chez lui. Comme prévu, le chef du gouvernement est ulcéré de « ce qui s'est passé en Tunisie ». Blessé, il déclare à Debré, sitôt celui-ci entré dans son bureau : « Si Chirac ne m'aime plus, il faut qu'il le dise. » À sa sortie, le ministre de l'Intérieur prévient immédiatement l'Élysée : « L'orage a eu lieu. » Le Président n'en paraît pas étonné : « Je m'en doutais, puisqu'il veut me voir de toute urgence… »

Jacques Chirac s'est très vite rendu compte de la vulnérabilité d'Alain Juppé dans les mois qui ont suivi son entrée à Matignon. Il a constaté à quel point ce Premier ministre réputé arrogant et inflexible pouvait être meurtri, affecté au plus profond de lui-même par l'avalanche de critiques et de calomnies qui se déversait sur sa tête jusqu'à remettre en cause son intégrité. Un Juppé ne supportant pas, en effet, d'être mal aimé et qu'il lui fallait, plusieurs fois par jour, réconforter et rassurer au téléphone.

« Mon amitié et mon affection ne lui ont jamais fait défaut. Ni à ce moment-là, ni plus tard, rappelle Jacques Chirac en regrettant que le destin, jusque-là, ne lui ait pas été plus favorable. Mais il a commis quelques maladresses, ajoute-t-il. Je pense par exemple qu'il n'aurait pas dû aller s'exiler au Canada après sa condamnation en 2004 dans l'affaire des emplois fictifs. En tout cas, il aurait dû revenir plus tôt… Il a ainsi laissé le champ libre à d'autres qui ne le valaient pas. »

Entre ces deux hommes qui n'ont jamais été des intimes et partagent la même retenue, pour ne pas dire le même blocage dans l'expression de leurs sentiments, subsistera toujours une certaine part de silence, de non-dits, qui, avec le temps, a quelque peu distendu leur relation. Ce qu'ils n'ont jamais osé se dire en face, c'est aujourd'hui par des biais détournés qu'ils le formulent séparément quand ils en ont l'occasion. Par livre interposé, dans le cas de Juppé ; en présence d'un témoin irrécusable, dans le cas de Chirac.

Du côté de ce dernier, il semblait ne faire aucun doute qu'Alain Juppé ne lui avait jamais manqué durant la période où tant d'autres l'abandonnaient au profit d'Édouard Balladur. « Il a été d'une loyauté irréprochable », affirmait-il lorsqu'on lui demandait s'il n'y avait pas eu, malgré tout, chez Juppé, un temps d'hésitation. Jusqu'à ce jour de juin 2009 où, lors d'un déjeuner commun au Conseil constitutionnel, Jean-Louis Debré, qui connaît son monde et n'est dupe de personne, lui posa devant moi la même question. Mais de manière plus directe encore, Debré sachant manifestement ce qu'il en était : « Et Juppé, est-ce qu'il vous a toujours été fidèle ? »

Sans doute parce que je suis présent, le Président commence par botter en touche : « Je ne l'ai jamais pris en flagrant délit d'infidélité », assure-t-il avant de demander à son ami de… répondre à sa place. Et ce dernier de rappeler les flottements d'Alain Juppé dont il fut le témoin privilégié en tant que secrétaire général adjoint du RPR :

« À cette époque, vous vous en souvenez, dit-il en s'adressant au Président, je faisais à peu près quotidiennement, avec votre accord, des déclarations contre Balladur. À tel point qu'un jour Juppé me convoque au Quai d'Orsay[1] pour me dire : “Tu dois démissionner de tes fonctions au RPR, Balladur l'exige !” Je vous en parle aussitôt en vous priant de bien vouloir dire à Juppé que je ne fais pas tout ça de ma propre initiative, mais en pleine entente avec vous, au nom d'une stratégie clairement définie entre nous. “Bon, me répondez-vous, je vais prévenir Juppé et le recevoir en ta présence.” Nous nous voyons tous les trois dans votre bureau quelques jours plus tard. J'ai un souvenir très précis de cette rencontre. Vous lui expliquez sans ménagement que la déclaration qu'il me reproche, c'est en fait vous qui me l'avez dictée, et vous ajoutez : “Tant que je serai là, Alain, vous ne toucherez pas à un cheveu de Jean-Louis !…” »

Le Président acquiesce en silence. Habitué à exprimer à haute voix et à traduire dans un langage sans fioriture ce que Chirac pense tout bas, le plus fidèle de ses compagnons

1. Alain Juppé cumule alors les fonctions de ministre des Affaires étrangères et de secrétaire général du RPR.

excelle dans ce rôle d'interprète des arrière-pensées chiraquiennes, de porte-parole de tout ce que son chef se retient de dire et n'ose parfois s'avouer à lui-même. Jean-Louis Debré est sans illusion aucune sur un monde politique qu'il côtoie et observe depuis sa jeunesse où il a connu les plus grands, de De Gaulle à son propre père, qui lui ont donné par avance la mesure de tous les autres. Démystificateur dans l'âme, il voue à celui qu'il appelle « Monsieur », s'interdisant de le tutoyer, une passion aussi lucide qu'indéfectible. Chirac, de son côté, sait pouvoir compter à tout moment sur cet allié des bons et des mauvais jours qui connaît tout de lui, de ses grandes qualités comme de ses petites faiblesses. Il apprécie cet homme de cœur et de caractère, exigeant, courageux, intraitable dans la défense de ses idées et de ses valeurs. Et il a toute confiance dans son opinion, d'autant qu'elle lui est rarement défavorable sans être jamais complaisante. S'en remettant désormais à sa mémoire, qu'il juge plus fiable que la sienne, le Président laisse parler Jean-Louis sans l'interrompre ni faire de commentaires. Ce qui l'arrange, d'une certaine manière…

« Un autre jour, poursuit Debré, en décembre 1994, je crois, peu avant votre voyage à La Réunion, je suis invité à déjeuner par Juppé qui me dit : “Alors, Chirac va être battu…” Je lui réponds : “Oui, peut-être, mais on verra bien… – Donc, moi, Alain Juppé, enchaîne-t-il, je vais rejoindre le camp Balladur, parce que ça n'est plus tenable pour moi. Et puis, je dois penser à mon avenir politique… Profite de ton séjour à La Réunion pour dire à Chirac qu'il faut qu'il renonce à se présenter !” Je lui conseille alors de se charger lui-même de la commission en lui signifiant que, pour ma part, je n'en ferai rien. Comme pour tester ma détermination ou s'assurer de la sienne, il me demande si je compte vous suivre jusqu'au bout, avec les risques que cela suppose pour ma propre carrière. Je lui confirme qu'étant embarqué à vos côtés je vous resterai fidèle, en effet, et que si vous n'êtes pas élu, je retournerai dans la magistrature. "Les choses sont claires", ai-je conclu. »

Tout ce que Jean-Louis Debré, avec soin, est en train de lui remettre en mémoire doit correspondre à ce que le Président savait ou pressentait déjà, puisqu'il ne le conteste pas. Tassé sur sa chaise, un verre de bière à la main, de l'autre piochant abondamment dans une soucoupe pleine d'amandes, il écoute en hochant la tête de temps à autre, sans paraître gêné ni contrarié par le témoignage de son ami.

« Persuadé que vous allez être battu à la présidentielle, puis dans la foulée à la mairie de Paris, complète Debré, Juppé a alors visé la succession de Chaban à Bordeaux plutôt que celle que vous lui destiniez à l'Hôtel de Ville. Je me souviens d'une conversation où vous lui aviez dit : "Alain, j'ai besoin de vous à Paris." En réalité, persuadé qu'après votre défaite Paris serait perdu et qu'à ce moment-là seul un proche du nouveau Président – en l'occurrence Balladur – pouvait l'emporter, il a préféré bifurquer. »

Cette fois, le Président sort de son mutisme pour m'indiquer qu'il approuve les propos de Debré : « Je crois qu'il a tout à fait raison, me confirme-t-il. – Y compris, lui dis-je, sur le fait que Juppé aurait pu basculer du côté de Balladur ? – Il a hésité. C'est sans doute vrai. Mais il faut reconnaître qu'il se trouvait dans une situation difficile en tant que membre du gouvernement, nuance-t-il, soucieux de ne pas trop accabler son ancien Premier ministre. Et, en fin de compte, Juppé a été parfait ! » En fin de compte…

Cet échange a lieu quelques mois après la parution, en mars 2009, du livre d'Alain Juppé, *Je ne mangerai plus de cerises en hiver*. L'ancien Premier ministre y évoque pour la première fois ses relations avec Jacques Chirac. Le portrait qu'il lui consacre est naturellement chaleureux et admiratif, mais assorti de ces mêmes réserves qu'on découvre chez Chirac lorsqu'on le pousse dans ses retranchements. Juppé, qui admet ne pas être du « cercle de ses amis proches », ni faire partie des intimes conviés à ses dîners d'anniversaire, livre là publiquement le fond de sa pensée le concernant : autrement dit tout ce qu'il gardait sur le cœur et ne lui a probablement jamais exprimé en tête à tête. Autant de griefs rentrés que de malentendus jamais dissipés.

Alain Juppé commence par une mise au point assez sèche sur ce qu'ils se sont apporté mutuellement, manière de rappeler qu'il a amplement payé sa dette à l'égard d'un chef pour lequel il s'est beaucoup sacrifié : « Je sais ce que je lui dois. En politique, presque tout. Je pense qu'à son tour il sait ce qu'il me doit. Car je lui ai beaucoup donné. Mon temps, quelques idées, toute l'énergie que je mettais dans les causes publiques, une partie de ma réputation. Si la tentation farfelue de dresser le bilan nous venait, il serait sans doute équilibré. » Il salue chez Chirac l'« excès d'énergie vitale », la « puissance de travail » et l'« agilité intellectuelle ». Il réfute cette « absence totale de convictions », cet « opportunisme cynique » et ce « prétendu immobilisme » qu'on lui prête, soulignant « la continuité de certains de ses engagements », et il rappelle les « grands changements » qu'ils ont conduits ensemble. Mais après avoir pris soin de montrer le revers de la médaille en dressant l'inventaire de ses « faiblesses » : un rapport confus avec la vérité, une relation avec l'argent « irréelle », une « capacité de résistance à autrui limitée » et un art consommé de la technique des « deux fers au feu ». Juppé n'exclut pas que Jacques Chirac ait pu jouer double jeu entre Sarkozy et lui, s'agissant de sa succession… Bref, ce qu'on appelle un portrait équilibré !

Lorsque j'ai demandé au Président s'il avait lu le livre et pris connaissance de ce qu'Alain Juppé y écrit, il m'assure que oui tout en me donnant l'impression de ne pas même l'avoir ouvert. Il est en forme, ce jour-là, et d'humeur à rire de tout. « Juppé est un grand homme ! » s'exclame-t-il pour couper court à toute discussion. Je reviens néanmoins à la charge, curieux de savoir ce que lui inspire en particulier la critique d'Alain Juppé sur sa relation présumée difficile avec la vérité… Je ne m'attends pas à une réfutation indignée, qui sur ce sujet pourrait paraître excessive. Comme souvent, Jacques Chirac préfère se réfugier dans l'autodérision, registre où il excelle quand il s'agit de confondre ses éventuels détracteurs. « Il a tort, me dit-il, la main sur le cœur. Ça me rappelle l'histoire des Sept Nains… Eh bien, moi, je suis Simplet. Comme lui, je ne suis pas compliqué. Je n'ai aucune malice, je dis toujours les choses comme je les pense… » Il peine à garder son sérieux en me disant cela, tout comme moi en l'écoutant. Mais, l'air de rien, il a trouvé la bonne parade : il lui a suffi de se mettre dans la peau de Simplet pour qu'on imagine aussitôt Juppé dans celle de Grincheux. La distribution des rôles est faite. Chacun jugera aux dépens de qui.

Si les rapports de Jacques Chirac avec Alain Juppé sont donc plus complexes qu'on pouvait le penser, que dire de ceux qu'il a entretenus avec Édouard Balladur, son contraire en tout ? Rarement en politique deux hommes se seront livrés à un tel jeu de dupes en fondant leur entente sur des cartes à ce point truquées. Tout n'était qu'illusions, trompe-l'œil et faux-semblants dans cette relation où il n'y eut, des années durant, qu'aveuglement d'un côté, dissimulation de l'autre, sous couvert d'une prétendue amitié de trente ans qui n'avait jamais existé.

Par-delà l'histoire de la « trahison » et de l'affrontement qui suivit, c'est l'origine de cette méprise que je m'efforce d'élucider lors de mes échanges avec le Président, parce qu'elle le concerne peut-être encore plus directement qu'Édouard Balladur. Les arrière-pensées et véritables intentions de ce dernier étaient devenues assez vite transparentes pour ceux qui le côtoyaient. Pour tous, sauf semble-t-il pour Chirac. En privé, Balladur ne cachait pas son désir irrépressible de s'émanciper. Il l'exprimait assez fort pour que nul ne pût en douter, y compris le principal intéressé. Et ce, avant même son entrée à Matignon.

Dès 1992, Maurice Ulrich rend compte au maire de Paris d'une conversation qu'il vient d'avoir avec le futur Premier ministre : « Vous savez, Édouard a des ambitions, le prévient-il. Il a envie de vivre sa vie… » Cette mise en garde, comme d'autres, restera vaine. Jacques Chirac n'entend rien, ne veut rien entendre de ces avertissements. À moins qu'il ne suive secrètement le fil de sa propre pensée : « Le fait de lui laisser Matignon était un peu prémédité. Ce n'est pas par hasard que j'ai pris ce risque, confie-t-il vingt ans plus tard. Je n'ignorais pas que ce poste est plutôt casse-gueule, pour un candidat à la présidence… puisque j'en avais moi-même fait l'expérience. » Il avoue néanmoins qu'il ne s'attendait pas à être trahi de la sorte : « J'étais sidéré. Je suis un peu naïf, vous savez… Je ne le croyais pas capable de ça. » Il paraît si sincère qu'on finirait par le croire.

Le maire de Paris a bien perçu – comment faire autrement ? – la vanité sans égale de celui qui était venu, en 1986, lui demander d'être non seulement ministre, mais « ministre d'État » dans le premier gouvernement de cohabitation. Il connaît ses accès de jalousie, son besoin de se voir accorder quotidiennement, lui aussi, une attention exclusive et prodiguer des signes constants en ce sens – ce que Chirac appelle « peigner la girafe ». Il s'amuse tout autant de sa passion des mondanités, de ses mœurs de grand bourgeois imbu de sa supériorité sociale et intellectuelle, à côté de qui, lui, Chirac, fait presque figure de sans-culotte. « Il avait du mal à quitter ses gants de daim pour serrer la main des gens dans la rue, et il fallait toujours lui expliquer sur les marchés la différence entre les carottes et les navets... Il ne buvait que dans des verres en cristal alors que je bois volontiers au goulot. Il était beaucoup plus distingué que moi. C'était incomparable. Dans les dîners parisiens où je ne vais jamais et où ma femme le croisait tout le temps, c'était un convive charmant, délicat, intelligent, spirituel, cultivé. Tout l'inverse de moi. »

Il sait – comment pourrait-il l'ignorer là encore ? – qu'Édouard cultive une très haute opinion de lui-même. Mais Chirac est convaincu qu'il suffit de le flatter, comme il s'y emploie à profusion, et de lui passer tous ses caprices pour qu'il reste à sa place. Il n'imagine pas, ou se refuse à le faire, que Balladur puisse avoir les moyens ni même la volonté, et moins encore le courage de s'affranchir de son statut de consul ou de grand chambellan. Une forme de candeur, en effet...

Jacques Chirac tend à relativiser ces travers pour deux raisons qui ne font qu'illustrer ses propres contradictions. La première est l'idée qu'il se fait, de son côté, de leur degré hiérarchique depuis leur séjour commun à Matignon sous la houlette de Georges Pompidou. Jacques Chirac était déjà ministre à un âge où Édouard Balladur piétinait encore dans les seconds rôles. « Il était derrière moi, c'est lui qui venait dans mon bureau, non l'inverse », souligne-t-il en oubliant de mentionner la primauté acquise par son futur rival lorsqu'il devint secrétaire général de l'Élysée. Certes, Balladur ne fait toujours pas partie du gouvernement, mais son influence est alors loin d'être secondaire. Et l'homme fait impression par son sérieux, son sens de l'État, son envergure intellectuelle, la fermeté de ses analyses. Une raison suffisante – la deuxième – pour que Chirac, bien que se sentant son supérieur, finisse paradoxalement par tomber sous son emprise, tout en en minimisant les conséquences.

À partir de 1983, année où il définit par avance le concept de cohabitation à la une du *Monde*, Édouard Balladur apparaît déjà comme le plus écouté de ses conseillers. Le successeur, à ses côtés, du couple Garaud-Juillet. Le leader du RPR est de nouveau sous influence. Et son état de dépendance frappe et inquiète les autres composantes du petit aréopage chiraquien.

En prévision d'un voyage qu'il doit effectuer aux États-Unis, le maire de Paris convoque un jour dans son bureau les membres de ce premier cercle. Sont présents autour de lui, Alain Juppé, Édouard Balladur et un jeune énarque, Dominique de Villepin, qu'il a pris l'habitude de consulter sur les questions diplomatiques. Chirac, qui l'a chargé de préparer un discours sur l'avenir des relations franco-américaines, lui demande, en attendant son texte, de préciser sa vision des choses. Villepin se met donc à exposer son opinion quand on voit Balladur d'abord esquisser une moue dédaigneuse, puis se lever sans attendre que l'intervenant ait conclu. Il quitte la pièce en silence, le sourcil hautain, exaspéré par l'importance qu'on accorde déjà à ce nouveau venu. L'un des témoins de la scène se souvient du désarroi qui s'est alors emparé de Jacques Chirac : « Son regard était celui d'un homme apeuré regardant sa maîtresse s'enfuir et ne sachant comment la retenir, n'osant même pas lui demander de rester. » Édouard absent, son univers paraît soudain s'être dépeuplé. Parti bouder dans la pièce voisine, Balladur se fait prier, le temps de vérifier qu'il demeure bien irremplaçable. Lorsqu'il revient, une dizaine de minutes plus tard, il interrompt aussitôt le débat en cours et, court-circuitant Chirac, s'adresse directement à Dominique de Villepin : « Vous me ferez parvenir votre projet de discours et nous verrons. » La suite ne fait aucun doute : c'est le texte profondément remanié par son mentor que Jacques Chirac finira par reprendre à son compte…

« Il était difficile de pénétrer les secrets ténébreux des réflexions de Balladur », explique-t-il aujourd'hui après lui avoir pourtant fait crédit au point de consentir à un invraisemblable partage des rôles en prévision de l'élection présidentielle. Le machiavélisme n'était pas de son côté : tant d'imprudence suffirait à le confirmer. Mais si Jacques Chirac avait manqué à ce point de discernement, c'est que Balladur, passé maître dans l'art de tromper son monde, était, selon lui, depuis toujours enclin à la dissimulation. Il en veut pour preuve le soin, obstiné et méticuleux, mis par son ancien conseiller à masquer, pendant des années, ses origines turques : « Il ne voulait pas que ça se sache, assure-t-il, et je ne l'ai moi-même appris que tardivement. » Il rappelle que François Mitterrand le surnommait « l'étrangleur ottoman », formule « géniale » dont il regrette sans doute de ne pas être l'auteur. Mais à défaut de l'avoir trouvée, Bernadette et lui chantaient à tue-tête, dans les quelques dîners parisiens où ils étaient réunis, le refrain qui y faisait alors fureur :

Balladur ment,
Balladur ment,
Balladur est ottoman…

Celui-ci n'est pas le seul, comme on le sait, à avoir trahi sa confiance à ce moment-là et à s'être retourné contre lui. Jacques Chirac a très mal vécu, à l'évidence, la défection de Charles Pasqua, même s'il affirme ne pas en avoir été vraiment surpris ou affecté, et moins encore traumatisé. « Aujourd'hui, lorsque je le rencontre, on se serre la main, c'est tout. Je ne suis pas devenu son ennemi, mais j'ai cessé d'être son ami. » Quant à Nicolas Sarkozy, son éloignement fut ressenti de manière peut-être plus douloureuse encore. Une déception d'autant plus amère que le jeune maire de Neuilly, apprécié pour son énergie et son savoir-faire, avait même réussi à intégrer le cercle familial. Bernadette l'estimait, Claude était sous son charme. Et Jacques n'était pas loin de le considérer comme son meilleur disciple, du moins le plus efficace et le plus ingénieux. Jusqu'à ce que le « petit attachement filial » qu'il reconnaît avoir éprouvé au début de leur collaboration se mue en une franche animosité quand son protégé, devenu ministre du Budget dans le gouvernement Balladur, mit tout en œuvre pour l'abattre

– politiquement s'entend, mais avec tous les moyens dont il disposait à cet effet…

Comment Jacques Chirac aurait-il pu, après cela, regarder ses semblables de la même façon ? Si les épreuves l'ont « définitivement forgé », si elles lui ont permis, en un certain sens, d'accéder à la fonction suprême, elles auront aussi achevé de le renvoyer à une solitude dont il n'est plus jamais sorti.

SI JE N'AVAIS PAS ÉTÉ LÀ...

Depuis le début de l'année 2007, ils n'ont plus le droit de se rencontrer ni même de se parler. L'instruction en cours dans l'affaire Clearstream le leur interdit expressément. Situation pour le moins cocasse qui veut qu'un ancien président de la République et son dernier Premier ministre soient ainsi tenus à distance l'un de l'autre, par décision de justice, comme s'il s'agissait de deux malfrats placés sous surveillance par crainte de quelque récidive.

Jacques Chirac ne s'habitue pas à cette séparation forcée qu'il pourrait qualifier d'« abracadabrantesque » si la formule ne lui avait déjà servi. « Rendez-vous compte, je ne peux même plus lui téléphoner ! s'exclame-t-il en levant les bras lorsque je lui demande, fin 2008, s'il a des nouvelles de Dominique de Villepin. Le “petit”, ajoute-t-il, a dû nous faire mettre sur écoutes ! » Il en veut moins aux magistrats dont il assure respecter le travail qu'à son successeur, le véritable responsable à ses yeux de cette sanction « aberrante ». Raison suffisante pour Villepin et lui de braver l'interdit qui leur est fait dès qu'une occasion s'en présente. De manière évidemment fortuite...

C'est ainsi que, s'étant croisés par hasard au Louvre des Antiquaires, les deux hommes ont bavardé un bon quart d'heure au vu et au su des autres visiteurs. « Je m'en fous ! » a répliqué Chirac quand Jean-Louis Debré, auquel il a aussitôt raconté la scène, l'a amicalement sermonné en lui faisant valoir le risque encouru. Seconde infraction un jour de septembre 2008 : tandis que Villepin se dirige vers le palais de justice où il est convoqué, son véhicule se retrouve côte à côte, à un feu rouge, sur le quai des Tuileries, avec celui de Chirac. Ils descendent aussitôt de voiture pour s'embrasser et échanger de nouveau quelques mots en public. Sans craindre de provoquer un embouteillage et moins encore de transgresser la consigne officielle qui leur impose de ne plus s'adresser la parole...

Convaincu de l'innocence de « Dominique », Jacques Chirac n'entend pas pour autant se voir impliqué, de près ou de loin, dans l'affaire qui vaut à son ancien Premier ministre d'être mis en examen. Il a assez de ses propres problèmes judiciaires pour se trouver mêlé, de surcroît, à ceux qui ne le concernent pas. Puisqu'il se défend énergiquement d'avoir trempé dans cette présumée machination contre Nicolas Sarkozy – une « histoire de cornecul » à laquelle il déclare tout bonnement ne rien comprendre... De ce point de vue-là, son éloignement forcé de Dominique de Villepin l'arrangerait plutôt. Il lui évite, en tout cas, de devoir se porter à sa rescousse et même de paraître au courant des faits qui lui sont reprochés. Étranger à cela sur toute la ligne...

Une attitude mal ressentie par Dominique de Villepin qui l'interprète comme un manque de loyauté. Il m'en parle directement au cours d'un déjeuner chez la poétesse libanaise Vénus Khoury-Ghata. Lors d'un bref aparté, il s'avoue choqué par le silence du Président : « Il aurait pu se manifester d'une manière ou d'une autre. Mais je ne crains rien pour moi. C'est pour lui que ça se terminera mal », prédit-il en faisant allusion au procès de l'ancien chef de l'État. Je le sens d'autant plus amer qu'il rappelle n'avoir, de son côté, jamais fait défaut à Jacques Chirac quand il s'agissait de le protéger, lui comme les siens, en d'autres circonstances. « Croyez-moi, si je n'avais pas été là... » Il s'abstient de poursuivre, laisse cette demi-phrase en suspens, comme si la suite ne pouvait suffire à exprimer l'immensité des services rendus et du dévouement consacré, des années durant, à sauver le Président et sa famille de tous les périls qui pesaient sur eux. S'il n'avait pas été là, Dieu sait ce que Chirac serait devenu. Qui sait s'il aurait même jamais pu accéder à la fonction suprême et surmonter par la suite les épreuves dressées de toutes parts sur sa route...

Longtemps indispensable, Dominique de Villepin s'estime aujourd'hui fort mal récompensé. Déjà en butte à l'hostilité déclarée de Bernadette Chirac, il perçoit le mutisme du Président comme une preuve supplémentaire de l'ingratitude du clan à son endroit. Un clan qui lui doit pourtant d'avoir échappé, durant la campagne présidentielle de 1995, au traquenard tendu par « qui vous savez » dans l'affaire dite des terrains de Vigneux, propriété de la famille Chodron de Courcel.

Le 22 mars 1995, le couple Chirac est mis en cause, à la une du *Monde*, pour avoir « tiré profit d'une vente de terrains au Port autonome de Paris ». Effectuée dans des conditions jugées suspectes, l'opération avait permis, deux ans auparavant, à la belle-famille du candidat et à son épouse d'engranger une plus-value substantielle. Face à une campagne de presse de plus en plus menaçante, les Chirac, sommés de s'expliquer, apparaissent totalement désemparés.

Un soir, une réunion de crise est organisée à l'Hôtel de Ville pour tenter de désamorcer l'affaire avant qu'elle ne dégénère. Appelé à la rescousse, Dominique de Villepin presse les Chirac, avec sa vigueur habituelle, de fournir les pièces justificatives qui leur permettraient de se défendre. Il n'y a plus de temps à perdre. Il est urgent, en effet, d'apporter au *Monde*, qui s'apprête à publier le lendemain de nouveaux éléments présumés à charge, les éclaircissements nécessaires. Branle-bas de combat : sur les conseils insistants de Villepin, Jacques Chirac somme son épouse de retrouver dans le dossier de succession de la famille Courcel les documents fiscaux censés prouver leur bonne foi. Déboussolée, traumatisée, aux abois, Bernadette Chirac s'efforce aussitôt de les récupérer. Elle passe la nuit à fouiller ses papiers de famille dans l'espoir de mettre la main sur les attestations manquantes. C'est chose faite, non sans mal, aux premières heures du jour. Dominique de Villepin pourra enfin, pièces en main, démontrer aux journalistes que le couple n'a rien commis d'illégal. Et éteindre *in extremis* un incendie qui risquait de tout embraser.

Chirac n'a aucun doute sur l'initiateur de cette entreprise de déstabilisation. C'est pourquoi il a aussitôt dépêché son vieil ami Jacques Friedmann auprès du ministre du Budget avec la consigne suivante : « Tu vas aller voir Sarkozy, puisque ça vient de lui, et lui dire de ma part qu'il peut faire ce qu'il veut sur le plan politique, mais que s'attaquer à ma famille, s'attaquer à Bernadette, ça, je ne lui pardonnerai jamais ! » Recevant l'émissaire, Nicolas Sarkozy fait l'étonné. Il assure n'être pour rien dans cette affaire et se déclare même « extrêmement déçu » qu'on puisse le soupçonner de l'avoir déclenchée. À cette même époque, on apprendra par *Le Canard enchaîné* que l'administration fiscale s'intéresse de près à de possibles malversations dans la gestion de la Mairie de Paris, à travers celle des HLM de la Ville. Le début d'un long cauchemar judiciaire dont Jacques Chirac aura le plus grand mal, cette fois, à se dépêtrer.

Une fois devenue première dame de France, Bernadette Chirac ne se sentira nullement redevable à Dominique de Villepin de lui avoir permis de s'extirper d'une affaire familiale humiliante. Elle lui tiendra plutôt rigueur, entre autres griefs, de l'avoir contrainte à se justifier. Tout autre est la réaction de son mari, désormais convaincu de détenir en Villepin le plus solide de ses lieutenants. Non le plus sage de ses conseillers – rôle dévolu au sagace et pondéré Maurice Ulrich –, mais le plus inspiré et le plus stimulant. Promu secrétaire général de l'Élysée, Villepin, qui travaille peu et n'a pas l'âme d'un chef d'équipe, s'épanouit surtout dans son double rôle de bouclier et de coach personnel du Président. Il veille à le rassurer par la vigueur qu'il met à le protéger des nouvelles « affaires en cours », sans hésiter à l'aiguillonner, le bousculer, le morigéner, au besoin, quand il ne le pense pas suffisamment à la hauteur de sa fonction.

Homme de fulgurances plus que de convictions et de coups de sang plus que de réflexion, ce nostalgique des grandes chevauchées napoléoniennes n'aime que la fureur des champs de bataille où se forge l'âme des peuples et se vérifie la valeur des êtres. Il n'est vraiment lui-même que dans l'éclat, le grandiose, la fougue, la démesure. L'engagement public n'a de sens pour Dominique de Villepin que s'il est fait d'aventures supérieures, traversé par le souffle de l'épopée. C'est dire s'il se morfond dans la fréquentation des milieux politiques et diplomatiques où il ne peut survivre qu'à la condition de dramatiser les enjeux et d'élever le débat – comme il le recommande sans ménagement à ses interlocuteurs en ayant l'air de désigner des sommets que peu d'entre eux seraient, comme lui, de taille à atteindre et à fréquenter. Tant sont rares, en effet, parmi les élus du peuple et les serviteurs de l'État, ceux qui ont droit à son estime, la plupart considérés comme les protagonistes ordinaires d'une époque sans relief et couverts de qualificatifs généralement orduriers.

Dominique de Villepin méprise ouvertement l'arène parlementaire où il ne voit que petites combines et basses compromissions. Il lui préfère de loin les coulisses du pouvoir où le destin des hommes se joue dans la fièvre des complots et le fracas des grandes ambitions. Peu regardant parfois sur le choix de ses fréquentations, il privilégie celles qui satisfont son goût des univers parallèles comme des eaux troubles du négoce international. Avide de tout, sans toujours savoir ce qu'il cherche ni où se fixer, il semble avoir trop de destins à accomplir à la fois pour en assumer un seul à part entière. Par manque non d'énergie ou d'imagination, mais de constance et de caractère. Comme s'il possédait trop d'atouts, en définitive, pour ne pas être voué à les dilapider un à un. Écrivain à temps partiel, homme politique par accident ou intérim, il ne subsistera sans doute de lui qu'une cavalcade pittoresque mais décevante d'aspirations trahies et de promesses avortées.

On le dit fou, délirant. Ses détracteurs raillent sa grandiloquence, son style incantatoire, sa propension à s'enivrer de ses propres tirades, toutes flammes dehors, jusqu'à en perdre le sens des réalités communes. Cet esthète de l'action qui parle comme on donne des ordres, le ton martial et la voix saccadée, en état d'exaltation permanente, passe aussi – ce qu'il est – pour orgueilleux, cassant, péremptoire : autre manière de marquer sa singularité comme de brusquer le cours des choses. Même s'il n'en est pas le seul coupable, l'idée funeste de la dissolution correspond trop à son tempérament de manœuvrier abrupt et impétueux pour qu'on ne soit pas tenté de lui en attribuer l'entière paternité. Du pur Villepin, tant il est vrai que ce guerrier savoure entre tous ces moments fatidiques où l'Histoire incite à la prise de risque et au dépassement de soi. Moments où, chez lui, le vertige du joueur l'emporte toujours sur la patience du stratège, qui lui est d'ailleurs étrangère. Ce qui fait dire à Claude Chirac, avec une sévérité inattendue, que « Dominique est de ceux qui raisonnent juste, mais concluent faux ». Constat qui n'a pourtant pas empêché son père de conserver à ses côtés, durablement, sans se laisser ébranler par les pressions de son entourage, ce second si décrié auquel il a même confié les ministères les plus prestigieux et, pour finir, les clés de Matignon.

S'il n'ignore rien de ses défauts, Jacques Chirac apprécie le panache, l'allure, le « côté seigneur » de cet « enthousiaste intelligent » dont il tient à souligner les « qualités d'homme d'État ». Il le sait prompt à ferrailler sans retenue et excessif en tout. Mais, s'il lui a souvent conseillé de « ne pas trop s'emballer », il voit surtout dans ses emportements la preuve d'un tempérament irréductible à la routine et au conformisme. Il déplore, bien sûr, que Villepin ait toujours refusé de briguer un mandat de maire ou de député. Mais sans que ce soit à ses yeux un handicap majeur pour occuper les plus hautes fonctions dont il serait, selon lui, « tout à fait digne ». Villepin n'étant pas « fait pour la démagogie électorale », Jacques Chirac avoue même comprendre son allergie au milieu politique. « S'il a tort d'en dire du mal, il n'a pas tort d'en penser », estime l'ancien Président, sans doute instruit par sa propre expérience.

Sa relation avec Dominique de Villepin, dénoncé par beaucoup comme son mauvais génie et dont Bernadette Chirac ne cesse, depuis l'affaire de la dissolution, de fustiger le rôle malfaisant, pose de nombreuses questions. Elle amène surtout à s'interroger sur son degré de dépendance vis-à-vis d'un homme qui se serait vanté d'être son « cerveau ». A-t-il subi son emprise comme celle, jadis, du couple Garaud-Juillet ? Jaloux de sa propre influence et soucieux de l'exercer sans partage, Dominique de Villepin a-t-il pris la place de l'indispensable tuteur un temps occupée par Édouard Balladur ? Questions qui reviendraient à désigner Jacques Chirac comme quasiment incapable d'un jugement personnel que n'aient préalablement inspiré ses gourous successifs. Bref, à l'enfermer une fois de plus dans cette image fabriquée par ses détracteurs et qu'il a lui-même alimentée et laissée prospérer pour se rendre insaisissable, sinon se jouer de ses entourages.

Des dizaines d'heures d'entretiens m'ont permis de vérifier qu'on n'a pas prise si aisément sur Jacques Chirac, même s'il peut donner l'impression d'être parfois trop sensible à l'opinion d'autrui. Certes, il recherche cette opinion, la sollicite, la provoque au besoin si son interlocuteur hésite à la formuler. Mais pour s'en nourrir, s'en imprégner, non pour s'y soumettre quand il a déjà son avis sur le sujet. À force de pragmatisme, voire d'indécision, on finit par le croire perméable à toutes les influences, jusqu'au jour où on le découvre, sur des questions auxquelles il attache une importance particulière, inébranlable dans ses convictions. « Je n'ai pas beaucoup d'idées, et quand j'en ai une, j'y tiens ! » lance-t-il alors pour justifier qu'il n'ait jamais rien cédé sur certaines d'entre elles.

Parce qu'il n'est pas homme à cultiver des certitudes ni à se faire aveuglément confiance, Jacques Chirac a toujours usé et parfois abusé de la réflexion collégiale, notamment pour la préparation de ses discours. Chacun d'eux relu, pesé, examiné au mot et à la virgule près, au cours d'interminables marathons dominicaux devenus le cauchemar de leurs participants. Quand il n'a pas d'opinion tranchée sur une question précise, il s'entoure de tous les avis possibles, confronte les points de vue jusqu'à épuisement, attisant au passage les rivalités entre collaborateurs et prétendants, tous soucieux d'emporter sa décision. Sans qu'aucun d'eux puisse vraiment savoir, en définitive, qui a eu le dernier mot, tant le cheminement par lequel Jacques Chirac forme son jugement demeure mystérieux et souvent indiscernable. La frustration de ne pas jouir d'une écoute exclusive serait, selon certains de ses proches, l'une des raisons de l'éloignement de Nicolas Sarkozy au profit d'Édouard Balladur. À l'inverse, Dominique de Villepin se défend d'avoir jamais cherché à exercer sur Jacques Chirac le moindre ascendant. Il assure avoir voulu, tout au contraire, « l'émanciper de toutes les influences » pour lui restituer « une liberté de choix » que le reste de son entourage s'efforçait de rogner. Autre façon, en somme, de se rendre indispensable.

Jacques Chirac avait-il donc besoin d'un tiers pour affirmer son autonomie de réflexion et de décision ? Pressentant déjà qu'il s'était servi de ses conseillers bien plus qu'il ne leur avait été assujetti – comme le prouvait sa promptitude à en changer, une fois leur utilité épuisée –, je n'ai pas été surpris de l'entendre insister à plusieurs reprises sur la nécessité, pour un chef d'État, d'échapper à leur emprise. L'avait-il fait suffisamment lui-même ? « Il ne faut pas être entre leurs mains, c'est le plus important… Au lieu de mettre de l'huile dans les rouages, les entourages sont souvent là pour mettre de l'huile sur le feu… Mieux vaut s'en méfier. Je m'y suis efforcé le plus possible. » Puis, un jour, au détour d'une conversation, il me fit cet autre aveu, ciselé comme il arrivait parfois : « Je n'aime pas être le reflet de la pensée des autres. » Une formule qui avait tout l'air d'une posture, tant sa propre pensée s'était nourrie d'emprunts variés et contradictoires, trop souvent conformée à des opinions qu'il ne partageait pas toujours. Mais peut-être est-ce précisément ce Chirac-là qu'il n'aimait pas : celui des « autres »…

Un Chirac dont il semblait s'être peu à peu dépouillé durant sa traversée du désert et après son accession à la présidence. Un Chirac plus que jamais lucide, en tout cas, sur les réalités des jeux d'influence telles qu'il les dépeignait quelques années plus tôt dans une autre page des *Mille sources* : « À la vérité, je n'ai jamais vu un cabinet inventer. Il lui arrive de faire du zèle, de commettre, de-ci, de-là, quelques bavures, mais c'est, toujours, dans le sens général de ce qu'on souhaite au-dessus d'eux… Le cabinet ne cherche qu'à transcrire de façon lisible à l'initié, et clandestine pour l'opinion, la pensée et la volonté du maître. Le véritable responsable est, immanquablement, celui au nom de qui on fait les choses, c'est-à-dire le ministre. » Et de pointer les subordonnés tentés d'abuser de leurs prérogatives : « Sitôt l'un de ces manipulateurs piégé, poursuit-il, l'autorité qui le surplombe a tendance – pour demeurer irréprochable – à le lâcher et à le laisser jouer, seul, le rôle de bouc émissaire. » Exactement ce qu'il aurait pu faire et n'a pas fait vis-à-vis de Dominique de Villepin, au lendemain d'une dissolution imputée – pour partie à juste titre – au secrétaire général de l'Élysée, mais dont le chef de l'État a toujours tenu à assumer l'entière responsabilité.

De fait, bien qu'affaibli par une décision qu'il s'est laissé imposer, Jacques Chirac refuse alors de sacrifier ce bouc émissaire dont tout le monde ou presque – en premier lieu, son épouse – lui réclame la tête. Parce qu'il ne doute pas de sa loyauté et considère Villepin comme le plus ardent à le défendre, fût-ce au prix d'initiatives malencontreuses. Mais aussi parce que leur relation a quelque chose d'irrationnel, presque d'extravagant, qui ne déplaît pas au Chirac rebelle et aventurier. Une connivence qui n'a rien à voir, en somme, avec les codes habituels d'un milieu politique que Chirac méprise peut-être plus encore que ne le fait Villepin, même s'il a toujours feint, de son côté, de s'en accommoder. Fomenteurs de coups et flibustiers dans l'âme, les deux hommes ont aussi en commun la passion du grand large, l'amour de la poésie, le culte de l'Orient et des vieux mondes délaissés, comme autant de secrets partagés…

Reste, chez Villepin, cette irrépressible propension, dont Chirac n'est pas dupe, à se présenter non seulement comme le garde-fou du chef de l'État, mais aussi comme son souffleur, voire son maître à penser. Celui sans qui…

Ainsi à propos de l'Irak, choix historique dont Villepin n'hésite guère, en privé, à s'approprier le mérite quasi exclusif. « Le discours de l'ONU, je ne l'ai pas préparé avec lui, tient-il à préciser. Je n'ai même pas eu besoin de lui en parler, sachant ce qu'il en pensait. Chirac n'est pas un homme de philosophie diplomatique. Il n'a pas le sens de l'Histoire. Son action ne s'appuie pas sur une vision du monde. En réalité et sur l'essentiel, c'est moi et moi seul qui ai mené le combat contre Bush ! » Bref, le chef de l'État n'aurait jamais été, dans cette affaire capitale, que le simple interprète du vaste dessein conçu par son ministre. Un excellent exécutant, tout au plus…

Beaucoup de ceux – en particulier ses conseillers diplomatiques, de Jean-Marc de La Sablière à Maurice Gourdault-Montagne – qui ont travaillé quotidiennement aux côtés de Jacques Chirac sur ce dossier témoignent aujourd'hui qu'il fut, tout au contraire, le véritable maître d'œuvre du refus français. Celui qui fixa le cap, tandis que Dominique de Villepin portait haut la voix de la France dans l'enceinte du Conseil de Sécurité, où il capta la lumière à son avantage. Vertige dont cet ancien homme de l'ombre ne s'est jamais vraiment remis. N'est pas Talleyrand qui veut.

LE FILS MAL AIMÉ

C'est l'agression de trop. La plus blessante, la plus injuste. Celle qui laissera entre les deux hommes des séquelles irréparables. Le 8 janvier 2009, Nicolas Sarkozy s'en est pris une nouvelle fois à son prédécesseur, en termes virulents, devant les députés UMP réunis à l'Élysée : « Je préfère être omniprésent que roi fainéant. Car on en a connu ! » Il n'a nommé personne en particulier. Mais chacun, dans l'assistance, a identifié sans peine le monarque ainsi désigné.

Dans les jours suivants, Jacques Chirac feint d'abord de ne pas s'être senti visé. « Il voulait sans doute parler de Giscard ! » badine-t-il, désireux de démontrer qu'il n'attache, comme d'habitude, aucune importance aux attaques de son successeur. Jusque-là, il les a toujours balayées d'une formule aimablement méprisante – « Je n'ai rien entendu » –, avec la mimique navrée du sourd qui n'en peut mais. Encaissant les coups sans broncher, il affectait d'en prendre son parti : « Que voulez-vous, c'est plus fort que lui, c'est dans sa nature… » Mais la charge est si forte, si brutale, cette fois, qu'il ne parvient pas à dissimuler son exaspération, même s'il s'efforce tant bien que mal de paraître la maîtriser.

Il est ulcéré, indigné, en réalité. Réaction qui se traduit chez lui non par l'expression d'une franche colère, mais par un état de crispation extrême. Les traits tendus, le regard noir, hostile, les maxillaires contractés. Quand je lui demande s'il compte en rester là, laisser passer cette offense supplémentaire en s'interdisant toujours de riposter, il marque un silence, puis finit par m'avouer, la voix soudain nerveuse, cassante : « Je lui ai fait dire par sa conseillère, Mme Pégard, ce que j'en pensais… » Mais sans me révéler le contenu précis du message. Comme s'il s'agissait d'un secret d'État ou d'une ultime concession à ce sacro-saint « respect des institutions » qu'il est bien de plus en plus seul à pratiquer…

Ce qualificatif de « roi fainéant » dont il s'est vu affubler, le Président l'a ressenti pour ce qu'il est : insultant, donc impardonnable. Sa rupture définitive avec Nicolas Sarkozy date probablement de ce moment-là, tant est forte et sans limites, désormais, la répulsion qu'il lui inspire. Consommée de longue date, cette rupture deviendra dès lors irréversible. J'en aurai la confirmation lorsque je l'entendrai déclarer peu après : « Il a échappé à tout, mais il n'échappera pas à la sanction finale ! » Inutile d'être grand clerc pour comprendre qu'il y veillerait personnellement, le moment venu. C'est pourquoi je n'ai pas été surpris par sa déclaration de Sarran, en juin 2011, en faveur de François Hollande. Ni un mouvement d'humeur, ni un instant d'égarement, comme ses proches paniqués se sont efforcés de le faire croire, mais bien une prise de position politique totalement préméditée. Connaissant déjà son état d'esprit, je n'aurai aucun doute à ce sujet.

« Il a échappé à tout... » Ce bout de phrase en dit long sur le regret qui est le sien de ne pas avoir su contrecarrer à temps les ambitions d'un prétendant qui, non content de l'avoir trahi, n'aura cessé, par la suite, de le dénigrer publiquement pour préempter sa succession et, une fois celle-ci obtenue, de continuer à le brocarder comme s'il représentait encore pour lui un obstacle à abattre.

L'expression « roi fainéant » n'est d'ailleurs, pour Nicolas Sarkozy, qu'une façon d'enfoncer le clou quatre ans après avoir comparé le chef de l'État – lui, alors simple ministre – à Louis XVI, occupé à « démonter tranquillement des montres à Versailles alors que la France gronde ». Il s'agissait déjà de camper Chirac sous les traits d'un souverain inerte et insouciant dont le règne se résumerait à une longue période d'immobilisme. Nicolas Sarkozy n'avait pas poussé la comparaison jusqu'à promettre au Président un sort similaire à celui du dernier roi de l'Ancien Régime, mais le but poursuivi était bien le même : affirmer à la fois la nécessité de hâter le processus final et l'urgence d'une « rupture » sans retour. Un slogan censé discréditer Chirac pour son inaction présumée et surtout destiné à bloquer toute velléité de nouvelle candidature à l'Élysée. Ainsi les pires accusations de faiblesse et d'indécision dont Chirac ait eu à souffrir étaient venues non de l'opposition, mais de ceux ou plutôt de celui qui, à l'intérieur de son propre camp, préparait ouvertement son remplacement en s'employant par avance à le disqualifier.

Peu importe que Jacques Chirac se soit attelé avec Alain Juppé, sitôt arrivé à l'Élysée, à la réduction des déficits publics et à la refonte d'un système de Sécurité sociale en quasi-faillite. Peu importent la suppression du service militaire, la réforme des retraites engagée en 2003, le nouveau plan de décentralisation, la Charte de l'Environnement, les mesures visant à assouplir les conditions d'accès au marché du travail, à lutter contre les discriminations, à imposer le principe de laïcité face à la pression des mouvements intégristes. Peu importent encore son intervention décisive pour mettre un terme à la tragédie yougoslave, son refus d'associer la France à la guerre d'Irak, son action en faveur des continents les plus défavorisés…

Rien de tout cela n'était porté à son crédit. Ce qu'on entendait démontrer, tout au contraire, en raison de son souci de préserver à tout prix l'unité du pays et de privilégier la compréhension de l'autre sur une pratique du pouvoir brutale et partisane, c'était son allergie au moindre changement, sa crainte de trop brusquer une société prompte à se déchirer, son extrême prudence face aux risques de conflit ou d'embrasement. Bref, que le fatalisme l'emportait chez lui sur la volonté d'entreprendre et le goût du *statu quo* sur l'audace d'innover. Le même reproche adressé en fin de parcours à François Mitterrand, comme si Chirac n'avait fait que perpétuer une même impuissance politique.

Le travail de sape ainsi déclenché par Nicolas Sarkozy dès son arrivée au ministère de l'Intérieur, en 2002, et poursuivi sans discontinuer cinq années durant, s'est révélé redoutablement efficace, à en juger par le nombre de Français convaincus, à l'issue du deuxième mandat de Jacques Chirac, que ce Président certes sympathique n'avait en réalité « rien fait ». Ils ne seront plus que 1 %, selon les sondages, à se déclarer prêts, en 2007, à lui renouveler leur confiance. Et nonobstant sa popularité retrouvée, dans les mois qui ont suivi son départ du pouvoir, le jugement porté sur son bilan n'a guère varié. Confrontant ce bilan à celui des autres présidents de la Ve République, Jacques Attali se bornera, en mars 2012, à estimer froidement que « Jacques Chirac, lui, ne restera par rien : par aucune réforme, sur aucun terrain ; peut-être par un musée des Arts premiers qui ne porte pas son nom et le portera sans doute un jour, même si l'idée n'était pas de lui ». Maigre consolation, Attali est encore plus sévère mais tout aussi sommaire s'agissant du bilan de Nicolas Sarkozy : « Pas de grand bâtiment, pas de musée (...) pas plus de trace que le vent[1]. »

Pour contestable qu'il soit, ce « rien » à propos de Chirac a été grandement facilité, il faut bien le reconnaître, par une flagrante incapacité à expliquer et à défendre tout ce qui fut accompli sous sa présidence. À force de raréfier la parole présidentielle, de la mesurer, la peser et la soupeser sous prétexte de ne pas la galvauder, ses conseillers, de Jacques Pilhan à sa fille Claude, ont fini par l'assécher et la rendre tout bonnement inaudible. Du langage formaté, neutre, sans âme, ni chair ni sang, qui ne parlait plus à personne.

Mais ce « rien » doit plus encore à l'entreprise de dénigrement permanent orchestrée par l'un des principaux membres du gouvernement. Situation inédite dans toute l'histoire de la Ve République, dont le plus déconcertant reste qu'elle ait été si longtemps tolérée par celui qui détenait tous les moyens d'y mettre un terme, jusqu'à son fameux « Je décide, il exécute » du 14 juillet 2005, trop tardif pour

---

1. *Le Monde*, 13 mars 2012.

inverser le cours des choses. Un aveu d'impuissance plus qu'un acte d'autorité.

« J'ai sans doute eu tort de le laisser faire, j'aurais probablement dû le tenir en main un peu mieux », admet aujourd'hui Jacques Chirac, avant d'ajouter, comme pour justifier son excès de mansuétude à ce moment-là : « La vérité, c'est qu'il n'osait pas m'affronter en tête à tête. Face à moi, il était tout miel... Ce 14 juillet, j'ai tout de même fini par le remettre à sa place. Il n'a pas dû aimer. » À défaut d'une explication en tête à tête, qui n'est pas l'exercice préféré de Jacques Chirac, les deux hommes avaient laissé s'accumuler entre eux des malentendus et griefs devenus insurmontables. C'est l'époque où l'un décrit son ministre comme « fou, complètement fou », et où l'autre traite le chef de l'État de « trouillard », de « vieillard carbonisé ».

Quant aux raisons de cette animosité réciproque, le Président préfère les esquiver, là encore, incriminant « l'entourage de Sarkozy, qui ne m'est pas particulièrement favorable », plutôt que ce dernier directement. Il opine tout au plus d'un hochement de tête approbateur lorsqu'on lui rappelle leurs divergences sur le « modèle social français », la vision de l'économie, la politique sécuritaire, le karcher, la discrimination positive, le communautarisme, l'immigration choisie, la non-intervention française en Irak, la conception et l'exercice même de la fonction présidentielle. Mais là n'est pas l'essentiel, si l'on peut dire, puisque les deux hommes sont parvenus tant bien que mal à s'en arranger.

Soulignant de son côté ces « désaccords de fond » dans un livre publié en 2006, à la fin de la présidence Chirac et à la veille de son propre avènement, Nicolas Sarkozy constate non sans ironie que s'« ils ne les empêchent nullement de gouverner (...), ils expliquent que lui, c'est lui, et moi, c'est moi ». Ils expliquent aussi pourquoi le chef de l'État n'est jamais allé jusqu'à le choisir comme Premier ministre. Ce dont Sarkozy, dans le même temps, a l'air curieusement de s'étonner, se demandant ce qu'il lui eût fallu faire pour mériter sa confiance. « Nombre de ceux qui se disent ses amis lui ont causé bien davantage de tracas que je ne le ferai jamais moi-même, ajoute-t-il. Je ne suis pourtant pas inscrit sur la liste de ceux-ci. Je l'ai admis une fois pour toutes. C'est une donnée. J'ai décidé de faire avec[1]. »

En se situant ici sur un plan moins politique qu'affectif et personnel, Nicolas Sarkozy confirme bien sans le vouloir l'une des véritables raisons, peut-être la principale, du différend qui continue de l'opposer à Jacques Chirac : une insatisfaction de fils mal aimé, en quête d'une reconnaissance dont il ne s'est jamais senti gratifié. Dilemme insoluble dès lors que Chirac, de son côté, s'estime plutôt mal récompensé de la confiance initiale qu'il a accordée au jeune maire de Neuilly en l'intégrant à son équipe rapprochée et même à sa sphère la plus intime. « Il était pour moi un peu plus qu'un simple collaborateur », indique-t-il avec cette pudeur qui lui sert à masquer ses émotions comme ses ressentiments.

Il se défend naturellement d'avoir été « le moins du monde affecté » par le ralliement immédiat et spectaculaire de Nicolas Sarkozy à Édouard Balladur. Une trahison vécue en réalité comme « une grande blessure, confirme l'une de ses proches, Christine Albanel, parce qu'il le considérait comme un fils. Nicolas le faisait rire. Il le bluffait terri-

1. *Témoignage*, Paris, XO, 2006.

blement par son assurance, sa propre énergie, son culot monstrueux, sa capacité de travail incroyable, qui n'étaient pas sans lui rappeler un certain Jacques Chirac au même âge ». Mais le fait est que ce « fils »-là, d'une endurance, d'une persévérance et d'une obstination à toute épreuve, n'a pas trouvé auprès de son chef de file l'écoute, l'attention exclusives qu'il réclamait et se jugeait en droit d'obtenir. Celles qu'Édouard Balladur, plus fin limier, aura l'habileté de lui accorder pour l'apprivoiser à son profit.

« Au fond, le drame de Sarkozy, c'est qu'il a cherché son père toute sa vie et rêvé que vous fussiez celui-là, et que vous lui avez refusé ce certificat de paternité morale et politique », ai-je dit, un jour, au Président, conscient de ne pas être le premier à lui tenir ce genre de raisonnement, mais curieux de sa réaction. Haussant les sourcils, Jacques Chirac se contentera de sourire, la mine perplexe, peu enclin à se prêter à ce genre d'interprétation qui n'a d'ailleurs rien d'original.

Seule pourtant une sorte de frustration peut permettre, de comprendre l'irrépressible besoin de Nicolas Sarkozy d'en découdre avec ce prédécesseur qui ne lui a jamais accordé ce qu'il n'a jamais cessé d'espérer : un geste, un signe d'adoubement. Sa rage évoque celle d'un enfant qui attendrait en vain d'être félicité par son géniteur pour les bonnes notes qu'il a obtenues ou les exploits qu'il a accomplis afin de l'épater et de trouver enfin grâce à ses yeux. Un enfant qui se serait dépensé sans compter sans rien obtenir d'autre qu'une même défiance installée de longue date.

Jacques Chirac n'a jamais cru ou voulu croire que ce dauphin autoproclamé puisse avoir la moindre chance d'accéder un jour à l'Élysée – ne serait-ce que parce qu'il était déterminé à ne rien faire pour l'y aider, à défaut de pouvoir tout faire pour l'en empêcher. Et, du même coup, il ne lui a jamais pardonné d'avoir non seulement anticipé sa succession, mais surtout réussi à s'imposer sans son consentement. C'est du bout des lèvres et à contrecœur, comme on prend acte d'une fatalité, qu'il se déclarera *in extremis* en faveur du candidat de sa famille politique, une fois épuisées ses propres possibilités de se représenter.

Hormis Juppé, voire Villepin, l'idéal pour lui eût été d'être remplacé par un ancien adversaire. Un Rocard, un Védrine, bref, un successeur auquel ne l'opposerait aucune querelle d'héritage, avec qui il eût pu sceller la « paix des braves ». L'équivalent, en somme, de celui, déférent et bien intentionné, qu'il avait été pour François Mitterrand. Un bienfaiteur qui lui eût garanti une retraite sans encombre et évité les affres de l'après-pouvoir en prenant régulièrement de ses nouvelles, en le tenant de temps à autre informé des affaires en cours, et, en le consultant à l'occasion, pour lui donner l'impression d'être encore utile… Mais, au lieu du protecteur espéré, c'est à un faux disciple hostile et vindicatif qu'il s'était vu contraint de passer le relais.

Le soir de son élection, Nicolas Sarkozy omettra délibérément, dans son premier discours de Président, de rendre hommage à Jacques Chirac et même de prononcer son nom. Pour mieux signifier ce qu'il lui devait, c'est-à-dire : rien. Ce silence brutal, irrévocable, c'était la revanche du paria. Celle du fils indigne qui figurait en dernière position dans l'ordre de succession et qui, voué à grandir seul, s'était emparé, à la barbe de ses aînés, de la place qui leur était promise. De l'éternel recalé de Matignon, du premier ministrable en titre auquel le chef de l'État, non sans perversité, faisait miroiter une promotion – « Prépare-toi, voyage, réfléchis ! » – qu'il était fermement résolu à ne jamais lui octroyer. Campé à l'Élysée devant son poste de télévision, le Président sortant, entouré des siens, recevra l'outrage sans ciller. Impassible, comme s'il ne s'était rendu compte de rien. Mais fixé une fois pour toutes sur les mauvaises manières de ce successeur qui lui faisait payer le prix de son émancipation et dont il n'avait à attendre aucun témoignage de gratitude. Pas le plus petit hommage, ni le moindre signe d'une volonté d'apaisement, voire de réconciliation.

De fait, loin de ravaler ses griefs, le vainqueur du jour en fait de nouveau étalage, comme si le trophée suprême qu'il venait de remporter ne pouvait suffire à son bonheur. À peine élu, il reprend de plus belle, en public et en privé, sa campagne de dénigrement. Avec la même véhémence cinglante et sarcastique, mais en donnant l'impression, cette fois, de tirer sur un vieil homme désarmé, devenu si inoffensif qu'il s'abstient même de réagir. Et quoi de plus exaspérant que de frapper dans le vide contre un adversaire qui ne répond pas, sur lequel on n'a aucune prise ? Muré dans un silence de Commandeur, Jacques Chirac refuse de se prêter à une quelconque controverse avec son ancien ministre. Autrement dit, en le prenant de haut, comme il l'a toujours fait, bien qu'il proteste du contraire sans parvenir à garder son sérieux : « Ce n'est pas mon genre… Moi, vous savez, je suis un brave homme ! »

Il n'ignore sans doute pas qu'au lendemain de son intronisation, lors du premier dîner officiel avec Angela Merkel, Nicolas Sarkozy s'est déchaîné contre lui devant tous les convives, ministres, ambassadeurs et conseillers des deux pays, en dénonçant l'état de grande saleté dans lequel, selon lui, les Chirac avaient laissé l'Élysée à leur départ.

Ceux qui ont pu lui rapporter la scène, indignés, lui ont probablement décrit l'extrême embarras de la chancelière allemande et des autres personnalités du pays présentes autour de la table. Encore n'était-ce là qu'un début... De simples préliminaires. Un avant-goût de ce qui allait suivre.

Le 7 mai 2008, Sarkozy étrille le bilan de son prédécesseur devant les parlementaires UMP, lâchant : « Il n'a fait qu'une réforme et demie », avant de souligner qu'il n'avait, pour sa part, « jamais été mis en examen, ce qui n'est pas le cas de tout le monde ». Fidèle à sa ligne de conduite, l'ancien Président a fait comme s'il n'était au courant de rien, et, stoïque, s'est résigné, un mois plus tard, à accepter l'invitation à déjeuner de son successeur. Il a fallu tout de même l'insistance de son épouse pour le convaincre de s'y rendre. Aucune information n'a filtré sur ce rendez-vous. Rien, si ce n'est, a-t-on fait savoir du côté de l'Élysée comme de la rue de Lille, qu'il « s'est déroulé dans le cadre des relations qu'ils entretiennent tous les deux ». Un modèle de concision diplomatique.

Le Président n'est guère plus loquace au lendemain de cette rencontre un peu forcée. Ont-ils eu une explication d'homme à homme ? Il soupire d'une voix presque lasse :

« Ça ne sert strictement à rien. De toute façon, nous n'avons pas grand-chose à nous dire. Je le laisse parler...

– J'imagine qu'il vous consulte au moins sur les affaires internationales.

– Non. Il ne me consulte sur rien du tout. Et c'est bien ainsi...

– Vous vous en moquez ?

– Complètement !

– Pas tant que ça...

– Si, détrompez-vous. Et puis, on sait bien ce que je pense de ceci ou de cela…

– Qui le sait ?

– La plupart des responsables étrangers avec qui je suis resté en contact. »

Puis il y eut cette autre séquence, le 11 octobre 2008, que me relata non Jacques Chirac, mais l'amiral Philippe de Gaulle au cours d'un déjeuner, la semaine suivante : le traitement grossier, incroyablement désinvolte, qui leur fut infligé, à l'un comme à l'autre, par l'entourage présidentiel, lors de l'inauguration du Mémorial de Colombey. Transportés sur place, depuis Paris, en hélicoptère, l'ancien Président et le fils du Général, chacun accompagné de son épouse, furent réembarqués à destination de la capitale sitôt la cérémonie terminée, sans être invités par l'Élysée au déjeuner officiel qui suivit, donné par Nicolas Sarkozy en présence d'Angela Merkel. « Durant le trajet de retour, Chirac a fait mine de ne pas être offusqué, me raconte l'amiral. Mais il l'était autant que moi, je peux vous l'assurer… »

Après l'épisode du « roi fainéant », survenu quelques mois plus tard, il ne subsistera plus aucun doute, dans l'esprit de Jacques Chirac, sur la volonté du pouvoir de tout faire pour le rabaisser, le marginaliser, alors même qu'il est redevenu immensément populaire. En février 2009, sa visite à nouveau triomphale au Salon de l'agriculture sera si peu appréciée par l'Élysée qu'elle ne donnera lieu, le lendemain, dans les colonnes du *Figaro*, qu'à un mince entrefilet. Faute d'avoir été alerté par un entourage soucieux à l'extrême de le ménager, c'est moi qui en informerai incidemment le Président au détour d'un de nos entretiens. Cette fois, son sang ne fait qu'un tour. Il exige aussitôt qu'on appelle le propriétaire du journal, Serge Dassault.

Protégé de son père, Marcel Dassault, depuis ses débuts en politique, Jacques Chirac rappelle volontiers que celui-ci le considérait « un peu comme son fils, n'ayant pas eu la satisfaction qu'il aurait pu attendre de ses propres enfants ». Une façon de dire qu'il tient lui-même l'héritier en piètre estime.

« J'ai besoin de lui parler ! » insiste-t-il auprès de Bénédicte Brissart qui, par crainte d'une algarade, tente en vain de l'en dissuader. Il ne cède pas, manifestement excédé d'être à ce point encadré. Installé à son bureau, il attend, la main posée sur l'appareil, qu'on veuille bien lui passer la communication. Quand la sonnerie retentit enfin, il décroche instantanément : « Allô, Serge… Tout va bien pour toi ? Bon, parfait… Oui, moi ça va ! » Il me jette un regard complice, savourant visiblement cette occasion d'en découdre avec un des principaux affidés du chef de l'État. « Serge, je voulais que tu saches que j'ai été bien accueilli au Salon de l'agriculture… très bien, même, c'était fantastique… Tu n'es peut-être pas au courant, parce que ton petit journal, lui, ne s'est aperçu de rien. Quelques lignes à peine, et encore, en lettres minuscules. Crois-moi, il fallait bien chercher pour les trouver… Mais rassure-toi, Serge, je ne t'en veux pas, je sais bien que tu n'es pas responsable… Ce sont des ordres d'en haut… Tout le monde sait bien que ton petit journal est aux ordres… Mais la prochaine fois, Serge, essaie quand même de faire en sorte que… Oui, tu m'as bien compris… Allez, à bientôt, Serge ! » Il raccroche, ravi d'avoir enfin pu dire à Serge Dassault ce qu'il pensait de lui comme de son journal, et s'amusant par avance à l'idée que l'Élysée en serait vite informé.

Lorsqu'il revient s'asseoir pour reprendre notre entretien du jour, je sens Jacques Chirac comme délivré, le cœur soudain plus léger. Le temps semble révolu où, lorsque je le pressais d'exprimer sans détour, dans ses *Mémoires*, son opinion sur Nicolas Sarkozy, il se contentait de me répondre, comme on évacue un sujet encombrant : « Il n'y a qu'à en dire du bien ! » Il se montrera désormais nettement plus critique à son propos, m'encourageant même à « écrire ce qu'il faut écrire ». Preuve qu'il y a bien eu, dans son esprit, un avant et un après « roi fainéant ».

LE FOND DE SA PENSÉE

S'il a résolu de se taire, ce n'est pas pour rester forcément silencieux. S'il a pris ses distances avec la politique, il ne s'interdit pas pour autant de s'y intéresser. Entre obligation de réserve et devoir d'ingérence, jamais, depuis son départ du pouvoir, Jacques Chirac n'a tiré meilleur parti de son statut d'ancien Président qu'en ce printemps 2009 où, sans commenter en public les décisions de son successeur, il siège assidûment au Conseil constitutionnel chargé d'en juger, et où, sans trop se mêler de l'actualité immédiate, il multiplie prises de position et mises en garde sur les grands problèmes relatifs à l'avenir de l'humanité et au sort de la planète.

S'il veille toujours, vis-à-vis de l'Élysée, à ne pas transgresser la ligne de conduite qu'il s'est imposée, il prend soin désormais d'appeler, pour les remercier, ceux de ses amis qui se dévouent pour le défendre ou répondre à sa place. Ses mimiques ou ses silences se font plus éloquents quand des interlocuteurs de confiance expriment une opinion qu'il partage mais se défend lui-même de formuler. Un regard à l'affût, un sourire de connivence, un mouvement de tête approbateur, une façon de tendre l'oreille comme pour s'assurer de ne rien perdre de ce qu'on lui dit : autant de signes qui suffisent à révéler son propre état d'esprit. Mais peu nombreux sont les visiteurs auxquels il laisse réellement entrevoir le fond de sa pensée.

À la fois pour le distraire de ses seuls souvenirs et mieux cerner sa vision des choses, j'ai pris l'habitude de lui demander, de temps à autre, son avis sur les événements du moment. D'abord réticent, il a fini par prendre goût à ce type d'échanges pour peu qu'ils portent sur ses thèmes de prédilection : non la politique intérieure, qu'il a tôt fait d'esquiver, mais la défense et les relations internationales, qu'il se sent plus libre de commenter. Comme si ces questions-là continuaient en quelque sorte à faire partie de son « domaine réservé ».

Un matin de février 2009, il s'avoue préoccupé par le malaise qui secoue l'armée depuis plusieurs mois. Des multiples témoignages lui parviennent faisant état d'une nervosité persistante dans ses rangs, tant les militaires ont le sentiment d'être devenus les mal-aimés du nouveau pouvoir. Lui qui a envisagé un temps d'embrasser la carrière des armes et n'a jamais toléré que la nation manque de respect à ses soldats, il trouve « injuste et inconvenant » le sort qui leur est aujourd'hui réservé. Il déplore les restrictions drastiques qui ont entraîné la disparition d'un grand nombre de sites et d'unités à travers le territoire. Il réprouve plus encore les accusations d'amateurisme proférées à l'encontre de la hiérarchie, en juin 2008, par le chef de l'État, au lendemain de l'affaire de Carcassonne où un jeune sergent a tiré, par accident, à balles réelles sur la foule lors d'une démonstration. Une bavure dramatique, aussitôt sanctionnée par la démission forcée du chef d'état-major de l'armée de terre.

Chirac est outré de voir ainsi maltraités des officiers dont la valeur lui paraît indiscutable, et diminués les moyens de la sécurité et de l'indépendance nationale dont ils sont les premiers garants. « C'est une erreur capitale de céder à cette tentation permanente, chaque fois qu'on a besoin de faire des économies, de s'en prendre au budget des armées. Je m'y suis toujours opposé en ce qui me concerne, sans me soucier de l'opinion de Bercy. Il s'agit d'un budget essentiel à l'affirmation de la grandeur de notre pays, et tout ce qui l'affaiblit nous affaiblit d'autant… Mais nous sommes entrés dans une époque où la plupart des dirigeants ont fait leur service militaire planqués dans un bureau. Quelle idée voulez-vous que Sarkozy ait de l'armée ? Il a été planton au ministère de l'Air. Je comprends que ça ne lui ait pas beaucoup appris ! »

Autre motif de désaccord patent avec l'Élysée, dont Jacques Chirac ne fait pas davantage mystère en privé : la réintégration de la France dans le commandement armé de l'OTAN, officialisée en avril 2009 et aussitôt dénoncée comme une « faute grave » par certains de ses proches, dont Dominique de Villepin. Sans être aussi radical, Jacques Chirac juge cette décision inopportune. « Techniquement, cela ne change pas grand-chose. Mais, sur le plan politique, ce retour en arrière est malvenu au regard de notre tradition et de notre histoire. Ce n'est ni un progrès, ni une régression. Simplement une décision qui ne s'imposait pas. » Il rappelle que le général de Gaulle considérait l'OTAN comme « déjà dépassé » par rapport aux évolutions du monde. « Aujourd'hui, le problème n'est plus celui de notre alliance avec une puissance déclinante comme les États-Unis, mais celui de nos relations avec la Russie, d'une part, et la Chine, de l'autre. De Gaulle avait raison. Je ne crois pas que la France ait intérêt à trop se lier militairement avec les États-Unis. C'est d'abord avec ses partenaires européens qu'elle doit chercher à établir des liens privilégiés. »

Jacques Chirac n'en a pas moins apprécié et même savouré la lettre que le nouveau Président américain, Barack Obama, lui a fait parvenir, en mars, sitôt intronisé et avant même de prendre contact, dit-on, avec son homologue français. Message dans lequel le remplaçant du funeste George W. Bush s'adresse à lui, Jacques Chirac, comme s'il était encore en fonction, « certain, lui écrit-il, que nous pourrons, au cours des quatre années à venir, collaborer ensemble dans un esprit de paix et d'amitié afin de construire un monde plus sûr ». Ébruité par *Le Figaro* à la probable instigation de la rue de Lille, cet hommage implicite lui a fait plaisir pour au moins deux raisons : la première est qu'il y a vu un témoignage de reconnaissance pour tout ce qu'il a naguère accompli sur le plan international ; la seconde est la forte contrariété que ce geste n'a pas manqué de susciter à l'Élysée. Tout ce qui peut agacer son successeur enchante secrètement Jacques Chirac, surtout quand il n'y est pour rien. Il sait que le moindre éloge de son action passée sera très mal ressenti « en haut lieu ». Mais l'essentiel est que la comparaison joue en sa faveur, ce qui est de plus en plus le cas désormais.

Il excelle dans le registre du sage, son nouveau rôle de composition. Ses années de présidence l'avaient habitué à prendre de la hauteur et de la distance en toutes circonstances et vis-à-vis de tout. L'âge et la solitude de l'après-pouvoir l'ont conforté dans ce détachement imprégné de culture asiatique qui correspond, plus qu'on ne pouvait l'imaginer, à sa véritable nature. Aujourd'hui définitivement libéré de toute attache partisane et n'appartenant plus qu'à lui-même, il cultive et peaufine son image de patriarche humaniste, de dernier souverain d'une république enracinée dans ses valeurs et porteuse d'un message universel de liberté, de justice et de tolérance. Sans s'être jamais encombré, sa vie durant, d'idées toutes faites ou de partis pris définitifs, il affiche en vieillissant une fidélité d'airain aux idéaux de sa jeunesse – lui à qui on a si souvent reproché de n'en avoir aucun, sinon d'emprunt ou d'opportunité.

Délaissant sa part de calcul et d'opportunisme, Jacques Chirac n'obéissait déjà qu'à ses seules convictions quand il plaidait, envers et contre tous, dans la seconde partie de son règne, pour l'intégration de la Turquie à l'Union européenne. Quand il dénonçait la théorie, à ses yeux aberrante et criminelle, du « choc des civilisations », et alertait les autres dirigeants de la planète contre les dangers d'une mondialisation non régulée dont il avait très tôt flairé les effets dévastateurs. Quand il accueillait, les bras grand ouverts, sur le perron de l'Élysée, Lula da Silva et Hugo Chavez comme ses frères d'armes dans la conquête d'un nouvel ordre mondial. Préoccupé par l'aggravation des périls écologiques qui menacent la survie de l'humanité, il déployait alors, pour tenter de les conjurer, la même générosité tenace et téméraire avec laquelle il accourt au chevet d'un ami malade et mobilise tous les moyens de lui venir en aide.

Le 1er avril 2009, il signe dans *Libération* une tribune reprenant ce qui fut l'un des combats acharnés de sa présidence : la lutte contre les injustices et les inégalités dont continuent de pâtir les peuples des continents les plus démunis. À la veille du G 20 de Londres, il y exhorte les représentants des nations les plus fortunées à faire du soutien aux pays les plus pauvres l'une de leurs toutes premières priorités face à la crise financière qui ébranle l'économie mondiale. C'est ici le président de la Fondation Chirac qui s'exprime, mais dans le droit-fil des recommandations qu'il n'a cessé d'adresser aux gouvernants des autres grandes puissances durant ses douze années de mandat :

« La crise financière focalise aujourd'hui toutes les attentions tant par son ampleur que parce qu'elle marque la terrible sanction de décennies de course folle à l'enrichissement, rendue possible par la spéculation généralisée, l'endettement sans mesure et la dérégulation aveugle. Avec, à l'arrivée, cette dramatique injustice : ce sont les plus modestes, ceux qui font vivre l'économie réelle, qui sont touchés de plein fouet par l'effondrement de l'économie virtuelle (...).

« Ne pas agir maintenant, c'est créer les conditions d'un désastre économique dans les pays les plus vulnérables. C'est laisser monter un terrible sentiment d'abandon et d'injustice qui, irrémédiablement, viendra nourrir l'immigration du désespoir, les incompréhensions profondes, mais aussi la violence extrême à l'échelle planétaire. »

En tête à tête, il se montre encore plus sévère sur les véritables origines de cette crise, stigmatisant les excès du présumé « modèle libéral » qu'il tient pour le premier coupable du dérèglement mondial. « Le libéralisme consiste en réalité à accepter la pauvreté. Il aboutit à donner les pleins pouvoirs aux plus riches et aux plus entreprenants. Ce qui est bien, à condition de ne pas écraser le reste de l'humanité. Le libéralisme intégral génère l'injustice. Il faut être libéral d'une certaine façon, les systèmes fondamentalement antilibéraux, comme ceux dérivés du communisme, ayant prouvé leur totale inadaptation au progrès économique... Mais enfin, tout système doit être contrôlé. C'est le rôle de l'État, et on ne le fait jamais assez... »

La crise est venue confirmer une autre réalité qu'il estime de longue date inéluctable et dont il se réjouit ouvertement, tant il la juge bénéfique : le déclin du leadership américain. « D'autres moteurs se sont mis en marche, se félicite-t-il, dont on peut penser qu'ils vont prendre le relais et la responsabilité de la croissance mondiale. Le premier de ces moteurs, c'est évidemment la Chine, qui a vocation à être la première puissance. » La Chine, sa référence suprême ! Il parle d'elle comme de sa seconde patrie, balayant d'un revers de main toutes les critiques ou objections qu'on peut formuler à son encontre, qu'il s'agisse du sort du Tibet ou de la question des droits de l'homme, même s'il les a toujours pris en compte, hors micro et caméra, dans ses échanges avec les dirigeants chinois. Il déplore le mauvais accueil fait à ses athlètes lors du passage, l'année précédente, à Paris, de la flamme olympique. Tout comme le soutien, à ses yeux incongru, apporté de manière ostentatoire au Dalaï-Lama par les autorités françaises, alors que celui-ci était reçu à l'Élysée, de son temps, avec toute l'habileté requise pour limiter le courroux de Pékin... S'il avait un jour mis à la porte de son bureau l'ambassadeur de Chine venu lui en faire reproche, les frictions à ce sujet entre les deux capitales n'étaient jamais allées plus loin.

Autant de raisons pour Jacques Chirac de se sentir investi d'une mission quasi sacrée, à défaut d'être officielle : celle d'aller délivrer en personne au peuple chinois et à ses dirigeants le message de respect et d'amitié que la France leur doit.

Alors que les relations entre les deux pays sont au plus bas depuis l'élection de son successeur, Jacques Chirac est reçu à Pékin, les 28 et 29 avril 2009, avec tous les honneurs réservés à un chef d'État en exercice : entretien avec le numéro un du régime, Hu Jintao, le soir de son arrivée, suivi d'un dîner au palais du Peuple ; le lendemain, réception et discours à l'Institut des hautes études diplomatiques où il est fait docteur *honoris causa*… Ses hôtes ne s'y sont pas trompés, qui l'ont accueilli comme s'il demeurait le meilleur et seul véritable garant de l'entente franco-chinoise. Un vieil ami de la famille venu en quelque sorte réparer les gaffes d'un héritier mal dégrossi.

« J'ai été fortement, chaleureusement et amicalement invité par le président Hu », raconte-t-il à son retour à Paris, avec une fierté presque juvénile. Il insiste sur les « égards exceptionnels » qui lui ont été prodigués par « le maître incontesté » du pays, « le patron de tout, un homme de grande qualité. Songez qu'il s'est déplacé et a traversé tout un pont pour m'accompagner jusqu'à la porte de ma voiture, ce qui n'est pas du tout dans les traditions chinoises ». Manière de faire remarquer qu'il est autrement traité à l'étranger qu'il ne l'est depuis quelques mois par les autorités de son propre pays.

Dans le discours qu'il a prononcé devant les étudiants chinois, Jacques Chirac s'est déclaré en « complète harmonie » avec tout ce que la Chine, « puissance d'équilibre », incarne depuis des millénaires : « un rapport au temps qui privilégie l'action et la pensée à long terme ». Un modèle de sagesse qui « devrait nous inspirer et nous guider », a-t-il souligné, en mettant par là même en exergue une conception du pouvoir qui ne saurait s'accommoder d'une frénésie sans lendemain.

Il est rentré de Chine ragaillardi et comme apaisé, heureux de s'être senti encore utile, présent au monde, et non plus seulement voué à cette retraite mortifère qui s'est refermée sur lui comme un étau depuis son départ de l'Élysée. Partir, pour lui, c'est renaître un peu... Tant il a toujours besoin d'action, de mouvement pour garder l'impression d'exister, ou faire comme si... À peine arrivé, il a d'autres projets de voyages en tête : un à Ramallah pour inaugurer une rue à son nom, un autre en Inde à l'invitation de l'ambassadeur de France, son ancien collaborateur Jérôme Bonnafont, qui ne manque jamais de lui rendre visite à chacun de ses passages à Paris... Pour l'heure, le seul déplacement prévu à son agenda est celui qu'il doit effectuer au Qatar, en mai, pour assister au Forum de Doha sur l'aide au développement. Ce qui est déjà beaucoup pour un homme tenu malgré lui de se ménager et qui renâcle, certains jours, à s'éloigner trop longtemps de Paris.

En attendant, il a entrepris de livrer bataille contre un autre fléau de ce début de siècle : la résurgence du négationnisme. Il avait déjà vigoureusement réprouvé, en décembre 2006, en tant que président de la République, les propos de Robert Faurisson contestant, au cours d'une conférence de presse tenue à Téhéran, la vérité de l'Holocauste. En janvier 2009, il a été tout aussi choqué par la décision du pape Benoît XVI de lever l'excommunication frappant l'évêque Williamson pour avoir nié l'existence des chambres à gaz. Décision qu'il juge « inacceptable, intolérable, contraire à tout ce que le pape devrait avoir vocation de représenter », au point de se sentir « honteux d'appartenir à la même religion ». Nombreux sont les visiteurs auxquels il fait part à ce moment-là de sa réprobation. Il la manifestera avec la même véhémence en recevant le nouveau grand rabbin de France, Gilles Bernheim.

C'est pourquoi Jacques Chirac a spontanément accepté d'apporter son soutien à l'initiative lancée par la Fondation de la mémoire de la Shoah et deux de ses amis proches, Simone Veil et David de Rothschild. Celle-ci vise à mieux informer de la réalité du génocide les populations du monde arabe, plus vulnérables que d'autres aux thèses négationnistes par rejet d'Israël. Dans le discours saisissant qu'il a prononcé à la tribune de l'UNESCO, le 27 mars, pour le lancement du projet « Aladin », il a d'abord veillé – sage précaution – à préciser qu'il ne s'agissait pas de « faire porter aux pays musulmans une responsabilité qui n'est pas la leur ». Le but est tout au contraire de les éclairer, en leur fournissant des documents, rédigés dans leur langue maternelle, sur « ce qui s'est réellement passé », afin d'éviter la propagation d'« une nouvelle haine des Juifs » qui aboutirait au même « cauchemar ». Si la paix dépend, pour les Israéliens comme pour les Palestiniens, du droit à disposer d'un État, elle ne se fera pas, a-t-il prévenu, « sans la conviction intime d'appartenir à la même fraternité humaine ». C'est tout le sens et le mérite, pour Jacques Chirac, d'une telle opération : « Seul le rappel de la mémoire de la Shoah permet de comprendre comment l'on passe de la frustration à la haine, de la haine à la négation de l'autre, et de cette négation au génocide (...). L'incompréhension entre les Juifs et les musulmans n'est pas inscrite dans leur histoire, ni dans leur religion, ni dans leur culture. »

Lorsque nous en parlons, je ne lui cache pas mon scepticisme sur l'efficacité de ce genre d'initiative, compte tenu du degré de fanatisme atteint de part et d'autre. Sans se faire beaucoup d'illusions, de son côté, sur ses chances d'être entendu, il refuse pourtant de se résigner au pire, convaincu que « les gens finissent toujours par comprendre ce qui est sage et raisonnable ». Il n'y a pas pour lui de « fatalité du mal », parce que « l'homme est spontanément bon », affirme-t-il sans craindre de paraître ingénu. Et, comme je me moque un peu de son « côté rousseauiste », il m'oppose, piqué au vif, que si « l'homme devient voleur ou corrompu, c'est par la faute d'un système où les riches s'enrichissent de façon excessive et les pauvres s'appauvrissent de façon insupportable ! ». Sa voix a pris de tels accents d'indignation qu'il me semble avoir réveillé en lui le vrai Chirac : l'insurgé, le pourfendeur des nantis, des bourgeois, des « élites » ou présumées telles. Sur sa lancée, il fustige l'attitude des grands patrons, scandalisé de les voir, en pleine récession économique, continuer à s'octroyer des bonus exorbitants. « En période de crise, les profiteurs et les victimes sont toujours les mêmes. Ce sont, d'une part, ceux du monde de la finance, de l'autre, ceux du monde du travail. Plus que jamais, le devoir des gouvernants est d'empêcher de tels excès. »

Voilà bien le genre de propos qui effraie de plus en plus son entourage et l'incite à redoubler de vigilance autour de ce Président supposé « désinhibé » par les effets conjugués de l'âge et de la maladie. Un Président qui aurait « un peu perdu la tête », comme on me le laisse entendre, sans me le dire ouvertement, pour me convier à ne pas prendre trop au sérieux tout ce qu'il me dit. Je ne vois pourtant guère de différence, la forme exceptée, entre ses déclarations publiques et celles qu'il tient en privé. C'est le même Chirac qui s'exprime, jamais aussi cohérent, sincère et percutant que lorsqu'il se laisse aller, d'une manière ou d'une autre, à livrer le fond de sa pensée – avec un franc-parler parfois décapant, il est vrai. Tandis que d'autres préféreraient qu'il en dise le moins possible, voire qu'il se taise pour de bon, afin de sauvegarder sa stature et de préserver son rang. Par crainte, en réalité, d'un écart de langage ou de conduite aux effets ravageurs. « Il a perdu son surmoi », se lamente Bernadette Chirac. Façon de dire que son mari ne saurait plus « se tenir ».

En juin 2009, des millions de Français l'ont vu à la télévision et sur Internet draguer, lors d'une cérémonie en Corrèze où son épouse doit prendre la parole, une blonde élue socialiste qu'il a tenu à faire asseoir près de lui. Agacée par le chahut qu'il est en train d'orchestrer dans son dos, alors qu'elle s'apprête à prendre la parole, Bernadette Chirac s'efforce de ramener le calme avec autorité. « Bien ! » lâche-t-elle d'un ton impératif. Pris en faute, l'incorrigible séducteur feint de rentrer dans le rang, sagement assis sur sa chaise, bouche cousue, l'air faussement contrit. Puis, sitôt Bernadette retournée à son pupitre, il s'empresse de décocher œillades et sourires enjôleurs à sa voisine en lui glissant à haute voix : « Vous savez, les femmes, il faut se méfier. » Avant de subir le regard foudroyant de l'oratrice qui a dû s'interrompre pour le rappeler à l'ordre… Séquence désopilante d'un Chirac tel qu'en lui-même quand il n'est pas sous contrôle. Enfin libre ou presque…

LES CORRECTIONS DE BERNADETTE

Sur l'une des pages de ses *Mémoires* corrigées de sa main, je retrouve cette formule illustrant sa facilité d'adaptation aux milieux les plus divers : « C'est mon côté caméléon. » Un aveu biffé à l'encre rouge, comme s'il n'en était pas l'auteur ou l'avait glissé là par inadvertance. J'aurais beaucoup aimé, à l'époque, garder cette phrase, tant elle lui ressemblait. Mais je n'ai pas insisté pour qu'il la maintienne, me rappelant alors, sans le lui dire, que c'était en réalité Bernadette Chirac qui me l'avait soufflée à la lecture de son manuscrit. On ne trahit pas ses sources, surtout quand il en va de la paix d'un ménage.

Lorsque je lui ai suggéré, dans l'intérêt du livre, mais aussi pour des raisons diplomatiques, de faire lire à son épouse le premier tome de ses souvenirs avant publication, Jacques Chirac a acquiescé sans enthousiasme, la moue toujours dubitative : « Si vous y tenez… » Il m'en laissait la responsabilité, satisfait de ne pas avoir à s'en charger. Mais à la condition expresse, m'avait-il répété, que ses *Mémoires* restent les siens et non « ceux de qui que ce soit d'autre ».

Je savais que Bernadette Chirac serait d'autant plus sensible à ce qu'on tienne compte de son opinion qu'elle hésitait, depuis le début, à trop se mêler d'une affaire étroitement contrôlée par sa fille. « Je ne veux pas d'histoires avec Claude. C'est déjà assez compliqué comme ça entre nous… », m'avait-elle confié à plusieurs reprises, quand elle me téléphonait tard le soir, en cachette de son mari déjà couché à cette heure. Elle m'appelait pour s'informer de l'avancement du livre et me mettre en garde contre « les manigances du reste de l'entourage ». Lors d'un de ces entretiens nocturnes, elle dut raccrocher précipitamment : le Président venait de surgir à l'improviste en lui demandant qui elle avait au bout du fil. Elle me rappela sitôt celui-ci retourné dans sa chambre : « Je ne lui ai pas dit que c'était vous. Il aurait pu mal le prendre. Il ne faut pas qu'il sache que nous nous parlons. »

À l'automne 2008, je lui fis parvenir les chapitres déjà avalisés par le Président. Elle me reçut quelques semaines plus tard à son bureau de la rue Scipion, avenante, souriante, débordant à sa manière d'amabilités, au point de me donner pour la première fois l'impression qu'elle commençait à m'adopter. Elle m'a fixé rendez-vous un samedi après-midi, le seul moment, me dit-elle, où elle bénéficiait d'« un peu de répit et de tranquillité ». Même si son genre n'était pas de se plaindre ou de s'épancher, elle ne manquait jamais une occasion de rappeler ce qu'elle endurait et le sort qu'on lui faisait subir.

Elle a l'air, ce jour-là, exténuée, à bout de forces, les traits tirés, la voix un peu lasse, prenant manifestement sur elle pour tenir bon, quoi qu'il arrive. « Ce n'est pas facile tous les jours, croyez-moi. Mais je m'accroche, je fais face », déclare-t-elle en serrant les poings, le menton dressé, plus que jamais résolue à ne rien lâcher. Ni de son travail d'élue en Corrèze, avec les servitudes qu'il lui impose. Ni de son engagement à la tête des deux fondations qu'elle préside, avec les obligations qui en résultent. Ni de tout ce qui l'accapare par ailleurs, sur tous les fronts d'une activité mondaine trépidante comme sur ceux d'une vie de famille de jour en jour plus contraignante. La santé de Laurence reste son souci permanent. Celle du Président l'est devenue à son tour, ce mari à qui elle estime avoir déjà tant donné et qui n'a jamais été si présent, dans leur existence commune, qu'à l'heure où elle a décidé de vivre sa propre vie. Il y a toujours eu entre eux un problème de coïncidence…

Elle a achevé de lire le début des *Mémoires* dans le train entre Limoges et Paris, qu'elle prend chaque semaine pour s'occuper de ses électeurs du canton de Sarran. Elle me le rend annoté de toutes parts, truffé de points d'exclamation ou d'interrogation. Certains paragraphes soulignés à grands traits, d'autres flanqués de commentaires persifleurs ou de jugements expéditifs : « faux », « prétentieux », « trop catégorique », « je n'y crois pas ! » – sanctionnant, entre autres, les passages où son mari évoque sa proximité avec le général de Gaulle et désigne ouvertement Maurice Couve de Murville comme le principal instigateur de l'affaire Markovic. Le moment où il reconnaît avoir tout sacrifié à son ambition politique a droit, en revanche, à une approbation appuyée : « Hélas, c'est vrai ! » Ailleurs, elle recommande d'écrire une belle phrase en l'honneur de Jacques Chaban-Delmas – qui « a été formidable avec mon mari, malgré sa trahison en 1974 » – et surtout de supprimer toute référence au financement des campagnes électorales par crainte de relancer « les polémiques » à ce propos.

« Ce n'est pas le moment d'en rajouter, nous avons assez de problèmes comme ça », insiste Bernadette Chirac, les yeux rivés sur moi comme pour s'assurer que j'apporterai bien les corrections nécessaires. Je lui réponds qu'il s'agit évidemment de ne rien écrire, dans les *Mémoires* du Président, qui puisse être mal interprété et à plus forte raison le desservir en pleine période d'incertitudes judiciaires, mais qu'il est tout autant de son intérêt de n'occulter aucun sujet. Elle me concède qu'il faut, bien sûr, parler de tout, mais le moins possible et avec la plus extrême prudence des questions d'argent. « J'ai beaucoup souffert de ces campagnes de presse incessantes sur nos frais de bouche et nos vacances à l'étranger. Et ce n'est pas fini… », me confie-t-elle en laissant affleurer malgré elle, sur son visage d'ordinaire si dur, fier et résolu, l'expression d'un désarroi, l'aveu d'un tourment qui ne la quitte pas. Avant de reprendre son masque de combattante aguerrie qui avance dans la vie les poings serrés et ne craint pas de se colleter à l'adversité. Toujours prête à ferrailler avec ses ennemis du moment qui la tiennent en forme, d'une certaine manière, comme s'ils étaient devenus nécessaires à son équilibre…

Bernadette Chirac se veut d'autant plus indestructible qu'elle a appris toute jeune à ravaler ses larmes, à ne rien livrer de ses peines ou de ses émotions. Endurcie par l'âge et les épreuves, elle s'autorise moins que jamais à trahir ses sentiments. Non par manque de cœur, mais comme si elle avait fait depuis longtemps son deuil du bonheur. Exigeante et vindicative, le jugement tranchant, la réplique glaciale, incisive, elle mord plus souvent qu'elle n'embrasse. Mais les rosseries dont elle est prodigue laissent aussi entrevoir, chez elle, à force de drôlerie et parfois de dérision, une femme moins cruelle que désenchantée, dont la férocité sert à assouvir les rancœurs comme à apaiser les blessures ou les angoisses à l'heure où tant de choses se délitent autour d'elle.

Lorsque nous nous retrouvons, un soir de juin 2009, à « sa » table du Meurice où elle a ses habitudes et m'a invité pour un dîner de travail, elle n'attend pas que nous ayons passé commande pour s'attaquer à ses proies favorites : « les gens de la rue de Lille », sa fille Claude et Dominique de Villepin, sans bien sûr épargner son mari. Elle est en grande forme, tirant à bout portant et sans sommation sur ses têtes de Turc préférées. Une salve de critiques meurtrières. Un feu nourri de griefs et de sarcasmes pour dénoncer « la totale inconsistance » des collaborateurs du Président, qu'elle étrille injustement une fois encore. Déplorer l'emprise « excessive et malsaine » que Claude continue d'exercer sur son père, alors qu'elle « ne lui a pas toujours donné de bons conseils ». Railler le machisme de son époux pour qui « la femme idéale est la femme corrézienne : celle qui s'occupe du linge et sert son homme à table. Il est mal tombé avec moi ! » Enfin fustiger « l'orgueil maladif » et « la folie » de Dominique de Villepin, un « comploteur prêt à tout ». Elle se flatte d'être même allée, une nuit à l'Élysée, jusqu'à fouiller dans le tiroir de son bureau pour voir « ce qui pouvait y être caché »...

Cette première charge conclue, elle marque une pause. Le temps de reprendre souffle avant de se mettre à me narrer en détail « l'affront », « le camouflet » que ce même Villepin, alors secrétaire général de la Présidence, lui infligea, un jour de 2001, en présence du chef de l'État. Elle n'a rien oublié de la façon « brutale et désobligeante, bien dans sa manière », dont il la convoqua ce jour-là pour la sermonner sur le livre d'entretiens qu'elle venait de publier avec Patrick de Carolis et sur les droits d'auteur considérables que l'ouvrage allait lui rapporter. « Il m'a demandé sans ménagement, avec son arrogance habituelle, ce que je comptais faire de tout cet argent qui risquait de mal passer dans l'opinion et de nous porter tort. Je ne me suis pas démontée et lui ai aussitôt répondu que j'avais déjà pris mes précautions et prévu d'en faire profiter des associations caritatives… C'était très humiliant pour moi de devoir ainsi me justifier. D'autant que mon mari, comme toujours de mèche avec lui, s'est alors bien gardé de prendre ma défense ! »

Une raison supplémentaire, après « l'erreur désastreuse » de la dissolution dont elle le rend toujours responsable, de n'accorder à l'intéressé ni pardon ni excuses, et de lui vouer une rancune sans merci. Même éloigné du pouvoir, Dominique de Villepin reste à ses yeux le diable, le mauvais génie de son mari, un « individu nocif et nuisible », encore capable de l'« attirer dans le mauvais sens ». Elle en veut pour preuve sa récente tentative d'impliquer le Président dans le procès relatif à l'affaire Clearstream, de « le fourrer là-dedans alors qu'il n'y est pour rien. À la fois pour se défausser et envenimer un peu plus ses relations avec Sarkozy… », s'exclame-t-elle d'une voix rageuse.

Connaissant le peu d'enthousiasme que m'inspire son favori – ce que je ne lui ai pas caché dès qu'elle a entrepris de me vanter ses mérites –, elle me soupçonne du même coup d'être moins sévère envers son ennemi juré – ce que je lui confirme avec la même franchise. Elle ne paraît pas s'en offusquer, appréciant plutôt qu'on sache lui tenir tête. Elle ne lâche pas prise pour autant et s'efforce une nouvelle fois de me convaincre que je fais fausse route à propos de Sarkozy – « Vous ne le connaissez pas, c'est un gentil, au fond… » – et que je m'égare encore plus s'agissant de Villepin – « Il faut vous en méfier, vous tenir sur vos gardes, ne rien croire de ce qu'il vous dira… Ne faites pas comme mon mari ! »

Elle me prévient qu'elle ne laissera pas passer, sans le dénoncer publiquement – « au journal télévisé, s'il le faut » –, un portrait trop élogieux de l'ancien Premier ministre dans les *Mémoires* du Président. « Sauf, ajoute-t-elle pour me provoquer, si je trouve ces deux mots écrits quelque part à son sujet : *pervers et manipulateur.* Je peux les y mettre moi-même, si vous voulez… » Et de les noter minutieusement sur une feuille de papier qu'elle me tend pour s'assurer, là encore, que je ne les oublierai pas, l'œil plissé de malice et se pinçant les lèvres pour ne pas rire elle-même de paraître à ce point belliqueuse. De fait, elle n'est pas dupe de ses accès de méchanceté dont elle s'amuse comme d'un exutoire, le meilleur sinon le seul qui l'aide à supporter les aléas de son existence et à frayer sa route comme elle l'entend, « sans en référer à personne, suivez mon regard… ».

« Il est temps de choisir ! » lance-t-elle à propos du repas, d'un ton péremptoire, comme si j'étais responsable de notre retard. Elle se retourne sur sa chaise, pointe un doigt impérieux en direction du maître d'hôtel, lui fait signe d'approcher. Elle s'impatiente, lui enjoint de nous présenter le menu sans plus attendre – « Nous devons travailler, pressez-vous ! » –, déjà exaspérée par « la lenteur du service » alors même que nous n'avons encore rien commandé. Elle prend manifestement plaisir à terroriser le personnel, à tancer les serveuses en s'adressant à elles sans jamais les regarder, sinon de biais. « Il faut leur apprendre à travailler », m'expliquera-t-elle en fin de soirée lorsque je lui ferai aimablement remarquer qu'elles se tiennent à distance de notre table par peur d'être rabrouées. Elle a besoin d'éprouver son autorité, de se comporter comme si elle n'avait rien perdu de son statut de première dame et continuait de régner sur quelque palais de la République. De démontrer, en somme, qu'elle n'a pas abdiqué, contrairement au Président dont elle supporte mal qu'il veuille laisser croire, par ses excès de familiarité, qu'il serait redevenu un simple citoyen. Une formule qu'elle juge aussi absurde que dégradante pour un ancien chef de l'État.

Il n'y a jamais de temps mort avec Bernadette Chirac, jamais de répit dans l'inépuisable flot verbal qu'elle déverse sur son auditeur tour à tour intrigué, éberlué, amusé, captivé, comme devant un monstre sacré au répertoire très étendu. Passant sans arrêt d'un registre à l'autre, elle remplit tous les rôles à la fois : reine mère et pasionaria, dame d'œuvre et dame de fer, mondaine en tailleur Chanel et châtelaine aux bottes crottées, épouse vertueuse et femme émancipée. On se perd un peu parfois dans le jeu virevoltant de cette conteuse volubile aux humeurs changeantes, tantôt cassante, hautaine et ombrageuse, tantôt accorte, charmeuse et débridée. Mais sans jamais cesser d'être fasciné par l'étalage ininterrompu qu'elle fait de ses déboires, de ses batailles et de ses manigances.

Entre chaque plat, elle égrène jugements et commentaires sur les chapitres en cours concernant les débuts en politique de son mari, son ascension dans les milieux pompidoliens, ses premiers démêlés avec Valéry Giscard d'Estaing… Elle les estime « plaisants à lire dans l'ensemble », mais émaillés de « trop d'éléments qui feront polémique ». Je lui réponds que c'est précisément ce qui fera, entre autres, le succès du livre. Elle n'est pas insensible à cet argument commercial et donc financier, mais feint de ne pas le prendre en considération. Elle préférerait « un ton plus apaisant, plus conciliant », comme si c'était son mode d'expression préféré.

Elle s'inquiète de voir figurer certains noms qu'il vaudrait mieux, selon elle, s'abstenir de mentionner, comme celui de Bernard Pons : « Il hait mon mari. Attention à ne pas le citer. Les jeunes loups sont devenus de vieux renards. » D'autres sont exécutés de manière encore plus radicale : « C'est qui, Stirn ? » Elle n'apprécie pas les critiques sévères que le Président porte sur le shah d'Iran et me demande de trouver moyen d'adoucir son jugement : « Vous comprenez, je suis dans les meilleurs termes avec la shabanou. Je la rencontre souvent lorsque nous séjournons au Maroc. Elle sera furieuse. Je ne tiens pas à me fâcher avec elle… »

Mais le plus alarmant pour elle est « la description » qui y est faite de Giscard. Un portrait à charge qui « va relancer sa fureur contre nous. Il faudrait nuancer, insiste-t-elle. Ne laissez que deux ou trois phrases méchantes, pas plus. Car il veut la peau de mon mari ». Sur les feuillets qu'elle me remet, elle a inscrit en grosses lettres cet avertissement, répété à divers endroits : « Attention à Giscard ! », comme s'il y avait à redouter du vaincu de 1981 les pires représailles. Un ultime règlement de comptes à l'issue duquel il n'y aurait, cette fois, aucun survivant. Mais, là encore, la véritable crainte de Bernadette Chirac est d'abord pour elle-même, comme elle finit par me l'avouer en évoquant ses bonnes relations personnelles non avec VGE, mais avec son épouse : « Anne-Aymone le prendra très mal. Elle me tournera le dos, j'en suis sûre, à la première occasion. Alors que nous sommes aujourd'hui en très bons termes, elle et moi, indépendamment de nos maris respectifs… »

Il est près d'une heure du matin lorsque cette noctambule infatigable se résigne à lever le camp. Elle ne paraît pas pressée de quitter les lieux pour regagner un domicile conjugal qu'elle déserte, le soir, de plus en plus souvent. Happée par toutes sortes d'invitations qu'elle se fait un devoir autant qu'un plaisir d'accepter, parce qu'« il faut bien, explique-t-elle, que quelqu'un nous représente ».

Tandis que son garde du corps vient la chercher pour la raccompagner jusqu'à sa voiture, elle me propose de nous retrouver ici même avant le début des vacances d'été. Puis elle se ravise au moment de monter dans son véhicule : « Et si vous nous rejoigniez plutôt en Corrèze ? Nous passerons à Bity une partie du mois de juillet. Vous aurez plus de temps pour travailler avec mon mari. Et avec moi aussi, bien sûr, mais discrètement, sans qu'il s'en aperçoive trop… »

Je lui réponds que j'en serais enchanté, mais qu'il faut peut-être s'assurer au préalable de l'accord du Président. Pure formalité à ses yeux : « J'en fais mon affaire. Il en sera ravi. De toute façon, il a besoin de se distraire, quand il est là-bas. Il devient vite insupportable… » Manière de me dire que ma présence servira au moins à cela, le divertir ? Ou de me laisser présager un séjour quelque peu mouvementé ?

Lorsque je lui confirmerai ma venue, une semaine plus tard, pensant qu'il était déjà au courant, le Président se réjouira de cette nouvelle en me paraissant la découvrir : « C'est une excellente idée ! » Sous-entendu : « Merci de me l'apprendre. Si ma femme vous a invité, c'est comme si c'était moi ! » Rien n'est jamais banal avec les Chirac : ces premières vacances communes vaudront à coup sûr le déplacement.

TROIS JOURS À BITY

Un jour que nous parlions de ce qui le rattachait encore à la Corrèze, Jacques Chirac m'avait dit de manière assez évasive, avec une pointe de mélancolie dans la voix : « C'est un peu éloigné, forcément, mais j'ai ma maison là-bas. » Sur le moment, je m'étais simplement permis d'ironiser sur la dénomination du lieu : « maison » n'était sans doute pas le terme le plus approprié pour qualifier un château de la fin du XVIe siècle, classé de surcroît « monument historique » peu après qu'il l'eut acheté en mars 1969. Il en avait convenu en riant, soucieux néanmoins de minimiser la portée de cette acquisition.

Il reconnaissait que son classement avait « beaucoup fait jaser à l'époque » et lui avait même valu les remontrances de Georges Pompidou : « Quand on est ministre, on n'a pas de château ! » Mais il s'était évertué à me présenter cette opération comme une sorte de bonne action patrimoniale : « C'était la propriété d'un type qui ne s'en occupait absolument pas. Une ruine que j'ai obtenue pour trois francs six sous. Elle était quasiment à l'abandon et aurait fini par disparaître alors qu'elle méritait d'être sauvegardée… C'est pourquoi j'ai lancé aussitôt d'importants travaux de restauration. » Quant au fait que ce château ait été classé dans des délais pour le moins précipités, avec tous les avantages fiscaux qui en découlaient, Jacques Chirac assurait que le principe en avait été arrêté bien avant lui. Tout au plus sa position de secrétaire d'État au Budget lui avait-elle permis d'accélérer la procédure… Une bonne affaire, quoi qu'il en soit, et sans le moindre dommage électoral : « Localement, ça ne m'a pas porté tort. Les gens étaient même très contents. » Force est de constater, en effet, que les Corréziens ne lui en ont pas tenu rigueur.

Gage de respectabilité et placement sûr à la fois, Bity semble devenu, pour Jacques Chirac, l'emblème ou le vestige d'un temps révolu. Il ne s'y rend plus guère, si ce n'est pour de courts séjours à la belle saison. Cette demeure n'a jamais occupé dans son existence la place que Latche a tenue dans celle de François Mitterrand, et moins encore Colombey dans celle de Charles de Gaulle. Ni havre de méditation, ni refuge propice à l'écriture, Bity n'est pas même un lieu de réception, un repaire d'intimes ou d'amis sûrs. Rares sont ceux, collaborateurs ou ministres, qui y ont été accueillis. Et plus rares encore ceux qui y ont vraiment séjourné. Les Chirac ont l'esprit de clan, non de bande. Combien de leurs proches ont été invités quai Voltaire, dans cet appartement fantôme d'autant plus inaccessible, dirait-on, qu'il ne leur appartient officiellement pas ? Aussi peu, si ce n'est moins qu'à Bity où les Chirac ne résident que de façon épisodique. Ils préfèrent fréquenter les beaux hôtels des environs ou être hébergés dans des résidences de luxe qui perpétuent, pour eux, le faste et les commodités des palais nationaux, les seules adresses fixes que le couple ait vraiment connues.

Le chauffeur du Président m'attend en gare de Limoges. Durant le trajet, il me confie que son patron s'ennuie beaucoup à Bity et qu'il a hâte de retrouver l'atmosphère plus distrayante de Saint-Tropez. Lorsque je lui demande des nouvelles du couple, il se contente, tenu à une certaine discrétion, de hocher la tête en soupirant. Avec ses collègues de la sécurité, il est un des spectateurs privilégiés, si l'on peut dire, des relations de plus en plus difficiles entre les époux Chirac, de leurs chamailleries quotidiennes qui sont aussi, entre eux, une forme de jeu.

Tandis que nous filons à toute vitesse sur les routes désertes du Limousin, je songe que ce sont sans doute les mêmes voies, en plus rustiques, que sillonnait au volant de sa 403 hors d'âge le Chirac d'autrefois, parti à la conquête d'une circonscription imprenable. Un Chirac alors fougueux, vigoureux, increvable, lancé comme un pur-sang dans une compétition de notables qu'il n'avait à première vue aucune chance de remporter. Sorti, *in extremis*, vainqueur d'une joute où il avait déployé un savoir-faire insoupçonné, une aptitude au combat et un sens de la manœuvre qui lui avaient permis de surclasser des concurrents plus expérimentés et mieux implantés, il s'était découvert, à trente-cinq ans, grisé par l'aventure, une passion de la politique à laquelle seuls ses deux mentors, Georges Pompidou et Pierre Juillet, l'avaient senti prédisposé. Le premier, sans doute sous l'influence du second, lui avait à peine laissé le choix : sa vocation était là et nulle part ailleurs. Leur disciple, encore peu fixé sur ses ambitions réelles, avait obtempéré sans vraiment se faire prier. Mais à la condition toutefois de pouvoir se présenter « chez lui », en Corrèze, pays de ses ancêtres, et non dans une circonscription parisienne, comme on le lui proposait.

C'est dans la région de Brive, plus précisément la petite commune de Sainte-Féréole, que le jeune Chirac a passé ses vacances d'été jusqu'à la fin de l'adolescence. Et là, surtout, que se trouvent ses véritables attaches familiales et politiques. Son grand-père paternel, Louis Chirac, directeur de l'école publique de Brive, a laissé en Corrèze le souvenir d'un défenseur intransigeant des principes républicains, doublé d'un infatigable militant de la gauche radicale-socialiste. Les vieux caciques de ce parti, l'ancien président du Conseil Henri Queuille, comme Charles Spinasse, qui fut ministre de Léon Blum, étaient des amis de Louis Chirac. Nul doute qu'ils deviendraient les bienfaiteurs de son petit-fils, pour peu que celui-ci veille à se réclamer de leur héritage. Jacques Chirac n'oubliera pas de signaler dans sa première brochure électorale qu'il a du « sang radical dans les veines ».

La circonscription de Brive étant réservée au député sortant, le gaulliste Jean Charbonnel, un futur rival avec qui il a fait alliance pour la conquête du Limousin, Jacques Chirac doit se rabattre sur un autre arrondissement, celui d'Ussel, en Haute-Corrèze, aux portes de l'Auvergne. Une contrée rugueuse, toute de grisaille et de froidure, qui lui est moins familière. Mais il a tôt fait de s'y acclimater, prompt, en vrai « caméléon », à épouser les us et coutumes d'une tribu de paysans rétifs, taciturnes et ripailleurs. Ici les caractères sont comme la pierre : de granit. Solides, opiniâtres et peu portés aux effusions. Quand les langues se délient, c'est rarement pour se payer de mots dans cet enclos de terres rudes où l'on est économe de tout et ne vit qu'entre soi.

Retranchés dans des bourgades ou des fermes isolées, les paysans du cru n'en sortent que pour aller festoyer au village, les jours de comice, dans une effervescence de banquet médiéval. Des rites qui n'auront bientôt plus aucun secret pour le jeune énarque parisien occupé à ratisser en fin de semaine chaque hameau du plateau de Millevaches.

La première campagne de Jacques Chirac est à l'image de toutes celles qui suivront. Menée au pas de charge par un candidat qui engloutit tout sur son passage, les suffrages et les soutiens comme les assiettes de charcutaille et les rasades de blanc ou de pastis. Sa méthode pour gagner des voix est tout ce qu'il y a de plus élémentaire. Elle consiste à aller les chercher une à une en rendant visite à chaque famille, où qu'elle soit, sans aucune distinction de couleurs politiques, y compris celles, notoirement communistes, dont on lui a dit qu'elles ne voteraient jamais en sa faveur. « Pour moi, il n'y avait pas deux catégories d'électeurs, m'a-t-il raconté. Je suis allé les saluer chez eux, et cela a créé une bonne ambiance. À une ou deux exceptions près, j'ai été bien reçu partout. J'ai fini, à la longue, par connaître chacune de ces familles sur plusieurs générations. Communistes ou pas. »

Dans cette circonscription depuis toujours acquise à la gauche et que communistes et radicaux paraissent encore les seuls à pouvoir se disputer, Jacques Chirac ne tarde pas à comprendre que les idées – en tout cas celles qu'on lui prête – ne lui serviront de rien pour gagner la partie. Il apprend donc très vite à s'en passer, leçon utile pour la suite de sa carrière. « Si je m'étais appuyé sur les gaullistes en Haute-Corrèze, j'y serais encore… Les gaullistes, là-bas, c'était une race indéterminée ! » Il mise tout sur la relation d'homme à homme, son entregent, sa capacité de séduction et sa propre... indétermination pour se faire adouber en premier lieu par des notables locaux vite conquis par son habileté, son charisme et son énergie. « On ne résistait pas à Chirac, confirme, en connaissance de cause, Denis Tillinac, alors jeune correspondant de *La Dépêche du Midi*, journal qui n'avait pourtant pas vocation à tresser des louanges au candidat du pouvoir. Quiconque lui serrait la main et se laissait piéger par un bref aparté n'était plus un opposant sûr. Ses partisans étaient euphorisés, ses adversaires médusés (...). Il vivait au présent de l'indicatif, entre Paris et la Corrèze, sans autre boussole que son instinct. Tout lui réussissait. Aucun positionnement, ce qui sidérait tous les observateurs (...). Le lièvre zigzaguait entre les bornes partisanes et récoltait sans vergogne des chiro-communistes à la pelle. Ils votaient rouge, sauf quand Chirac était en lice, car le "grand" avait casé le fils ou décoré la bru[1]. » Des pratiques clientélistes qui n'ont jamais choqué, en terre chiraquienne, que ceux, peu nombreux, qui n'en bénéficiaient pas...

Depuis sa première élection en 1967, Jacques Chirac est resté fidèle à la Corrèze, quitte à cumuler pendant près de vingt ans, pour sauvegarder son fief électoral d'origine, son mandat de député d'Ussel et la présidence du conseil général avec ses fonctions de maire de Paris. Quitte aussi à faire de ce département une sorte d'annexe de l'Hôtel de Ville, tant les agents qui en étaient issus y proliféraient à tous les postes et tous les étages, à l'égal des Corses, ou presque,

1. Denis Tillinac, *Le Venin de la mélancolie*, La Table ronde, 2004.

et pour les mêmes raisons… Mais si le « grand » n'a jamais perdu le contact avec les siens, ce lien s'est quelque peu distendu après son entrée à l'Élysée. Le chef de tribu mué sur le tard en chef de l'État a espacé ses visites, durant son second mandat, pour ne plus venir qu'une fois l'an à l'occasion des vœux au gymnase du lycée de Tulle. Retrouvailles officielles qui annonçaient déjà la fin d'une époque.

L'« adieu définitif » de Chirac à la Corrèze, Tillinac l'a ressenti lors des obsèques de son ancien suppléant, Henri Belcour, l'inamovible maire d'Ussel, l'ami et le coéquipier du premier jour qui lui avait servi de sésame auprès des autres féodalités locales. C'était en novembre 2003, et la perte de son plus vieux compagnon de route préfigurait, pour le Président réélu un an auparavant, le déclin d'une longue aventure politique. « Nous sommes quelques-uns, confirme Tillinac, à deviner qu'une porte se referme dans son dos et qu'il ne la rouvrira jamais. Chirac n'aime pas retourner sur ses pas. »

Huit ans plus tard, retiré de tout et son destin derrière lui, Jacques Chirac, survivant d'une épopée dont il se défend d'être nostalgique, se reconnaît de moins en moins dans cette Corrèze qui a beaucoup changé, en grande partie grâce à lui, et perdu en route un peu de sa saveur d'autrefois. Il y revient par devoir, par fidélité, presque par routine. Mais sans le désir ni l'envie de se mêler d'affaires locales qui ne le concernent plus. D'autant que son épouse est là désormais pour y pourvoir à sa place, avec une vaillance dont il se fait un grand plaisir de la complimenter. Et qu'il a « toute confiance » en son successeur à la tête du département, François Hollande. Un ancien adversaire venu jadis le défier sur ses terres, dont il ne laisse pas de dire du bien, en privé, depuis quelque temps – jusqu'à lui reconnaître des qualités d'« homme d'État » que personne, avant lui, n'avait encore soupçonnées.

La voiture ralentit. Nous approchons de Bity que j'aperçois au bout d'une route ombragée qui traverse l'épaisse forêt environnante. D'immenses arbres se déploient à l'entrée du château, gardé par des gendarmes en uniforme qui nous regardent passer en esquissant le salut militaire. Une petite allée de gravier conduit jusqu'au perron central devant lequel le chauffeur me dépose. « Je vais prévenir Madame de votre arrivée », me dit-il. Il me laisse seul dans la cour pendant quelques minutes.

Le château, souvent présenté par son propriétaire comme un simple manoir, est plus imposant que je ne l'imaginais : d'architecture classique, avec sa façade sobre et harmonieuse, son corps de logis rectangulaire flanqué d'une cour carrée, ses deux pavillons bordant la terrasse qui donne accès à un beau jardin à la française. Mais rien, dans l'aspect, d'une paisible gentilhommière. L'allure robuste, puissante, un peu sévère évoque plutôt l'une de ces forteresses que les seigneurs des environs faisaient édifier pour éloigner les importuns et tenir en respect leur voisinage. Le plus souvent en surplomb d'une vallée, ici au cœur d'une forêt et à l'écart de tout, comme pour mieux prendre congé du monde. Un refuge propice aux rêveries solitaires comme aux activités subversives. Trotski y aurait séjourné clandestinement au début des années 1930, hébergé par un membre des services secrets britanniques, avant que la Résistance corrézienne n'en fasse l'un de ses bastions. Des antécédents faits pour plaire à son nouveau propriétaire, lui-même plus enclin au complot qu'à la méditation…

L'initiative d'acquérir Bity serait pourtant moins venue de lui, dit-on, que de son épouse et du père de celle-ci, Jean-Louis Chodron de Courcel, sans doute soucieux de voir sa fille dotée d'une demeure aristocratique – une vieille habitude de famille. Jacques Chirac, à l'époque, n'y aurait consenti que pour être agréable à sa femme et à sa belle-famille. Un château, à défaut d'un titre de noblesse... Cet ermitage lui ressemble peu, quoi qu'il en soit. Si peu qu'en le découvrant je comprends mieux ses raisons de le fuir à un moment de sa vie où il tente d'échapper à tout ce qui peut le renvoyer à sa condition de semi-reclus.

La première image de l'homme qui vient m'accueillir sur le pas de la porte, précédé de sa femme, n'est pas celle d'un hobereau sur ses terres. Avec son blue-jean et sa chemise africaine de couleur crème à larges motifs marron, il a tout l'air, dans sa tenue délibérément exotique, d'un touriste en partance pour les îles ou rentrant de quelque atoll de Polynésie. « C'est gentil d'être venu jusqu'à nous, me dit le Président d'un ton compatissant. Bernadette va vous conduire à votre chambre. » Agacée qu'il paraisse déjà lui dicter ses devoirs de maîtresse de maison, elle le rabroue illico : « Je sais ce que j'ai à faire, *Jaaacques*. Ne vous mêlez pas de ça... » Il feint de ne pas l'avoir entendue, la toisant avec une condescendance amusée. Premier round, en ma présence, d'un match conjugal qui ne fait que commencer.

Nous nous retrouvons peu après tous les trois dans le grand salon du château. Une cheminée monumentale. Des tapisseries, des coffres haute époque. Des tableaux de famille. Un assemblage rutilant de cuivres et de pièces d'armurerie. L'héritage d'une vieille dynastie française, celle de Bernadette de Courcel, qui sait de quelle haute lignée elle est issue. Un privilège que son mari, de plus modeste extraction, ne cherche pas à lui disputer, même s'il a prétendu un temps compter parmi ses lointains aïeux un médecin de Louis XIII dont il m'a longuement parlé. Avant de se faire une raison, faute de preuves généalogiques indiscutables : « Moi, au fond, je ne descends de personne. Je suis fils de moi-même ! »

Nous en arrivons très vite au sujet du jour : le « malaise vagal » dont vient d'être frappé le président de la République durant son footing quotidien. « Vagal, je ne connaissais pas ce mot. Vous savez, vous, de quoi il s'agit au juste ? » me demande Jacques Chirac qui se retient manifestement, devant son épouse, d'interpréter ce terme de manière plus grivoise. Sans pouvoir s'empêcher, néanmoins, de la provoquer : « Vagal, c'est curieux comme mot, vous ne trouvez pas ? On a dû l'inventer pour lui… Bernadette, vous qui êtes dans les secrets du pouvoir, vous devez bien avoir une petite idée de ce que ça veut dire… » S'abstenant de lui répondre, elle préfère le féliciter, un peu perfidement, d'avoir pris la peine de téléphoner à son successeur, dans l'après-midi, pour s'informer de son état de santé. « Ça lui a fait plaisir, *Jaaacques*, que vous l'appeliez, il en a été très touché. Vous devriez le faire plus souvent… Nicolas est un homme sensible, vous le savez bien. » Un ange passe. Concentré sur son verre de bière dont il déguste chaque lampée, le Président prend un air détaché, le sourire en coin. « Et alors, comment va-t-il ? » dis-je pour relancer la discussion. C'est la question qu'il attendait pour placer la petite réplique qui le démangeait : « Il va bien, assure-t-il dans un raclement de gorge. Aussi bien que possible. De toute façon, il en fait trop, beaucoup trop. Il ne sait pas se poser, c'est tout son problème. » Pour une fois, le couple paraît d'accord : Bernadette acquiesce mollement. Elle reconnaît que Nicolas devrait apprendre à mieux maîtriser son temps et économiser son énergie. Mais elle y met, de son côté, une indulgence presque maternelle : « C'est dans son caractère, que voulez-vous… » Constat auquel le Président ne trouve rien à redire tant il résume bien, en effet, le fond du « problème ».

Jacques Chirac remonte un instant dans sa chambre avant de me rejoindre sur la terrasse. Nous nous installons en plein soleil, l'un en face de l'autre, dans des chaises longues en bois blanc, autour d'une table de jardin. Je le sens plus enjoué qu'il ne l'était en présence de son épouse. Souriant, blagueur, chaleureux. Nous parlons de tout et de rien : le meilleur des préliminaires avec lui pour engager une conversation un peu plus approfondie. Arrive Scott, le labrador de Claude, qui vient se coucher à ses pieds et qu'il accueille d'un « Tiens, voilà Ducon ! », en le caressant distraitement. Il aime moins la compagnie des gros chiens, semble-t-il, leur préférant celle de modèles plus réduits, qu'on peut transporter avec soi comme des jouets en peluche.

J'en profite pour m'enquérir du sort de Sumo, son bichon maltais, devenu si agressif qu'il a dû s'en séparer, à regret, il y a quelques mois. Une boule de poils blancs qui, nostalgique des espaces verts de l'Élysée, avait fini par s'attaquer à tout le monde à force d'être cloîtrée dans l'appartement du quai Voltaire. « Il n'a pas supporté d'être enfermé, me raconte son maître, en apparence aussi inconsolable que s'il avait perdu le plus fidèle de ses compagnons. Personne ne pouvait plus l'approcher sans se faire mordre aussitôt. »

Devenu à son tour l'une des proies préférées de Sumo, le Président n'avait pu sortir un matin de sa chambre, obligé d'appeler à l'aide, la main en sang, pour évacuer l'animal qui l'empêchait de quitter la pièce, toutes dents dehors. La cohabitation n'était plus tenable. Si bien qu'il avait fallu se résoudre à envoyer Sumo finir ses jours dans un chenil des environs de Paris. Jacques Chirac, s'il n'avait tenu qu'à lui, l'aurait bien gardé, même s'il a quelque peu perdu l'habitude de dompter les fauves. Mais son entourage s'est employé à le ramener à la raison.

L'un de ses officiers de sécurité nous apporte les deux gin tonic que le Président a fait préparer d'autorité : « Je sais ce qu'il vous faut ! » me lance-t-il, railleur, en se mettant aussitôt à siroter le sien avec bonheur. S'il a cessé de dévorer à toute heure du jour les plats les plus roboratifs, contraint depuis son AVC à davantage surveiller son alimentation, sa soif paraît en revanche inextinguible. Il ne boit ni vin ni café, mais, outre ses bières et gin tonic quotidiens, il raffole des punchs et autres piña colada qu'il peut consommer sans modération ou presque. Chez lui ou à son bureau, mais de préférence à la Rhumerie, boulevard Saint-Germain, un de ses repaires favoris. Il aime à y faire des haltes prolongées en fin d'après-midi, ou le week-end, en compagnie de Jean-Louis Debré, avant de réintégrer, quelque peu grisé, le domicile conjugal. C'est un des derniers plaisirs, avec la contemplation des filles, encore susceptibles d'illuminer une existence devenue par trop languissante. Quelle raison aurait-il de s'en priver ?

Je lui demande, ne l'ayant pas revu depuis lors, comment s'est passé, à la mi-juin, son voyage au Gabon avec Nicolas Sarkozy pour les obsèques d'Omar Bongo. Sachant qu'il y a été plus applaudi que son successeur, ouvertement conspué à leur arrivée par des groupes de manifestants, je suis curieux de connaître sa version des faits. Il commence par éluder le sujet, affectant de n'avoir rien remarqué des incidents dont on parle : « Tout s'est très bien passé. C'était parfait, très réussi… » Avant d'apporter un correctif qui se veut anodin : « En tout cas, pour moi ! » Il complète d'une phrase, sans se départir de la même cruelle bonhomie : « Les Africains savent d'instinct si on les aime ou non, ils ne se trompent jamais à ce propos. »

Il me raconte que les dirigeants gabonais, tous appartenant au clan du défunt et tous se disputant sa succession, le sollicitent beaucoup pour obtenir son appui ou bénéficier de ses conseils. Mais il refuse de les prendre au téléphone. Chargé jadis par Hafez el-Assad puis Hassan II de guider les premiers pas de leur héritier respectif, Bachar el-Assad pour l'un, Mohammed VI pour l'autre, et de leur servir de tuteur, il a résolu de ne plus se mêler de ces affaires dynastiques qui ne lui ont valu que des désagréments. Échaudé par les brouilles ou les crispations qui en résultèrent, il s'abstient désormais de toute médiation de ce genre. Une expérience plus récente a d'ailleurs achevé de l'en dissuader.

Sa dernière déconvenue concerne Saad Hariri, malgré les liens quasi paternels qui l'unissent au jeune Premier ministre libanais. Chaque jour, à heure fixe, Jacques Chirac appelle Nasek, la veuve de Rafic Hariri et belle-mère de Saad, pour prendre de ses nouvelles et de celles des autres membres du clan. Coup de téléphone amorcé par une formule devenue rituelle – « *I call you for a little coucou!* » – dont il articule chaque syllabe dans un anglais à l'accent irrésistible. Mais s'il reste en contact quotidiennement avec Nasek Hariri, sa relation avec Saad semble s'être quelque peu distendue. Lorsque je lui demande s'il continue de le voir et de le conseiller, il me répond que non, sans parvenir à masquer sa déception :

« Il a pris ses distances. Enfin, pas sur le plan affectif...

– Il vous téléphone régulièrement ?

– De temps en temps... mais c'est surtout avec Nasek, la veuve de Rafic, que j'ai conservé des contacts... »

Il se lisse longuement les cheveux, en silence, avec la paume de la main. Puis il revient sur le sujet, comme après avoir pris soin de peser ses mots :

« Je pense qu'il a eu tort d'accepter d'être Premier ministre[1]. C'est une décision qui le condamne à faire allégeance à Bachar et à aller tôt ou tard serrer la main de l'assassin de son père[2]. Les Syriens, qui sont des gens malins, l'ont piégé. Ils l'ont fait nommer, puis ils le vireront dès qu'ils n'auront plus besoin de lui, avant de s'en débarrasser définitivement et par tous les moyens. Sa belle-mère, qui est une femme très instruite, intelligente et cultivée, l'a très bien compris. Il s'est mis en situation d'être l'obligé des Syriens. Il ne fallait pas qu'il devienne Premier ministre. Mais, hélas, il ne m'a pas écouté... »

Il hausse les épaules dans un geste d'impuissance ou de fatalisme, puis se referme de nouveau sur lui-même,

1. Saad Hariri a accepté, le 27 juin 2009, de former un gouvernement d'union nationale qu'il ne parviendra pas à réunir, faute de majorité. Après avoir renoncé, le 10 septembre, il réussira, six jours plus tard, à constituer son gouvernement.

2. De fait, il se rendra à Damas le 19 décembre 2009 pour une rencontre officielle avec Bachar el-Assad.

le visage figé, le regard ailleurs. Je connais bien, chez lui, ces moments d'absence, de mutisme infranchissable, où il semble moins replié sur ses pensées que désireux de faire le vide, de s'extirper de tout ce qui l'encombre. Saisi d'un bâillement qu'il peine à réprimer, il se soulève lentement de son siège, forçant sur ses jambes pour se redresser. « Je vais me reposer une petite heure dans ma chambre, m'annonce-t-il. Promenez-vous, en attendant. Nous nous retrouverons pour le dîner. »

Je ne le laisse pas partir sans lui rappeler, au cas très improbable où il l'aurait oublié, que nous devons réserver un peu de temps, durant mon séjour, pour travailler ensemble à la suite de ses *Mémoires*. Il fait l'étonné, feignant de ne pas comprendre, les yeux écarquillés, puis me rétorque en soupirant : « Ah oui, c'est vrai… *votre* livre ! » Un jeu dont il ne paraît toujours pas se lasser. Ma réponse ne varie guère, elle non plus : « Non, le vôtre, Monsieur le Président ! » Il fait mine d'acquiescer : « Oui, si vous voulez ! » – puis revient à la charge : « Vous devriez le signer, je vous assure. Ce serait beaucoup mieux à tous égards. » Et d'ajouter, plus provocateur que jamais : « Je pourrai toujours dire que je vous ai aidé à l'écrire ! » Il a l'air si content de sa dernière trouvaille que je m'empresse, par jeu à mon tour, d'y souscrire et de l'en féliciter : « C'est une idée de génie, Monsieur le Président. On aurait pu penser plus tôt à cette solution, c'est de loin la meilleure. En somme, vous vous présenteriez comme mon collaborateur. Ça ne manquerait pas de surprendre ! » Comme pris de court, il n'insiste pas : « Bon… Demain matin, alors. »

Il avance vers le perron, la démarche encore engourdie, quand je le vois s'immobiliser tout à coup, apparemment inquiet, tracassé. Il fait signe à ses gardes du corps de se rapprocher de lui : « Où est ma femme ? Que fait ma femme ? Savez-vous où elle se trouve ? » Il s'impatiente, presse ses hommes d'aller se renseigner avec une telle nervosité que l'un d'eux consent à se dévouer pour partir en quête de l'épouse disparue, au risque de la déranger et d'essuyer ses humeurs. Informée que son mari la cherche partout, selon son habitude, Bernadette Chirac finit par réapparaître, sortant du pavillon de l'entrée.

Elle traverse l'allée sans se hâter, comme pour lui signifier qu'elle n'entend pas obtempérer sur-le-champ, et se dirige droit vers lui, la tête dans les épaules, le visage fermé, tandis qu'il l'apostrophe : « Mais où étiez-vous donc passée ? » Elle lui fait front, exaspérée : « Qu'est-ce qui vous prend, *Jaaacques*, d'alerter tout le voisinage dès que je m'absente quelques minutes ? Je suis libre d'aller où je veux sans vous rendre de comptes, laissez-moi tranquille !... Et puis, vous savez très bien où j'étais et qui je suis allée voir, je vous l'ai dit avant de partir. » Elle lui rappelle cela avec véhémence, mais sans plus de précisions, probablement parce que je suis présent. Esquissant un mouvement de recul comme pour se protéger de la semonce qui s'abat sur lui, le Président marmonne qu'il ne s'en souvient pas, avant de battre en retraite sans demander son reste.

Un remake permanent, en plus cocasse parfois, du *Chat* de Simenon et des *Scènes de la vie conjugale* du couple Jouhandeau. La séquence suivante a lieu au cours du repas qui se tient dans l'immense salle à manger de Bity.

« Mon mari n'aime pas sortir le soir, hélas pour moi ! Nous dînerons donc entre nous et de bonne heure, si ça ne vous gêne pas », m'a prévenu Bernadette Chirac dès mon arrivée. Prenant place au bout d'une longue table en bois massif, le Président me fait asseoir à sa droite, son épouse en face de moi. Il paraît d'humeur assez joviale. L'algarade de tout à l'heure semble déjà oubliée : il a faim et soif, et c'est la seule chose qui compte.

À peine sommes-nous installés que le Président presse son majordome de lui apporter une bière et de servir le premier plat. Sa voisine le sermonne gentiment : « Voyons, *Jaaacques*, nous avons tout le temps. N'oubliez pas que nous avons un invité, ce soir… » Il se tourne aussitôt dans ma direction, déployant tout son savoir en matière d'amabilités pour me redire combien ma venue leur fait plaisir, à sa femme comme à lui, et à quel point il y est personnellement sensible, « d'autant que vous aviez sans doute quelque chose de plus passionnant à faire ailleurs, ironise-t-il, alors qu'ici… ». Bernadette Chirac ne relève pas cette pique qui lui est probablement destinée. Elle s'applique au contraire à ignorer ce que son mari peut dire pour ne s'adresser qu'à moi seul, avec toute l'attention qu'elle estime devoir réserver à leur hôte.

Plus volubile que jamais, elle prend son temps, se lance dans un exposé détaillé de son travail d'élue en Corrèze, des actions qu'elle mène, des dossiers qu'elle défend… Un quart d'heure s'écoule sans qu'elle ait encore entamé son entrée alors que son époux a déjà fini la sienne, impatient de passer au plat suivant. Il s'agace de son retard, l'exhorte à accélérer le rythme : « Mangez donc, on n'attend plus que vous… Vous avez assez parlé ! » Elle le foudroie du regard, s'insurge contre ses « mauvaises manières ». L'atmosphère entre eux devient de plus en plus électrique, jusqu'à virer d'un coup à l'affrontement quand, excédé par sa lenteur, le Président ordonne au majordome de retirer l'assiette de sa femme pour apporter la suite. Ce dernier, visiblement habitué à ce genre de situation, ne réagit pas. Affichant une prudente neutralité, il laisse les belligérants régler leur petit différend et continue de vaquer à ses occupations. De mon côté, je n'ai d'autre choix que d'assister, quelque peu médusé, à ce nouvel épisode du mélodrame permanent que le couple semble mettre en scène et interpréter pour divertir ses visiteurs.

Un jeu, sans doute, mais qui leur échappe parfois, au point d'en paraître à leur tour désarmés. La dispute menaçant de dégénérer, c'est Bernadette Chirac qui, cette fois, prend l'initiative de lâcher prise. Elle fait en sorte que son mari soit servi à part, sans être obligé de l'attendre, et continue de manger à son rythme avant de l'inciter à regagner sa chambre, son repas terminé. « *Jaaacques*, vous êtes fatigué, vous devriez aller vous coucher », lui glisse-t-elle d'une voix conciliante. Il s'éclipse aussitôt, ravi, soulagé, en nous souhaitant bonne nuit, après s'être penché vers son épouse pour effleurer sa joue dans un geste d'apaisement.

À peine est-il parti que je sens Bernadette Chirac préoccupée par ce qui vient de se passer. Ce n'est plus la souveraine distante et impérieuse que j'ai devant moi, mais une femme désemparée et comme démunie face à une réalité qui paraît la terrifier. Elle ne me cache pas qu'elle s'inquiète beaucoup du comportement erratique de son mari, de ses accès de nervosité, de ses pertes de mémoire. « Ce sont les séquelles de son AVC. Je suis convaincue qu'il a un problème au cerveau, lâche-t-elle avec cette franchise brutale dont elle peut être coutumière. Il faudrait qu'il accepte de passer des tests. Je connais le meilleur spécialiste. Mais mon mari refuse de le rencontrer. »

Elle me demande si j'ai observé des troubles du même ordre en travaillant avec lui. « J'ai besoin de le savoir, c'est très important pour moi », insiste-t-elle. Je suis embarrassé pour lui répondre. Non par crainte de la vérité, mais parce que j'ai du mal à formuler ce que je pense de manière aussi catégorique. Le « problème » dont souffrirait le Président, selon elle, me paraît plus complexe que le résumé clinique qu'elle en a fait. Je n'ignore rien de ses difficultés parfois saisissantes à se souvenir des périodes les plus récentes de son existence, à se situer dans le temps jusqu'à oublier les dates exactes de ses fonctions successives – « J'étais quoi, à cette époque ? » –, y compris quand il s'agit de sa présidence. Mais s'il m'arrive de rentrer bredouille de nos entretiens et de me heurter à des moments d'absence, de lassitude, je les impute avant tout à un état dépressif dont le Président n'est jamais sorti depuis la fin de sa vie politique. Ce qui n'empêche pas qu'il se soit beaucoup livré et raconté au fil des mois, plus que je ne l'espérais et qu'il ne l'avait jamais fait auparavant. Si bien que tout le matériau accumulé permettrait d'alimenter non seulement un volume de *Mémoires* consistant, mais un second que nous n'avions pas prévu… « Ce que vous me dites là me rassure, me glisse Bernadette Chirac avec un léger sourire. Mais on ne m'enlèvera pas de l'idée… » Elle s'abstient cette fois de préciser sa pensée.

La soirée ne fait que commencer et l'épouse du Président ne semble nullement disposée, quant à elle, à se retirer dans sa chambre. Elle suggère que nous profitions d'être tous les deux pour travailler « en toute tranquillité » – une chance, au fond, qu'« il » soit monté se coucher – sur les derniers chapitres rédigés, ceux concernant la période 1986-1988, le retour de son mari à Matignon, l'expérience de la première cohabitation. Elle se met à parcourir le texte, stylo à la main, s'attarde sur un mot, une phrase, émet çà et là quelques critiques de détail. Elle s'applique d'abord à tout lire, y compris ce qui, à l'évidence, l'intéresse peu : les passages traitant d'économie et de diplomatie. Mais son attention se relâche assez vite, faute, me dit-elle, d'avoir « un avis à formuler sur ces questions-là ». Ce qui la passionne bien davantage et sur quoi elle manque rarement, en revanche, d'avoir une opinion à exprimer, son véritable domaine de compétence, c'est la politique. Depuis qu'elle s'est affranchie de la tutelle de son époux, elle ne s'est jamais sentie aussi qualifiée pour en parler, si ce n'est plus experte que lui pour le faire.

Entre les pages et en s'éloignant très vite des *Mémoires*, elle s'adonne à son jeu favori : distribuer bons et mauvais points aux prétendants d'hier et d'aujourd'hui en prenant quasi systématiquement le contre-pied de son mari dans l'ordre de ses préférences. Dénigrer ses protégés à lui pour mieux vanter les mérites de ceux qu'« il » n'aurait « jamais su apprécier à leur juste valeur ». À la seule exception d'Édouard Balladur, sur lequel elle admet s'être également trompée. Pour le reste… « Voyez Juppé, à force de passer pour le meilleur, il ne l'est jamais devenu ! Le seul à avoir des qualités d'homme d'État, c'était Philippe Séguin. Un caractère certes très difficile et même impossible, mais avec du cœur et de l'énergie à revendre. Et quel orateur ! Dans ses discours, il déchiquetait Balladur comme du bifteck, à pleines dents, sans jamais le lâcher, s'exclame-t-elle en mimant la scène. C'est lui qui a eu sa peau ! » Elle me raconte ce soir de campagne électorale où elle attendait Séguin pour un meeting en Corrèze et où il lui fit défection au dernier moment après avoir démissionné avec fracas de la présidence du RPR. « J'ai essayé de le raisonner au téléphone en lui disant qu'il ne pouvait pas me faire ça. Mais il m'a expliqué qu'il était à bout, qu'il n'en pouvait plus de ce qu'on lui faisait subir. Je voyais très bien ce qu'il voulait dire. Je n'avais aucun mal à le comprendre. Depuis, nous sommes restés très liés. C'est un gaulliste authentique. Il n'y en a plus beaucoup dans son genre ! »

Est-ce pour les mêmes raisons – non ses convictions politiques, mais son statut de disgracié de la Chiraquie – qu'elle a pris le parti de Nicolas Sarkozy en ravalant sa rancune et en surmontant tous les griefs qu'elle pouvait nourrir contre lui ? Une raison solide, en tout cas, même si ce n'est probablement pas la seule. « Je le rencontrais en cachette en dehors de l'Élysée, à l'insu de mon mari et de Claude qui le détestait, se flatte-t-elle. J'avais interdiction absolue de le fréquenter. On le traitait comme un pestiféré. “Vous vous rendez compte, m'a-t-il dit un jour en parlant de mon mari, il ne m'a jamais convié à un seul voyage officiel !” Et c'était malheureusement vrai… »

Lorsqu'elle reprend sa lecture dont elle a fini par perdre le fil à force de digressions, je l'entends hoqueter de rire, tout à coup. Elle pousse un « Oh ! » d'effarement ou de consternation. En épluchant la liste des membres du gouvernement de 1986 cités dans le texte, elle est tombée sur un nom dont elle se serait bien passée : celui de Michèle Barzach, alors en charge de la Santé. « Qu'a-t-elle donc fait, celle-là, pour mériter un tel hommage ? » se gausse-t-elle en m'observant du coin de l'œil. Je comprends qu'elle ne fait pas simplement allusion à ses qualités de ministre. C'est ce soir-là qu'elle me parlera brièvement, mais sans détour, de la place que « les autres femmes » ont occupée dans la vie du Président, et poussera l'ironie jusqu'à me proposer son aide pour rédiger un chapitre spécial à leur sujet.

Difficile de savoir ce qui l'emporte, chez elle, de l'amertume d'avoir subi tant d'infidélités ou de la secrète fierté d'être, en fin de compte, restée « la seule ». L'esprit de vengeance qu'on lui attribue se nourrit sans doute de l'une et l'autre de manière indissociable. « J'ai menacé cent fois de m'en aller », me déclarera-t-elle ce même soir. Preuve, s'il en était besoin, d'un attachement plus profond qu'elle ne veut aujourd'hui le reconnaître. De ceux qui ne se discutent pas, mais qu'on peut remettre en cause chaque matin.

*

Il surgit très tôt, en babouches et robe de chambre, pour chercher quelque chose à grignoter dans la cuisine où je prends un café en bavardant avec ses officiers de sécurité. « Déjà levé ? À tout à l'heure ! » me lance-t-il sans s'attarder. En grande forme, semble-t-il, et comme requinqué après l'incident de la veille dont il a probablement tout oublié. À peine ai-je le temps de lui rappeler notre séance de travail prévue pour le début de matinée qu'il s'est empressé de disparaître.

Il redescend dans la salle à manger à l'heure dite, en bras de chemise, la ceinture du pantalon remontée jusqu'à l'estomac, chaussé de ses habituels mocassins noirs usagés. L'air studieux de celui qui ne rechigne pas à la tâche, mais s'en dispenserait volontiers. « Je suis à vous ! s'exclame-t-il les bras grands ouverts. Comment voulez-vous que nous nous installions ? Le mieux serait de s'asseoir l'un en face de l'autre : comme ça, vous pourrez me surveiller… »

Il soupèse la centaine de feuillets que je lui ai apportée en simulant une réaction d'effroi : « Fichtre ! Nous en avons pour plusieurs jours ! Autant s'y mettre tout de suite. » Puis il chausse ses lunettes et pose avec soin devant lui son outil fétiche : le traditionnel feutre à encre rouge dont il se sert depuis l'Élysée pour annoter ou corriger les textes qu'on lui soumet. Coudes plantés sur la table, tête vissée entre les mains, il parcourt chaque ligne avec lenteur et minutie. Le visage clos, impassible. Lui qui, d'habitude, triture la moindre phrase de ses discours jusqu'à la dernière minute, il corrige peu, s'interrompt pour rayer un mot, changer une virgule. Il passe d'une page à l'autre en me les rendant successivement sans émettre aucun commentaire ni même lever les yeux. Rien. Pas un regard. Pas un mot d'approbation ou de refus. Un silence imperturbable.

Déconcerté, la première fois, par son absence de réaction, je m'étais demandé avec un peu d'anxiété ce qu'il pensait vraiment du résultat de nos entretiens. Il m'avait tranquillisé, sa lecture terminée, en se bornant à dire que tout allait bien et qu'il n'avait aucune objection à formuler. Depuis lors, je me suis accoutumé à attendre patiemment qu'il ait fini pour connaître son opinion. Exprimée en général, comme ce matin-là, de façon très succincte : « C'est parfait », conclut-il une heure plus tard en me remerciant d'avoir reproduit très exactement tout ce qu'il m'avait dit de ses relations avec François Mitterrand, et restitué *in extenso* l'hommage qu'il souhaitait lui rendre dans ses

Mémoires. Comme si je pouvais faire autrement que d'en tenir le plus grand compte…

On est pourtant loin de la simple mise en forme de ses souvenirs dont j'ai été chargé au point de départ. Non seulement parce que ces souvenirs n'ont rien chez lui de spontané ou de naturel et qu'ils exigent d'être exhumés peu à peu d'une mémoire rebelle ou défaillante, en y consacrant tout le temps nécessaire. Mais surtout parce qu'il s'agit, une fois ce matériau obtenu, d'en tirer la trame d'une véritable confession qui ne se résume pas à un assemblage hétéroclite d'anecdotes et de réflexions. Même complété par celui de ses proches et enrichi de documents d'archives, son seul témoignage n'y aurait pas suffi si je n'avais dû me substituer, en quelque sorte, à son personnage. M'assimiler à lui de la même façon qu'un acteur s'identifie à celui qu'il est censé interpréter jusqu'à parvenir à se dédoubler. Exercice d'autant plus nécessaire, là encore, que Jacques Chirac use rarement et difficilement du « je » dans la vie courante – d'où sa répugnance à toute évocation de soi – et qu'il m'a donc fallu, en écrivant, apprendre à le faire à sa place. Et, par là, m'efforcer de restituer sa voix, son style, ses façons de s'exprimer, en m'inspirant au plus près du ton, du langage employés lors de nos conversations – une certaine gouaille en moins, qu'il n'eût sans doute pas jugé « convenable » de retrouver dans les *Mémoires* d'un ancien président de la République…

« Il faut que nous y allions, me dit-il en se levant, requis par une tâche plus urgente. Ma femme a prévu de vous faire visiter le musée qui porte mon nom. Elle pense que ça peut vous intéresser… En tout cas, ça vous fera toujours un peu de culture ! » me lance-t-il, moqueur, en me donnant une tape amicale dans le dos. Puis, soudain intrigué, il se tourne vers le garde du corps venu nous chercher : « À propos, où est ma femme ? – Elle vous attend, Monsieur le Président. – Ah bon, pour une fois qu'elle est à l'heure… »

Le musée est situé à quelques kilomètres du château, sur la petite commune de Sarran, fief de Bernadette Chirac qui siège au conseil municipal et représente le canton au sein de l'assemblée départementale. Conçu sur le modèle de celui de François Mitterrand à Château-Chinon, il renferme les milliers de cadeaux, livres, tapis, objets, meubles, œuvres d'art offerts à Jacques Chirac par les autres chefs d'État durant ses douze années de présidence. Ouvert en 2001, le lieu a connu un grand succès à ses débuts, avant de voir le nombre de ses visiteurs décliner au fil des ans. Aujourd'hui, pour relancer la fréquentation et raviver l'intérêt autour d'un lieu qui souffre d'être isolé et difficile d'accès, on y organise chaque été une exposition temporaire prestigieuse. Celle de l'année en cours est consacrée aux trésors d'une des plus célèbres collections de céramique chinoise ancienne, la collection Meiyintong. La prochaine présentera en 2010 les créations de Christian Dior.

C'est à l'instigation de Bernadette Chirac et sous son impulsion que des événements d'une telle ampleur peuvent être réalisés. L'épouse du Président est d'ailleurs ici chez elle, plus encore que son mari, lequel se mêle assez peu de ce qui s'y passe. Elle a fait de ce musée son affaire personnelle et le montre dès notre arrivée sur place par la façon aussitôt froide et distante dont elle traite la conservatrice accourue pour nous accueillir. Elle lui adresse à peine la parole, lui reprochant, me précisera-t-elle peu après, de ne pas assez exposer les plus belles œuvres du musée.

« Certaines ne sortent jamais des réserves. Mais elle n'en fait qu'à sa tête. J'ai beau le lui dire, rien n'y fait ! Nous ne sommes pas en très bons termes, vous l'aurez compris. » Sentant que sa présence n'est pas jugée indispensable, la conservatrice en question, une fois son devoir accompli, se tiendra prudemment à l'écart de la visite présidentielle dont Bernadette Chirac a pris d'emblée le commandement.

Le Président, qui traîne un peu les pieds en attendant l'heure du déjeuner, délègue volontiers à son épouse la tâche, pour lui fastidieuse, de me servir de guide. Bernadette Chirac me présente les pièces majeures de l'exposition permanente. Un ensemble foisonnant de « cadeaux » en tout genre, où des masques précolombiens côtoient des bottes de cow-boy offertes par Bill Clinton ; un modeste tabouret d'apparat d'une tribu camerounaise, la rutilante parure en or blanc, diamants et émeraudes, envoyée par le prince Abdallah d'Arabie saoudite, voisinent avec des ceintures de sumotori, une tête de reine mère en bois sculpté venant du Bénin. Des œuvres souvent rares et originales dont Bernadette Chirac m'explique en détail l'histoire et la provenance. C'est pourtant du Président que je préférerais recueillir les commentaires dans l'espoir de glaner au passage quelques souvenirs supplémentaires pour ses *Mémoires*. Mais il a l'esprit au loin et avance d'un pas errant le long des allées en répondant d'un hochement de tête aux salutations des autres visiteurs qui le croisent, souvent surpris de le trouver là. Ils le seront plus encore lorsqu'ils le découvriront un peu plus tard, les yeux mi-clos, assis sur une chaise, légèrement en retrait, jambes croisées, visage immobile, comme statufié. Devenu en quelques minutes la principale attraction du musée.

Alors que la visite se termine et qu'il nous a rejoints, Bernadette Chirac insiste pour lui présenter une de ses connaissances. Le Président rechigne en apprenant qu'il s'agit d'un prêtre : « Encore un de vos curés ! » Il fait exprès de l'éviter. Puis, cédant aux instances de son épouse, il serre sans un mot la main de l'ecclésiastique avant de tourner les talons, à la fois mécontent de s'être laissé imposer cette rencontre et satisfait, dirait-on, d'avoir pu rappeler au passage son vieux fond d'anticléricalisme héréditaire.

Sa réaction ne me surprend pas. En vieillissant, son côté « hussard noir », « petit-fils d'instituteurs de la IIIe République », sa fibre « rad-soc », en bref, n'ont jamais été si manifestes. Très critique sur le fonctionnement de l'Église, il défend le principe de laïcité comme un bien de famille, en commençant par se l'appliquer à lui-même. Il se veut exemplaire en ce domaine : un modèle de vertu républicaine. Je me souviens d'un échange impromptu à propos de Jean-Paul II où, en dépit de son admiration pour ce pape-là, il reconnut avoir beaucoup hésité avant de se rendre au Vatican pour représenter la France à ses obsèques, en tant que chef d'un État laïc et républicain. C'est pourquoi il avait reçu le Saint-Père lors de son tout dernier voyage officiel, non à Lourdes où il se rendait, mais à Tarbes, hors du sanctuaire, « par souci de préserver la séparation des genres. Et cela pour une raison simple, m'expliqua-t-il, qui tient au respect que l'on doit aux personnes ne partageant pas les mêmes opinions. Figurez-vous qu'il y a encore des gens qui lèvent le pied gauche dans la rue pour conjurer le sort dès qu'ils voient une soutane. Ce n'est pas mon cas, naturellement. Mais ces gens-là font partie de la communauté nationale et il n'y a pas lieu de les choquer ».

S'il se défend d'être aussi anticlérical qu'il le donne à penser, Jacques Chirac cache de moins en moins, à l'âge où, ne pouvant plus faire illusion, il ne lui sert plus à grand-chose de faire semblant, son allergie à toutes les formes de « bondieuserie » et autres « prêchi-prêcha ». Il s'endort volontiers et sans manières à la messe lorsqu'il est obligé de s'y rendre. Provocateur, il plaide avec force, en privé, pour le mariage des prêtres. Et il ne manque jamais, surtout devant sa femme, de fustiger « les ors et les pourpres vaticanesques », en proclamant qu'il se fait de la religion « une idée moins agressive et moins ostentatoire ». Pour lui, l'Église a laissé passer « une belle occasion de se dépoussiérer et de toucher le cœur des plus modestes » en n'élisant pas à sa tête « quelqu'un » comme l'abbé Pierre. « Dommage qu'ils ne l'aient pas fait pape », a-t-il glissé à son voisin, le jour des obsèques du fondateur d'Emmaüs, alors qu'il était encore président de la République. Et d'ajouter à voix assez haute pour être entendu : « Ils sont cons, ces curés ! » L'un de ceux qui célébraient l'office se retourna à ce moment-là et le chef de l'État s'efforça de le rassurer : « Je ne dis pas ça pour vous, Monsieur le curé ! » Revenant sur cet épisode, il estimera qu'« il aurait mieux fait de se taire, ce jour-là », compte tenu de « l'endroit », mais sans regretter vraiment ses propos : « C'était, de ma part, une appréciation sans doute hasardeuse, mais je reste persuadé que beaucoup de chrétiens partagent ma conception du catholicisme. Je crois que l'Église aurait tout intérêt à se dépouiller d'un certain faste, même si les catholiques du haut du panier y sont naturellement sensibles. Mais ce sont d'abord ceux qui font la masse qu'il faut attirer et convaincre… »

Jacques Chirac aime toujours à rappeler, s'agissant de l'abbé Pierre – « un saint homme dont le jugement m'a toujours été utile » –, le soutien qu'il lui apporta dans son combat pour améliorer le sort des plus déshérités : « C'est moi, il ne faudrait pas l'oublier, qui ai fait voter la loi sur la réquisition des logements parisiens inoccupés. Loi dont les effets, déplore-t-il, n'ont pas été ceux que j'escomptais, parce que beaucoup de ces appartements appartenaient à la bourgeoisie et que celle-ci l'a aussitôt interprétée comme une atteinte à ses biens. Les bourgeois qui ont vu débarquer des traîne-patins dans leurs boiseries n'étaient pas contents, ça va sans dire. Mais l'égoïsme des gens qui vivent dans le confort et ne veulent pas voir ce dont les autres ont besoin me scandalise ! » Et quand on lui fait remarquer que beaucoup d'entre eux ont été ses électeurs, il rétorque qu'il ne s'est jamais senti pour autant leur « prisonnier » : « En matière d'électeurs, ma philosophie a toujours été : qui m'aime, me suive. Le risque, c'est d'aller dîner chez ces gens-là et d'être ensuite leur obligé. C'est pourquoi je l'ai fait le moins possible, dans la mesure où je savais qu'il s'agissait d'électeurs à arrière-pensées. »

Après un déjeuner rapide au restaurant du musée, puis être rentrés à Bity pour la sieste rituelle du Président, nous repartons, lui et moi, en milieu d'après-midi, à destination de Sainte-Féréole. Cette escapade n'était pas prévue. Elle a été décidée au cours du repas. Lorsqu'il m'a demandé si je souhaitais visiter un endroit particulier, je lui ai naturellement répondu : « les lieux de votre enfance ». Il a accepté aussitôt de m'y emmener en me disant qu'il avait rarement l'occasion de s'y rendre. Pour une raison que je comprendrai un peu plus tard. Bernadette Chirac, quant à elle, a tenté de m'en dissuader : « Je vous préviens, vous n'aurez pas grand-chose à y voir… » Mais le Président a fait comme s'il n'entendait pas – forme, chez lui, d'une surdité pas toujours involontaire.

Nous voici donc en route, assis l'un à côté de l'autre à l'arrière de sa Citroën bleu métallisé, précédée par la voiture de ses gardes du corps. C'est durant ce trajet qu'il se mettra à me raconter, soudain aussi disert qu'il paraissait cadenassé le matin même, quelques-unes de ses anecdotes préférées sur Valéry Giscard d'Estaing, toutes irrésistibles de drôlerie et de suave méchanceté. Jacques Chirac peut être un conteur savoureux quand il le veut bien. Mais toujours plus loquace sur les autres que sur lui-même.

Il m'a un peu parlé de ses années de jeunesse à Sainte-Féréole et de ce qu'elles ont représenté pour lui de liberté et d'insouciance. Les virées à bicyclette, les parties de chasse et de pêche dans la campagne environnante, de baby-foot au café du village. L'ivresse, surtout, de s'appartenir tout entier, ou presque. Car il lui fallait aussi compter avec l'autorité peu accommodante d'un père qui l'obligeait, pour rattraper des résultats scolaires jugés insuffisants, à travailler dans sa chambre des après-midi entiers. Mais dans la mémoire de Jacques Chirac, ne subsiste aujourd'hui de cette époque que le souvenir lumineux de grandes vacances riches de découvertes et d'aventures. Ce sont les seules images de Sainte-Féréole dont il aime à se rappeler, quand les autres semblent avoir glissé dans un oubli sans fond. Enfouies à jamais comme tant de moments de son existence.

Il ne m'avait jamais dit, comme s'il n'y attachait plus la même importance, qu'il y possédait toujours la maison de ses parents. Je ne l'apprendrai qu'une fois sur place. Tandis que nous montons à pied vers le centre du village, il fait halte tout à coup devant une vieille bâtisse aux volets blancs donnant sur la rue, d'allure assez modeste, avec sa façade de pierres grises et ses pots de géraniums posés à même le sol : « C'est ici que nous habitions, me dit-il en la désignant. J'en ai hérité à la mort de ma mère. Mais elle est louée aujourd'hui à un habitant du bourg. C'est ma femme qui s'en occupe… » Il ne s'attarde pas, devenu comme indifférent à cette maison de famille où il n'est probablement pas entré depuis longtemps. D'autres l'habitent désormais, et tout est bien ainsi : le pire, à ses yeux, eût été d'en faire une sorte de mausolée dédié au personnage le plus illustre de la commune. Cette demeure n'est plus à lui, d'une certaine manière, et il ne donne pas l'impression de le regretter. Pas question, par conséquent, de pouvoir la visiter. Ce serait faire intrusion dans la vie d'autrui et je le sens d'une certaine manière soulagé de ne pas avoir à me le proposer, le regard déjà tourné vers l'étape suivante. Toujours, chez lui, cette façon si troublante et singulière de rester à distance de sa propre histoire, de passer à côté d'elle comme si elle avait vite cessé de le concerner…

On perçoit pourtant que tout ici lui est familier, comme s'il ne s'était jamais éloigné, en réalité, de l'univers ludique et débridé de son adolescence corrézienne. Il ne se souvient pas forcément du nom de tous ceux qui s'arrêtent pour échanger quelques mots avec lui. Mais aucun visage ne semble lui être vraiment étranger. Il les a tous croisés un jour ou l'autre au cours de ses campagnes électorales, et certains le connaissent de plus longue date. Méthode d'approche et technique de contournement à la fois, il demande à chacun des nouvelles de sa famille, quitte à s'informer de l'état de santé d'une grand-mère décédée depuis longtemps ou du parcours professionnel d'un fils qui n'a jamais existé. Même s'il les a un peu perdus de vue au fil du temps, et peine parfois à les identifier quand il ne les confond pas, il est là au milieu des *siens*, des hommes et des femmes auxquels l'unissent des liens très anciens faits de services rendus, de fêtes partagées, de retrouvailles épisodiques un jour d'élections, de mariage ou d'enterrement.

Le patron du café, sur la place du bourg, est une de ses vieilles connaissances. Il paraît à peine surpris de le voir débarquer dans son établissement en toute simplicité, les mains dans les poches : Chirac est ici chez lui comme partout en Corrèze. Tutoiement, embrassades, complicité immédiate. Nous ressortons pour boire un verre en terrasse. Ce n'est pas celle de Sénéquier où il aime tant à s'attabler lors de ses séjours tropéziens pour regarder passer les filles court vêtues, ragaillardi de pouvoir encore les enlacer le temps d'une photo-souvenir. À Sainte-Féréole, ses admiratrices sont d'un autre âge et lui-même fait un peu figure de vétéran assagi aux yeux des autochtones qui, vite informés de sa présence, accourent pour lui serrer la main et prendre gentiment de ses nouvelles. Ce n'est plus le conquérant d'autrefois, étourdissant d'entrain et de vitalité, qu'ils viennent saluer, mais une sorte de héros fatigué auprès duquel on veille à ne pas trop s'incruster par crainte de l'ennuyer ou souci de respecter sa tranquillité. « Il a pris un coup de vieux, tu ne trouves pas ? » glisse l'un d'entre eux à l'oreille de son voisin, avant de s'éloigner.

S'il n'entend pas tout ce qui se dit à son sujet, Jacques Chirac n'est sans doute pas dupe de l'effet qu'il produit.

Loin de s'en inquiéter ou de chercher à la démentir, il semble plutôt se complaire à entretenir la dernière idée qu'on se fait de lui. L'art de se projeter dans ses personnages successifs est peut-être celui qu'il aura le mieux maîtrisé jusqu'au bout. Aussi énigmatique et insaisissable dans ses habits de guerrier déclinant que dans ceux du spadassin réactionnaire, du politicien supposé inculte et du chef sous influence. Même la vérité la plus cruelle peut être faite, chez cet homme-là, de ruses et de faux-semblants.

Avant de quitter Sainte-Féréole, il me conduit, de sa propre initiative, sur la tombe de ses parents. Il y vient, dit-on, à chaque fête de la Toussaint pour honorer leur mémoire. Visites que j'imagine rapides, informelles. Jacques Chirac n'a pas hérité de son prédécesseur le goût d'aller flâner dans les cimetières. Et il n'est pas homme, non plus, à se préoccuper de sa propre sépulture. A-t-il donné malgré tout quelques consignes précises à ce sujet ? Ou tient-il pour acquis, comme l'évidence même, qu'il reposera auprès des siens, le moment venu ? Lorsque je m'enhardis à lui poser la question, durant les quelques instants que nous passons côte à côte devant le tombeau massif, à la pierre noircie, portant les noms de la lignée Chirac-Valette, il me fait simplement remarquer : « C'est notre caveau de famille. » Comme si la réponse allait de soi et qu'il n'y avait pas lieu d'épiloguer. Revenant sur ce bref échange dans la voiture qui nous ramène chez lui, il me raconte que les empereurs chinois avaient l'habitude de se faire enterrer avec leurs serviteurs et leurs concubines, persuadés de poursuivre dans l'au-delà la même vie qu'ici-bas. « Je devrais faire comme eux, me dit-il, la mine radieuse, comme s'il s'y voyait déjà. Il faut que je m'organise. Ce serait une bonne idée, non ? »

À notre retour à Bity, Bernadette Chirac me demande en aparté si nous sommes passés, comme elle l'imagine, par le cimetière de Sainte-Féréole. « Je m'en doutais. Il n'a pas pu s'en empêcher. Et il vous a probablement dit que c'est là qu'il souhaitait être inhumé… Mais je suis contre ! Il faut que vous le sachiez. » Je comprends du même coup pourquoi elle s'était montrée si défavorable à ce que nous nous rendions ensemble sur les lieux de son enfance, sous prétexte qu'il n'y avait rien d'intéressant à y voir. Assez choqué de l'entendre contester jusqu'aux dernières volontés de son mari, je ne cherche pas à connaître ses raisons, ni même à prolonger la conversation. À moins de lui rappeler que l'idéal du Président serait de partager la destinée posthume des empereurs chinois… Ce dont je préfère m'abstenir, n'étant pas sûr qu'elle apprécierait davantage cette solution alternative. Elle n'en ferait qu'à sa guise, de toute façon, convaincue d'être mieux placée que lui, désormais, pour juger de son intérêt en toutes circonstances…

Le temps est bien fini où le rapport de force au sein du couple la réduisait à un rôle de figurante ou de faire-valoir. Le pouvoir a changé de mains. Bernadette Chirac s'en est emparée sitôt l'abdication de son conjoint, consciente qu'il n'avait jamais eu tant besoin d'elle depuis leurs années de Sciences Po où elle « préparait » ses copies, à ce moment-là tout entière à son service. Aujourd'hui, notamment en Corrèze, c'est lui qui semble devenu son comparse, tandis qu'elle va répétant aux journalistes de passage sa fable favorite : « J'ai accompagné le destin de mon mari. Il est le lièvre, je suis la tortue. Mais qui a gagné, à la fin ? » Victoire dont elle ne se délecte jamais autant qu'en sa présence, lorsqu'il donne l'impression de l'escorter à son tour et de cheminer à ses côtés. Comme s'il payait enfin tout ce qu'il lui doit en s'effaçant à son profit.

Il y a fête ce soir-là à Sarran où se tient le marché hebdomadaire des producteurs du pays. Le Président n'a pas d'autre choix que d'y accompagner son épouse. Mais c'est peu de dire qu'il s'y rend sans plaisir. Non seulement parce que, peu friand de sorties nocturnes, il préférerait tout bonnement rester dans sa chambre, mais avant tout parce qu'il rechigne, sans l'avouer, à jouer une fois de plus les princes consorts. Même si tous les regards convergent vers lui à notre arrivée et si la population l'entoure aussitôt de témoignages d'affection, je le sens comme déphasé, associé malgré lui à une histoire qui n'est plus la sienne. Il garde imperceptiblement ses distances, laisse sa femme occuper le devant de la scène, tel une vedette de second plan qui ne serait là que pour mettre en valeur l'actrice principale.

Comme toujours et en bon professionnel, il a un mot aimable pour chacun dans la pièce de réception de la mairie où élus et organisateurs nous ont conviés à prendre l'apéritif. Mais il se mêle peu aux conversations. Isolé par sa surdité, il feint d'être attentif aux propos de ses interlocuteurs dont il ne parvient à capter que des bribes au milieu du brouhaha, tantôt opinant du chef avec un sérieux de circonstance, tantôt s'esclaffant mû par une hilarité de commande.

Au moment où chacun se prépare à passer à table, je le cherche en vain dans la petite foule des notables corréziens qui se dirigent vers le lieu des agapes. Il n'est plus là. Il semble avoir disparu d'un coup sans se faire remarquer.

En pleine discussion avec des électeurs de son canton, Bernadette Chirac ne paraît pas s'inquiéter de son absence. Personne, en dehors de moi, ne semble d'ailleurs s'en être aperçu. A-t-il décidé de rentrer en douce à Bity ? Ou d'aller prendre au-dehors un petit bain de foule improvisé ? Je le retrouve quelques instants plus tard, assis seul, immobile, au fond de la salle des fêtes encore déserte où il a pris place avant tout le monde. Lorsque je vais m'asseoir à côté de lui, il me regarde sans un mot, le buste raide, le visage morne, retranché dans un silence dont, bientôt rejoint par son épouse et les édiles du cru, il ne sortira que par devoir jusqu'à la fin de la soirée.

*

Jacques Chirac a été un intarissable bienfaiteur pour la Corrèze et les Corréziens. Un vrai « père de famille » pour les uns, comblant les siens de ses largesses jusqu'à précéder leurs moindres désirs. Une sorte de « parrain » pour les autres, peu regardant sur les moyens dès lors qu'ils suffisaient à accroître le nombre de ses obligés. Mobilisant tous azimuts les services de l'État, le député d'Ussel ne lésinait pas sur les subventions pour assurer le bien-être de ses compatriotes et son propre bonheur électoral. Pas une église qui n'ait été grâce à lui restaurée, une route rénovée, une salle des fêtes retapée, une école, un centre sportif, une maison de retraite financés avant même d'être programmés. Sans compter l'aide directe aux personnes dont le député d'Ussel s'était fait une spécialité vite érigée en système…

Mais c'est une réalisation plus insolite qui fait aujourd'hui la fierté de son épouse. « Savez-vous, me dit Bernadette

Chirac à notre retour de Sarran, que mon mari est le seul homme politique français depuis trois siècles à avoir construit un monastère ? On ne le croirait pas, et pourtant c'est vrai. Il faut absolument qu'on vous le fasse visiter. Vous ne pouvez pas partir sans l'avoir vu. Comme ça, vous pourrez en glisser un mot dans ses *Mémoires*... » Elle me propose de nous y rendre le lendemain matin avant d'aller déjeuner Chez Françoise, à Meymac, un des restaurants préférés du Président.

Chirac, le païen, le laïcard, en fondateur de lieu saint, voilà en effet qui mérite le détour... Mais, à sa manière d'en parler, de vanter « ce qu'il a accompli là-bas d'exceptionnel », je comprends que Bernadette Chirac ne plaisante pas. Sachant que le Président n'a jamais été à un paradoxe près, je me dis qu'il peut avoir connu, visité par la Grâce, un élan mystique momentané, éprouvé le secret désir de se racheter aux yeux du Très-Haut... Pure hypothèse dont je cherche à me convaincre en feuilletant les coupures de presse relatives à l'événement que Bernadette Chirac, avant de monter se coucher, a tenu à me faire lire comme autant de preuves irréfutables.

Dans *La Montagne* datée du mardi 2 juillet 1985, un article illustré relate l'inauguration, le dimanche précédent, du « monastère aménagé des moniales cisterciennes, fondation des Trappistines de Laval, au Jassonneix de Meymac », une bergerie restaurée à cet effet. Jacques Chirac n'était alors, si l'on peut dire, que conseiller général du canton, député de Corrèze et maire de Paris. C'était à quelques mois de son retour à Matignon, et dix ans avant son entrée à l'Élysée. Silhouette élancée, mince, jeune, l'allure dynamique, vêtu d'un costume clair, il a été photographié ce jour-là aux côtés de la supérieure du couvent, tenant d'une main le ruban qu'un petit garçon du village s'apprête à couper. Autour de lui, mêlée aux officiels et paroissiens de Meymac, une escouade d'ecclésiastiques en habits : administrateur diocésain, aumônier, abbesse, pères abbés ou simples curés.

Le journal publie des extraits de sa « très brillante allocution ». En la parcourant, je pense à ce qu'il m'a raconté de sa visite à l'abbaye de Solesmes, en octobre 1976, et de la forte impression qu'il en avait retirée, saisi par « la pureté, l'intensité » d'une vie dédiée tout entière au « recueillement, à la prière, à l'étude des Écritures », et cette « présence du sacré qu'on éprouve si rarement ailleurs ». Je retrouve un peu de cette ferveur dans son discours de Meymac et l'éloge qu'il y fait de « l'incomparable modèle cistercien », inscrit dans « la vocation la plus haute et exigeante de la spiritualité chrétienne ». Il se réfère à la tradition monastique de la commune pour justifier l'accueil en Haute-Corrèze d'une nouvelle congrégation et le soutien personnel qu'il a apporté à son implantation. Mais comment distinguer la part de sincérité de celle du calcul politique dans les véritables motivations de ce chantre inattendu de l'idéal bénédictin ?

Vingt-cinq ans plus tard, il faut toute l'insistance de Bernadette Chirac pour que le Président accepte de me faire découvrir « son » monastère. Il s'y résigne, mais à la condition, nous précise-t-il, de n'y « passer que quelques minutes, ce qui est déjà trop ». Durant le trajet, en guise de représailles, il multiplie les réflexions grivoises au sujet des religieuses que nous allons rencontrer : « Tout le monde sait bien, Bernadette, qu'elles mettent de l'aphrodisiaque dans leurs confitures ! » Il s'amuse à harceler son épouse en lui posant dix fois de suite la même question : « Les sœurs, Bernadette, on leur dit : mes bonnes ou mes sœurs ? » Excédée de lui répondre en vain « Mes sœurs, *Jaaacques* ! », elle finit par le rembarrer comme elle en a l'habitude : « Vous n'êtes qu'un pauvre illettré ! – Oui, un illettré mollo ! », rétorque-t-il, hilare et satisfait d'avoir eu le dernier mot.

Le monastère de Jassonneix est établi à flanc de vallon, dans un site magnifique, près d'un étang et d'une source d'eau vive. La mère supérieure, sanglée dans sa tunique blanche, nous reçoit dans la cour, entourée d'une partie des siennes. Si les sœurs ont l'occasion de rencontrer Bernadette Chirac lors de ses passages à Meymac, la venue du Président constitue pour elles un événement plus exceptionnel, tant il s'est fait rare au cours des dernières années. Il est à peine descendu de voiture qu'elles font cercle autour de lui, souriantes, enthousiastes, les plus âgées émues comme si elles assistaient au retour de l'enfant prodigue. Touché et comme décontenancé par la chaleur de leur accueil, le Président se déclare à son tour « très heureux » de les retrouver, s'excusant presque d'avoir tant tardé à revenir, tel un pénitent pris en faute qui ne demanderait qu'à faire amende honorable.

Ces excellentes dispositions ne durent pas. La visite du monastère vient à peine de commencer qu'il donne déjà des signes d'impatience et de lassitude. Il ne cesse de consulter sa montre tandis que la mère supérieure, qui feint de ne s'apercevoir de rien, nous présente à son rythme, sans accélérer le pas, les lieux de vie et de travail de sa communauté. Elle nous explique que le bâtiment, conçu pour abriter une douzaine de moniales, permet aussi d'héberger, dans une partie distincte, des personnes désireuses d'y faire retraite, et nous montre chacune des chambres qui leur sont réservées, une suite de petites pièces lumineuses et sobrement aménagées. « Ce serait l'endroit idéal pour terminer votre livre », dis-je en plaisantant au Président qui, loin de vouloir s'incruster, paraît surtout chercher la sortie.

Arrivés près de la chapelle du prieuré, notre accompagnatrice propose, si nous le souhaitons, d'aller nous y recueillir ensemble quelques minutes. Suggestion aussitôt approuvée par Bernadette Chirac, sans doute ravie d'imposer à son mari un petit effort de piété. Ne sachant comment se dérober, le Président fait mine d'y consentir, le temps d'un signe de croix furtif, avant de prendre les devants, cette fois, pour regagner la cour sans plus tarder.

Enfin rendu à l'air libre, il se dirige droit vers sa voiture, croyant la visite terminée. Il s'est déjà installé à l'arrière du véhicule quand son épouse vient le rappeler à l'ordre : « *Jaaacques*, votre comportement est insupportable… Suivez-moi, nous ne pouvons pas partir sans leur acheter quelque chose. » Tenues de travailler pour assurer leur subsistance, suivant la règle bénédictine, les sœurs du Jassonneix se sont spécialisées dans la fabrication et la vente directe de confitures de myrtilles, entre autres. Au mot « confiture », le Président esquisse un sourire entendu, mais refuse néanmoins de quitter son siège. Jusqu'à ce que je parvienne, mandaté par Bernadette Chirac, à le convaincre de nous rejoindre dans la boutique où les sœurs l'attendent sans bien comprendre les raisons de son absence…

Je repars chargé, quant à moi, de tous les pots de confitures que Bernadette Chirac a gentiment tenu à m'offrir en souvenir de notre passage commun au monastère du

Jassonneix. Une des séquences mémorables de ce séjour corrézien qui touche à sa fin. Je dois regagner Paris en début de soirée. Eux-mêmes ont prévu de quitter Bity le lendemain pour s'envoler à destination de Saint-Tropez : le moment de délivrance tant attendu par le Président…

Déjà loin, déjà ailleurs, il n'a plus en tête que ce départ imminent, cette promesse d'évasion, ce besoin irrépressible de larguer les amarres, de s'extraire de tout et d'abord de lui-même. Il ne réagit pas, au cours du déjeuner qui suit, lorsque je lui demande s'il pourra, en cas d'extrême nécessité, m'accorder une ultime séance de travail avant l'achèvement du premier tome de ses *Mémoires* – quitte, pour cela, à ce que je le rejoigne sur son lieu de vacances. Question sans doute inopportune. À moi, en somme, de m'arranger avec les moyens du bord, de tirer le meilleur parti des éléments qu'il m'a fournis, des informations qu'il a bien voulu me livrer. Le passé est moins que jamais son affaire.

Chez Françoise, le restaurant où il a couru se réfugier, sitôt quitté le monastère, est une des étapes obligées du rituel chiraquien. On vient ici, comme en pèlerinage, humer les derniers effluves d'une liturgie païenne en train de s'effacer. Le Président y a depuis longtemps ses habitudes. C'est un de ces lieux où il apprit très vite, très tôt, que tribulations politiques et plaisirs de la table ne faisaient qu'un au pays des cèpes, du foie gras et de la tête de veau, fidèle en cela à l'adage local qui veut qu'« à vaincre sans baril, on triomphe sans gloire ». Un gage d'endurance et de vitalité.

Le patron, Henri Bleu, dit « Bleu-Bleu », aujourd'hui à la retraite, a été de toutes ses campagnes électorales. Dans l'ombre, mais toujours à ses côtés, il a assisté à la métamorphose éclair du jeune énarque pompidolien en adepte fervent des mœurs électorales corréziennes. Il nous rejoint au milieu du repas pour me raconter, à la demande de Bernadette Chirac, les plus beaux faits d'armes de son champion : la manière, en particulier, dont celui-ci sut gagner la bienveillance des communistes après les avoir durement combattus. « À la fin, s'extasie-t-il, ils étaient tous ralliés ! » Le Président sourit au récit de ses anciennes prouesses. Et lui qui ne se glorifie jamais de rien, il joue à en paraître flatté : « Ce qu'il dit est tout à fait vrai. Je suis un héros méconnu… »

De retour à Bity, il monte aussitôt dans sa chambre pour son heure de sieste quotidienne, tandis que Bernadette Chirac me propose de nous installer sur la terrasse pour parler de ses *Mémoires* et répondre aux questions que je n'ai pas encore eu le temps de lui poser. Lorsqu'il nous rejoint, la mine reposée, les mains dans les poches, il feint de s'intéresser à notre conversation, avant de se diriger vers le pavillon de l'entrée où son épouse se rend elle-même plusieurs fois par jour. La raison de ces allées et venues quotidiennes est entourée depuis mon arrivée d'un mystère qui ne m'a pas échappé. Le couple Chirac ne dit jamais mot à ce sujet. Uni sur ce point par une même volonté de pudeur et de discrétion.

Sans doute parce que je suis maintenant sur le départ et qu'il me sent intrigué par son absence prolongée, le Président me dit simplement, lorsque nous nous retrouvons sur la terrasse : « Excusez-moi, je devais aller voir Laurence… » Bernadette Chirac prend alors le relais de son mari pour m'expliquer que, si je n'ai pas eu l'occasion de rencontrer leur fille aînée durant mon séjour, c'est que

Laurence « ne se montre jamais en public », qu'« elle vit sous la surveillance d'un garde-malade et refuse de s'alimenter en présence d'un tiers ».

Je n'ai pas besoin d'en savoir davantage. Leur long silence et ces quelques phrases suffisent à me laisser imaginer le drame que représente pour eux cette destinée brisée, enfouie, clandestine, qui se poursuit en marge de toute vie réelle, dans une sorte de pénombre irrémédiable.

La maladie de Laurence n'est plus depuis longtemps un secret de famille. Jacques Chirac a accepté de l'évoquer dans ses *Mémoires*. Sobrement, simplement. En aparté, il m'a confié avoir de plus en plus de difficultés à communiquer avec sa fille aînée après avoir tout tenté pour se rapprocher d'elle, dès qu'elle a commencé de sombrer dans l'anorexie. La guérison tant espérée ne s'est jamais produite. Tout au plus Laurence a-t-elle repris un semblant de vie normale, mais à l'écart de ses semblables. Devenue, malgré elle, le lien qui scelle entre les membres du clan une entente indéfectible.

LA REVANCHE

La raison invoquée ? Un voyage en Afrique « prévu de longue date » par le Président. Fixée au début du mois d'octobre, la sortie de ses *Mémoires* vient d'être subitement différée de plusieurs semaines par décision de la rue de Lille. « En fait, rien ne presse. Ce nouveau délai nous permettra de bien préparer le lancement », a décrété Claude Chirac qui s'estime la mieux qualifiée pour le prendre en main. La communication a ses raisons que la raison n'entend pas toujours. C'est ainsi, par la faute d'un retard malencontreux, que la publication de *Chaque pas doit être un but* finira par coïncider, un mois plus tard, avec le renvoi en correctionnelle de l'ancien chef de l'État, de la sorte doublement rattrapé par son passé.

Tout avait été pourtant fait pour tenir la date de parution prévue. La majeure partie du texte était déjà prête pour être envoyée chez l'imprimeur avant l'été. Les ultimes chapitres achevés en août au prix, pour moi, d'un été laborieux, et avalisés par Jacques Chirac et les siens à leur retour de vacances. Le clan s'était réuni une dernière fois, hors ma présence, pour confirmer son accord sur l'ensemble du manuscrit, moyennant quelques corrections de détail apportées sur les épreuves finales. Le bon à tirer était donc sur le point d'être signé quand l'entourage s'est ravisé *in extremis*, arguant d'un déplacement du Président dont il n'avait jamais été question jusque-là.

Selon certains journaux, qui ont cherché à en connaître la raison, c'est la photographie de couverture initialement envisagée qui aurait été à l'origine de ce report inopiné. Elle montrait le jeune ministre de Georges Pompidou sur le perron de l'Élysée, cigarette à la main. Rappel impensable du grand fumeur qu'il fut pour l'instigateur du « Plan cancer ». Claude Chirac s'y était d'emblée opposée, entraînant la réaction tout aussi négative de son père qui avait eu vite fait de céder à ses arguments. C'eût été prendre le risque de « brouiller son image » à l'heure même où il jouissait d'une cote de popularité sans rivale, malgré la menace judiciaire qui se rapprochait.

Mais le portrait jugé embarrassant a déjà été remplacé, à cette date, par une belle photographie de profil, plus neutre et lisse que la précédente. C'est donc ailleurs qu'il faut chercher la véritable raison du report. Du côté d'un autre livre dont les Chirac ont appris l'existence et la parution imminente sans parvenir à en connaître le contenu. Et pour cause : cet ouvrage mystère est maintenu sous embargo jusqu'à sa diffusion en librairie.

Les rumeurs les plus contradictoires circulent à son sujet. Les unes évoquent un témoignage politique explosif, les autres une fiction au caractère sulfureux. Une seule chose est sûre : le nom de son auteur, Valéry Giscard d'Estaing. Ce qui a suffi à alarmer la Chiraquie et à lui laisser présager le pire : un règlement de comptes dont la principale motivation serait de perturber la sortie des *Mémoires* de son ancien Premier ministre et de riposter par avance à ses probables attaques.

Une hypothèse qui n'aurait rien d'invraisemblable, compte tenu des relations restées électriques entre les deux hommes. Les hostilités ont repris de plus belle depuis les dernières déclarations de Giscard accusant le fondateur du RPR d'avoir jadis bénéficié du soutien financier d'Omar Bongo pour ses campagnes électorales. Chirac, ulcéré, a aussitôt prévenu son ami Jean-Louis Debré qu'il répondrait à son agresseur deux jours plus tard, lors de la prochaine session du Conseil constitutionnel. Une réplique au vitriol que Debré a réussi à adoucir avant la séance après avoir demandé à Valéry Giscard d'Estaing d'être opportunément absent. La trêve est rompue, quoi qu'il en soit, et les deux belligérants sont de nouveau sur le pied de guerre.

Voilà pourquoi, repli tactique ou simple réflexe de prudence, les Chirac ont préféré accorder à leur vieil ennemi le privilège de tirer le premier. Connaissant sa capacité de nuisance, ils ont estimé plus judicieux de lui laisser le temps de se dévoiler. Autrement dit d'épuiser ses munitions avant d'user des leurs si nécessaire. Non sans raison, Claude Chirac jugeait « indigne » et « affligeant » de voir deux hommes ayant occupé les plus hautes fonctions vider leurs querelles en public par livres interposés. Sans doute ne pourrait-on empêcher cet ultime affrontement. Mais le plus tard serait le mieux.

En fait, toute à sa hantise du complot, la fille de l'ex-Président a vu du noir là où il n'y avait que du rose, et guère de raisons de s'inquiéter. Le mystère enfin dévoilé, on découvre que l'ouvrage tant redouté n'est, en fait, qu'une simple bluette sortie d'un imaginaire vacillant. Le récit fantasmé d'une idylle qui se veut pourtant plausible entre un ancien chef de l'État français et un double de la princesse Diana. Lancé à grand fracas, le deuxième roman de Valéry Giscard d'Estaing, après celui relatant sa liaison présumée avec une autostoppeuse, est annoncé comme un des best-sellers de l'automne. Mais il peine vite à obtenir le succès escompté. Beaucoup de lectrices se seraient détournées, dit-on, d'un livre dans lequel un ancien président de la République se glorifie de son infidélité conjugale. Giscard a beau se résoudre, après avoir laissé planer le doute, à démentir la véracité des faits et même à verser publiquement quelques larmes de contrition en rendant hommage à son épouse, rien n'y fait. Le flop est spectaculaire. Et la goujaterie s'ajoutant à la vantardise, c'est le ridicule qui a le dernier mot.

Inutile de dire que l'heure n'est pas à l'affliction dans le camp adverse où ce fiasco est accueilli avec un soulagement mêlé de consternation. La plus indignée est Bernadette Chirac qui exclut d'ouvrir le roman en question par solidarité avec l'épouse outragée. Plus indulgent, le Président se contente de rappeler, le sourire aux lèvres, que son vieux rival a toujours été « un grand chasseur devant l'Éternel », tout en feignant, quand on l'interroge, d'ignorer sa dernière incartade : « Ah bon, il a écrit un livre ? Je vais le lire. C'est toujours intéressant de savoir ce qu'un homme intelligent a à dire sur les choses[1]. » La voie paraît libre, en tout cas, et même dégagée pour qu'il puisse assurer en toute tranquillité la promotion de son propre ouvrage. Et se flatter

1. Cité par Béatrice Gurrey, « Jusque-là, une retraite heureuse », *Le Monde*, 1er-2 novembre 2009.

haut et fort, le moment venu, en pleine séance du Conseil constitutionnel, d'avoir vendu « près de quatre cent mille exemplaires » de ses *Mémoires* quand son voisin de table, cantonné dans les vingt mille, est loin d'obtenir, pour sa dernière œuvre, un succès comparable. Mais, le péril Giscard écarté, en subsiste un autre dont l'effet pourrait se révéler bien plus désastreux s'il venait à se présenter simultanément.

Tandis que le Président, barricadé derrière son habituelle sérénité de façade, donne l'impression de ne pas trop s'en soucier, personne dans son entourage ne peut ignorer l'imminence d'une décision de justice le concernant. Mis en examen en novembre 2007 dans l'affaire des emplois présumés fictifs de la Ville de Paris, Jacques Chirac a été entendu depuis lors à cinq reprises par le juge Xavière Simeoni qui doit statuer désormais sur son sort. « Elle est charmante, cette juge, m'a-t-il dit, tout émoustillé, au retour d'une de ses auditions. Elle a eu l'air d'être surprise que je lui fasse le baisemain. Je crois qu'elle a apprécié… » Bernadette Chirac a moins le cœur à plaisanter, qui ne se cache pas d'être allée à l'Élysée supplier « à genoux et en larmes » Nicolas Sarkozy de tout faire pour éviter à son mari un procès humiliant. Le parquet s'est prononcé en faveur d'un non-lieu. Mais Maurice Ulrich et Bertrand Landrieu, tous deux à la manœuvre depuis le début de la procédure pour obtenir, en relation avec Jean Veil, l'avocat du Président, que ce dernier soit relaxé, redoutent que les charges retenues contre lui ne pèsent moins dans la décision de la magistrate que le souci de faire un exemple.

Le 30 octobre, Jacques Chirac est renvoyé devant le tribunal correctionnel pour « abus de confiance » et « détournement de fonds publics ». Cet événement sans précédent depuis la fondation de la Ve République survient une semaine à peine avant la parution des *Mémoires*, prévue pour le 6 novembre. Le carambolage que l'on pouvait craindre a donc fini par se produire et l'embarras est à son comble du côté de ceux qui ne l'ont pas vu venir.

Que faire du livre dans ce nouveau contexte ? Une réunion de crise se tient le soir même dans les bureaux de la rue de Lille à l'instigation de Claude Chirac et de Frédéric Salat-Baroux. J'y assiste en compagnie de Nicole Lattès, mais en l'absence du Président qui n'est pas encore rentré d'un séjour au Maroc. Selon sa fille, il serait partisan de ne rien changer au programme fixé. Mais, sachant que son père suivra *in fine* ses conseils, Claude Chirac s'interroge néanmoins sur la nécessité ou non de différer la sortie de l'ouvrage, ainsi que la campagne de promotion déjà annoncée. Le regard sombre et lointain, Frédéric Salat-Baroux prédit qu'en tout état de cause la publication des *Mémoires* sera totalement éclipsée, dans les médias, par les suites de l'affaire judiciaire. « Ils ne s'intéresseront qu'à cela. Tout le reste passera inaperçu », assure, avec sa componction habituelle, l'ancien secrétaire général de l'Élysée. Tel n'est pas mon avis ni celui de Nicole Lattès, laquelle n'hésite pas à contredire avec vigueur le compagnon de Claude. Pugnace comme elle sait l'être, Nicole s'insurge contre l'idée de capituler alors que la bataille n'est pas même engagée. « Cela ne ressemblerait pas au Président », dit-elle. L'argument fait mouche. Il suffit, du moins, à désarçonner celui qui ne craint pas de se présenter comme le dernier « résistant » de la Chiraquie.

Nicole a eu raison de tenir bon. Dès le début de la semaine suivante et avant même sa mise en place dans les librairies, il n'est question que du premier volume des *Mémoires* de Jacques Chirac dans tous les journaux et sur toutes les chaînes de radio et dc télévision. La ruée est telle que certains reporters n'hésitent pas à bousculer le plan média savamment concocté par Claude Chirac. Alors que les bonnes feuilles étaient promises au *Point*, l'hebdomadaire de François Pinault, c'est un animateur de *Canal Plus*, Bruce Toussaint, tombé par hasard sur un exemplaire du livre mis en vente prématurément par un libraire de Loire-Atlantique, qui s'empare de cette exclusivité tant convoitée. Le scoop est aussitôt relayé, le lendemain, par *Le Parisien* qui, enfreignant à son tour l'accord conclu avec l'hebdomadaire, achève de révéler les passages des *Mémoires* les plus retentissants.

À la une du quotidien, sous un titre choc, *Chirac règle ses comptes*, une photographie du Président marchant dans Paris, le pas résolu, la main droite à demi glissée dans la poche de son pantalon, comme s'il s'apprêtait à dégainer. Les extraits choisis concernent ses principales cibles : Giscard, Balladur, Sarkozy. Seul François Mitterrand est épargné et même encensé. S'ils ne reflètent pas l'ensemble du livre, ces extraits ont en tout cas le mérite d'exprimer sa tonalité : alerte, franche, directe, sans langue de bois. Les premiers commentaires saluent un Chirac enfin sorti de sa réserve et se racontant pour la première fois sans trop de précautions. Tel était bien le but recherché et que nous avons en grande partie atteint, semble-t-il.

Le Président ne s'en plaint pas à son retour de Taroudant. Bronzé, rayonnant, il paraît comme tonifié par l'accueil réservé à ses *Mémoires* et par l'immense succès de librairie qui s'annonce. L'épreuve judiciaire qu'il subit s'en trouve du coup allégée, même s'il a aussitôt fait connaître sa volonté de l'affronter et d'« établir rapidement la réalité des faits ». Réconforté par une popularité qui n'a jamais été aussi élevée – 76 % d'opinions positives dans les sondages les plus récents –, il savoure ce triomphe inattendu comme une revanche, d'autant qu'il était bien le dernier à y croire. Revanche contre le temps, les misères du grand âge, les aléas d'une fin de vie… Revanche contre tous ceux qui le croyaient inerte et déjà momifié. Revanche contre l'ingratitude, les lâchages, les trahisons de ses courtisans jadis les plus zélés et la défection de quelques proches dont il pensait la fidélité plus assurée. Revanche, enfin, contre les mauvaises manières de son successeur, ses attaques, ses moqueries incessantes et délibérées.

Un heureux hasard veut que les deux hommes se retrouvent à la Sorbonne le 6 novembre, jour de la sortie des *Mémoires*, à la cérémonie de remise du prix de la Fondation Chirac pour… la prévention des conflits ! Alors que le leur n'a plus besoin d'être évité, c'est plutôt une sorte de trêve ou d'armistice que Nicolas Sarkozy semble vouloir conclure avec un prédécesseur qui bénéficie désormais dans l'opinion d'une cote d'amour exactement à l'opposé de la sienne. Jamais il ne s'est montré si laudateur à son endroit. Il l'appelle « mon cher Jacques » comme il l'a rarement fait, usant de tous les vocables possibles pour l'assurer à l'infini de son « amitié », de son « estime », de sa « proximité » et du « plaisir » d'être à ses côtés. Jusqu'à verser dans la familiarité en se mettant à le tutoyer pour la première fois, sans craindre d'indisposer une grande partie de l'assistance. À ce débordement d'effusions inaccoutumées dont il ne peut plus être dupe mais peut toujours s'amuser, Jacques Chirac oppose la sobre expression du respect que l'on doit à un chef de l'État : « Votre présence, déclarc-t-il à la tribune en s'adressant à son successeur, nous honore considérablement. » C'est l'adverbe, ici, qui confère à l'hommage toute sa saveur.

Le surlendemain, le Président est accueilli de manière triomphale à la Foire du livre de Brive dont il est l'invité vedette. Lorsque je l'y rejoins en fin de matinée, son stand, assiégé par une foule massive, paraît inatteignable. En bras de chemise et un verre de bière à portée de main, Jacques Chirac signe sans discontinuer, entouré d'Hugues Renson et de Nicole Lattès qui l'aident à décrypter les noms de ses lecteurs écrits sur de petits papiers. Il répond d'un sourire, d'un hochement de tête aux marques de soutien, aux simples remerciements que beaucoup lui adressent en passant. La file d'attente ne cessant de s'allonger, Bernadette Chirac consent à faire office de « vice-signataire », selon sa formule, pour seconder son mari, et à apposer sa propre griffe sur les ouvrages qu'on lui tend, accompagnée de ces quelques mots : « À défaut de grives, on mange des merles. » L'humour de l'ex-première dame ne manque jamais de piquant.

Arrive François Hollande qui vient saluer son prédécesseur à la tête du conseil général de Corrèze et lui offrir son propre livre, *Droit d'inventaire*, qu'il vient de publier. Les deux anciens adversaires se congratulent en riant aux éclats face au public et aux caméras de télévision, sans chercher à masquer leurs bonnes relations, si ce n'est leur franche complicité.

Puis le Président se remet à la tâche, dans la touffeur et le brouhaha. On le sent fatigué, pressé d'en finir, alors que plus d'un millier de ses supporters, certains venus de loin, patientent encore dans l'espoir d'une signature. L'inquiétude de repartir bredouille s'est déjà propagée parmi eux quand, après deux heures de dédicaces ininterrompues, il se lève de son siège, visiblement épuisé, et décide de plier bagage malgré les sifflets et les cris de protestation qui s'élèvent de la foule. Un instant, il envisage de revenir l'après-midi. Mais il y renonce : un week-end entier ne suffirait pas à combler l'attente de tous ses admirateurs.

Après son départ, quelques personnes qui m'ont vu présenter ses *Mémoires*, la veille au soir, dans une émission de télévision viennent m'exprimer leur déception d'avoir manqué le Président et me demander si j'accepterais de parapher leur exemplaire à sa place. Mon nom figurant sur la page de garde, conformément à la volonté de Jacques Chirac, je n'ai aucune raison de le leur refuser. Mais sans ignorer ce que le simple fait de le suppléer en un moment pareil peut avoir d'inopportun, si ce n'est de malséant, aux yeux d'un entourage plus que jamais soucieux que le Président apparaisse comme le seul auteur de son livre. J'ai compris, à la réaction froide et distante de Claude Chirac, lorsqu'elle m'a vu arriver sur le stand, que ma présence n'était plus jugée indispensable. J'étais prié, dorénavant, de m'effacer, de me faire le plus discret possible pour ne pas nuire à l'image de son père. Lequel s'était pourtant attaché, plus que je ne le souhaitais et sans que je le lui aie jamais demandé, à ne rien dissimuler de notre collaboration.

C'est précisément parce qu'il n'en a jamais fait mystère que celle-ci ne peut plus guère passer inaperçue, sans diminuer en rien l'authenticité de son témoignage. Peu importent les secrets de fabrication de l'ouvrage. Seuls comptent désormais ce que le Président y dit de lui-même et la part de vérité qu'il contient. D'autant que Jacques Chirac, comme je l'espérais, s'est enfin approprié son livre à part entière et le brandit à présent comme un talisman après avoir si longtemps douté de son utilité et plus encore de l'intérêt qu'il pouvait susciter. Il me suffit de voir la joie et la fierté qu'il lui procure pour mesurer tout ce que le succès inouï de ses *Mémoires* signifie pour lui de salutaire, à un moment de sa vie où il n'a jamais eu tant besoin d'être réhabilité.

Ce n'est pas sans surprise que j'entendrai Frédéric Salat-Baroux, quelques mois plus tard, lors d'un déjeuner en tête à tête, dans un restaurant proche de son bureau, me déclarer d'une voix apparemment sincère : « Vous avez sauvé l'honneur du Président. » Je n'en demandais pas tant.

UNE VICTOIRE POUR RIEN

Le plus difficile reste à faire : raconter l'histoire d'une présidence que beaucoup estiment en grande partie manquée. Douze années de mandat dont on ne retient le plus souvent, hormis quelques discours fondateurs et deux ou trois initiatives nécessaires, qu'une série de fiascos mémorables – de l'échec de la dissolution à celui du référendum européen. La popularité recouvrée par Jacques Chirac depuis son départ de l'Élysée n'y change rien : nostalgiques d'une façon de gouverner plus apaisée, respectueuse et conciliante que celle de son successeur, les Français gardent cependant une idée assez confuse de ce qu'il a réellement accompli. Ils lui ont pardonné ses faiblesses, mais ne le créditent pas pour autant d'actes majeurs ni décisifs.

Rétablir la vérité sur un bilan jugé dans l'ensemble médiocre et décevant, tel est bien l'enjeu du second volume des *Mémoires*. À mes yeux du moins. Car Jacques Chirac n'est pas spontanément porté à plaider sa cause et vanter ses mérites. Il n'a pas son pareil, en revanche, pour souligner ses erreurs et insuffisances. Non par goût de l'autocritique ou manie de la repentance, mais parce qu'il n'a jamais été homme à se surestimer, et moins encore à se flatter des réussites qu'on lui reconnaît. L'Histoire ferait le tri, de toute façon, étant entendu qu'il n'y occuperait, selon lui, qu'une place des plus réduites. Comme s'il ne pouvait pas être pris suffisamment au sérieux pour briguer une postérité réservée à ceux, plus sûrs d'eux-mêmes, qui ont tout fait pour s'y préparer. Ce qui n'a pas été, de toute évidence, la première de ses préoccupations…

Un chef d'État plus soucieux de sa trace dans l'Histoire n'aurait pas laissé perdurer, après son passage au pouvoir, tant d'équivoques et de malentendus. Ni raté, surtout, l'occasion inespérée qui s'était offerte à lui, en 2002, au lendemain d'une réélection triomphale, de s'imposer comme le rassembleur, voire le sauveur de la nation. Un rendez-vous à proprement parler historique que Jacques Chirac n'a pas su saisir et dont il s'est contenté d'exploiter le bénéfice électoral qu'il lui procurait. Une victoire pour rien. Et l'épisode sans doute le plus déconcertant de sa présidence, sur lequel il n'a jamais pris la peine de s'expliquer jusqu'à la rédaction de ses *Mémoires*, aussi rebelle à toute idée d'inventaire qu'à toute forme d'introspection. C'est précisément le sujet que j'ai prévu d'aborder avec lui lorsque nous nous revoyons, en février 2010, pour notre premier entretien depuis la publication de *Chaque pas doit être un but*.

Bien qu'il ait toutes raisons de se réjouir du succès obtenu par son livre et d'en être rassuré pour la suite, je ne le sens guère pressé de se remettre à la tâche, ni même enclin à récidiver. Si cela ne tenait qu'à lui, le volume déjà paru suffirait amplement à son bonheur. La reprise s'annonce plus difficile que je ne l'imaginais. Après avoir quelque peu tardé à me fixer ce nouveau rendez-vous, le Président s'est conformé sans trop de réticences à l'avis de ses proches, selon lequel il serait désormais préférable pour lui de ne plus me recevoir en tête à tête.

Claude Chirac et Frédéric Salat-Baroux sont venus m'en informer quelques jours auparavant : d'après eux, le Président n'était plus en mesure de répondre seul à mes questions, surtout s'agissant de sa période élyséenne. Il se sentirait davantage en confiance assisté de l'un de ses collaborateurs, sa mémoire étant devenue plus défaillante. Je les ai aussitôt mis en garde contre cette idée, sachant que la présence d'un tiers lui servirait d'alibi ou de moyen de diversion pour se livrer le moins possible et s'en remettre aux souvenirs d'un autre, comme je l'ai vu faire chaque fois qu'une conversation à trois lui en donnait l'occasion. Mais Claude Chirac m'a indiqué que c'était aussi le souhait de son père et que la décision était déjà prise. Nous convenons tout au plus de renoncer à l'expérience si elle ne se révèle pas concluante.

Comme prévu, notre premier entretien « accompagné » est un échec. Je n'en retire à peu près rien, le Président sollicitant à tout propos l'opinion ou les conseils de la personne présente pour mieux esquiver les réponses que je m'efforce d'obtenir de lui. Requis tour à tour pour remplir cet office d'assistant ou de vigie, Bénédicte Brissart et Hugues Renson veilleront par la suite soit à arriver suffisamment en retard à leur bureau pour me laisser en tête à tête avec le Président, soit à refuser de se substituer à lui quand il les y incitait. Ce qui me permettra de renouer peu à peu le fil normal de nos conversations, cette initiative n'ayant servi en définitive qu'à nous faire perdre un temps précieux face à la tâche restant à accomplir.

Par chance, nous avons déjà évoqué la majeure partie de son septennat au cours de nos entretiens antérieurs. Et, même s'il peut donner l'impression de chercher de plus en plus ses repères, d'avancer dans une sorte de brouillard qui s'épaissit avec le temps, Jacques Chirac est encore loin de ressembler au vieil homme fourbu et chancelant dont je verrai le déclin s'accélérer l'année suivante.

C'est un interlocuteur à l'humour et à la lucidité intacts que je retrouve en février 2010, dont la liberté de propos et le sens de la provocation, loin de s'émousser à l'approche du grand âge, semblent s'être au contraire aiguisés. S'il accepte encore, bon gré mal gré, de se plier à quelques contraintes comme celle que lui impose la suite de ses *Mémoires*, il n'hésite plus, désormais, à transgresser certaines des obligations publiques auxquelles il n'a cessé de s'astreindre durant quarante années de vie politique. En particulier celle de paraître aimer ou apprécier ce qu'il a toujours détesté : les mondanités, l'opéra, la musique classique… D'où son « dérapage » du 25 janvier, au théâtre Marigny, lors de la soirée organisée par Bernadette Chirac et Maryvonne Pinault au profit de la *Maison de Solenn*, dont le Tout-Paris bruit encore.

Le Président a pris place ce soir-là entre deux de ses amis, Jean-Louis Debré et Marc Ladreit de Lacharrière, pour assister au concert donné par Anne-Sophie Mutter, violoniste de renommée internationale. Au programme : trois sonates de Brahms pour violon et piano qui ont sur lui un effet soporifique immédiat. Sachant qu'il n'a jamais été mélomane, ses voisins ne s'étonnent pas de le voir somnoler après avoir déclaré qu'il n'aimait, quant à lui, que la « trompette ». Ils ne s'attendaient pas, en revanche, à le voir se lever brusquement de son fauteuil, au bout d'une demi-heure, en se demandant à voix haute : « Qu'est-ce que je fous là ? » Malaise et stupeur dans les premiers rangs. On le fait se rasseoir, mais il se relève à plusieurs reprises en lançant avec insistance à ses voisins : « C'est qui, cette madame *Moutarde* ? », surnom qu'il a déjà donné à la virtuose allemande pour le simple plaisir de jouer avec les patronymes.

Lorsque je lui parlerai de l'incident, deux semaines plus tard, et lui dirai, sur le ton de la plaisanterie : « Félicitations, Monsieur le Président, il paraît qu'une fois de plus vous avez fait scandale ! », Jacques Chirac me confirmera les faits en riant encore du « petit chahut » qu'il avait déclenché à l'occasion d'une de ses rares sorties publiques. « Que voulez-vous, je ne supporte plus de m'emmerder… Je n'en pouvais plus de ce crincrin… Je gêne tout le monde, dans ce genre de soirée. Savez-vous pourquoi ? » L'explication se fait un peu attendre, mais je pressens que je ne serai pas déçu : « Parce que je ronfle… Et, quand je ronfle, j'empêche les autres de dormir. »

Je suis sûrement l'un des seuls, parmi ceux qui le fréquentent de près, à ne pas vraiment m'inquiéter, à ce moment-là, de le sentir de plus en plus décomplexé, imprévisible, quasi incontrôlable. Une évolution sans doute liée à son état de santé, à une fragilité accrue, susceptible d'altérer cette maîtrise de soi qu'on lui a toujours connue, mais qui me paraît aussi correspondre à sa véritable nature, longtemps bridée avant de s'émanciper sur le tard avec une spontanéité parfois désarmante.

« Désinhibé », il l'a toujours été d'une certaine manière. Mais rarement à découvert et en s'abritant jusqu'alors derrière ce personnage à la fois cadenassé, sommaire, impénétrable, qui lui servait de doublure et dans lequel il ne se retrouvait pas toujours. Ses proches voient dans cette levée de tous les interdits, à laquelle on assiste chez lui peu à peu, le signe d'une dérive alarmante. Ils n'ont plus en tête que de le protéger de lui-même. Comme ils l'ont toujours fait en s'efforçant de contenir, pour le bien de son image et de sa carrière, ses facultés d'emballement ou d'improvisation. Au prix désormais d'une surveillance renforcée, comme si l'édifice prenait déjà l'eau de toutes parts et qu'il était devenu urgent de colmater les brèches et de boucher les issues. Le processus inverse, en somme, de celui qui me conduit, pour le seul bénéfice de ses *Mémoires*, à faire en sorte qu'il s'affranchisse de tant de non-dits et de prudences accumulés… Encore faudrait-il qu'il ressente ce retour sur soi comme une délivrance, alors qu'il y trouve trop souvent la confirmation ou le rappel de décisions qu'il n'a pas su ou osé prendre. Sans parler de celles dont il eût mieux fait de s'abstenir…

Sur la dissolution, c'est l'évidence même et il ne cherche pas à le contester, se refusant même à désigner d'autres coupables que lui. La fois où je lui ai demandé s'il n'avait pas agi néanmoins sous la pression d'« un certain nombre de gens », lesquels se renvoyaient la balle depuis lors, il a éclaté de rire, sans incriminer personne pour autant : « Je sais, aucun ne veut l'assumer. Mais il n'y a pas l'ombre d'un doute : c'est moi qui ai pris cette décision et on ne me l'a donc pas imposée. Par conséquent, j'en suis seul responsable. » Pour hasardeuse et électoralement désastreuse qu'elle ait été, il s'efforçait malgré tout de la justifier : « Il est indéniable que nous étions confrontés à un blocage politique. Ma popularité était au plus bas, Juppé contesté de tous côtés, et d'abord au sein de sa propre majorité. Nous avions besoin de retrouver une légitimité. Celle de Juppé comme la mienne étaient écornées. Or, quand une question de cette nature se pose, il n'y a plus qu'une solution : on interroge le peuple. C'est l'esprit même de notre Constitution et de notre démocratie. J'aurais pu attendre quelques mois de plus, jusqu'aux élections législatives prévues pour l'année suivante. Mais la démocratie n'attend pas. Je considère que quand il y a un doute sérieux, il faut avoir le courage de le lever. Voilà tout. »

Cette explication valait ce qu'elle valait, mais elle avait au moins le mérite d'anoblir quelque peu les véritables motifs d'une initiative politique calculée à des fins plus prosaïques. Pour mieux les connaître, Jacques Chirac, sans ironie apparente, me conseilla d'aller consulter d'anciens ministres ou collaborateurs qui avaient sans doute meilleure mémoire que lui à ce sujet. Notamment Dominique de Villepin. De fait, il pouvait y avoir quelque intérêt à confronter leurs points de vue.

Celui de Villepin privilégiait l'idée d'une responsabilité collective, qui n'épargnait pas le Président. Selon l'ancien secrétaire général de l'Élysée, l'échec de l'opération était lié pour beaucoup au refus du chef de l'État de dramatiser cet enjeu en s'y impliquant personnellement, comme il était d'usage dans la tradition gaulliste. Au lieu de quoi, Jacques Chirac avait non seulement préféré ne pas trop s'engager, encouragé en cela par son chargé de communication, Jacques Pilhan, mais aussi pris le risque d'annihiler par avance toute chance de succès en laissant entendre qu'Alain Juppé resterait Premier ministre. « Sur tous ces points, il a coché chaque fois la mauvaise case. »

Jacques Chirac n'en était pas moins sorti vivant du séisme qu'il avait provoqué. Il était mort si souvent qu'il avait fini par en prendre l'habitude. « Je ne suis pas quelqu'un qui pleure sur le lait répandu, assure-t-il aujourd'hui, l'air probablement plus dégagé qu'il ne l'avait eu sur le moment. Dans ces cas-là, il faut d'abord faire le gros dos, voir ce qui va se passer, et ensuite comment on peut réagir. C'est ce que j'ai fait. » Fort de sa propre expérience, il savait que la cohabitation lui laissait une chance de rétablir tôt ou tard la situation à son avantage et que le chef de l'État « d'une façon ou d'une autre, conserve le dernier mot ».

Malgré la personnalité du nouveau Premier ministre, Lionel Jospin, spécimen politique âpre et revêche comme il en avait rarement connu, Jacques Chirac s'était assez vite accommodé des charmes de la cohabitation. D'autant que sa propre sensibilité comme ses vieilles amitiés de gauche le prédisposaient à une entente plutôt cordiale avec la plupart des ministres en place. Certains qu'il appréciait de longue date, comme Hubert Védrine et Jean-Pierre Chevènement. D'autres dont il avait découvert les qualités, tels Claude Allègre et Pierre Moscovici, et s'était employé avec succès à gagner la sympathie, au vif agacement de leur chef de file. Officiellement en désaccord avec la politique du gouvernement et la réprouvant par nécessité, il lui arrivait de se montrer moins catégorique en privé. En particulier sur les « 35 heures » dont il contestait moins le principe que la façon dont on les avait imposées. « Tu ne comprends rien, réplique-t-il alors à Christine Albanel qui s'y déclare farouchement hostile. C'est le sens de l'Histoire. Depuis Cro-Magnon, l'homme travaille de moins en moins… » Et de lancer, persifleur, à sa collaboratrice qui persiste à vouloir lui démontrer le contraire : « Tu es réactionnaire ! »

Le seul véritable point noir, l'accroc le plus sérieux de sa cohabitation avec les dirigeants socialistes ne tenait pas, pour Jacques Chirac, à leurs divergences de vues concernant la gestion du pays – désaccords normaux, inévitables, en quelque sorte légitimes et sur lesquels on peut toujours s'expliquer, sinon s'entendre. Il avait trait aux différentes « affaires » organisées en sous-main, selon lui, par Lionel Jospin dans le but de le faire passer pour un personnage maléfique et corrompu, dilapidant les deniers publics à son profit personnel et à celui de sa famille. D'abord l'affaire de la « cassette Méry », puis celle des billets d'avion et des vacances fastueuses payés en liquide avec de l'argent prétendument occulte, en tout cas suspect. Puis l'affaire des « frais de bouche » de la mairie de Paris. Enfin celle de son prétendu « compte japonais ».

Autant de « mauvais coups » dont l'origine ne faisait pour lui aucun doute : « J'ai toujours pensé que ces histoires avaient été montées contre moi par le Premier ministre dans l'intention délibérée de me nuire, affirme-t-il une décennie plus tard, avec la même conviction. Je savais également que Matignon était derrière toutes les campagnes de presse mettant en cause mon intégrité. L'histoire du compte japonais m'a profondément choqué. Jospin est un personnage complexe qui ne m'inspirait pas spontanément confiance. Mais là, il a passé les bornes. Je lui ai dit en face que ce qu'il avait fait contre moi était inconvenant. Je lui ai cité les personnes que je savais être impliquées dans cette affaire. Notamment un dénommé Flam dont l'épouse était conseillère socialiste de Paris et qui travaillait pour les services spéciaux. Le Premier ministre a nié, bien sûr. Mais personne ne peut contester qu'il ait mis la main dans tout ça, et même le pied ! »

Lionel Jospin fait partie, avec Nicolas Sarkozy, de ces quelques hommes auxquels le Président n'a rien pardonné, quoi qu'il en dise, de leurs agissements passés contre lui. Et pour la même raison : les méthodes utilisées pour tenter de l'abattre, ce venin des « affaires » qui a empoisonné ses deux mandats successifs et continue de miner son existence. Sans compter leurs tentatives respectives de l'enterrer avant l'âge en le dépeignant comme déjà fini, épuisé, en état de délabrement avancé. Il n'a pas oublié la façon, d'ailleurs hasardeuse, dont Lionel Jospin avait usé de cet argument, durant la campagne présidentielle de 2002, en le présentant comme un homme « vieilli, fatigué, victime d'une certaine usure du pouvoir ». Huit ans plus tard, il lui renvoie le compliment pour expliquer les raisons de son éviction dès le premier tour. Reconnaissant qu'il a été surpris, sur le moment, par ce résultat, Jacques Chirac ajoute d'une voix suave : « Mais, depuis, j'ai compris pourquoi. Jospin souffrait d'un phénomène d'usure indiscutable. »

Il ne prétend pas pourtant avoir été en meilleure forme à ce moment-là. Cinq années de cohabitation ont aussi fait du chef de l'État, retranché dans son palais entre deux voyages officiels hors de France, un souverain quelque peu déphasé par rapport aux réalités du pays. Privé de sa capacité d'agir, voué tout au plus à contester ce qu'il ne pouvait pas toujours empêcher, il s'était replié sur le cercle exigu de ses collaborateurs, n'entretenant plus que des contacts espacés avec sa propre famille politique.

C'est pourquoi, prenant conscience de son isolement, il avait fini par appeler à la rescousse son ami Jérôme Monod. L'un de ses hommes de confiance les plus sûrs et désintéressés qui l'avait aidé, lors de la création du RPR, à se doter d'une machine de guerre devenue, vingt-cinq ans plus tard, quasi obsolète. Un bâtisseur à poigne, au regard vif, à l'intelligence rapide, doué d'un sens aigu de l'organisation et du maniement des hommes. Un grand patron au verbe policé, à l'ironie sèche de patricien et d'éminence grise. Son œil d'expert, capable d'une évaluation stricte des situations les plus embrouillées, sa culture du secret et son goût de l'influence font de Jérôme Monod l'artisan idéal du redressement et de la remise en marche d'une « maison Chirac » à rénover de fond en comble. Mais à partir d'un état des lieux net, clair et sans concessions. « Je te dirai toujours avec la modération et la discrétion qui s'imposent ce que j'observe et ce que je pense. C'est la seule façon de remplir la tâche que tu m'as confiée », écrit-il en août 2000, dans une note confidentielle, à celui qu'il a accepté une fois de plus de seconder, mais après avoir posé ses conditions. À commencer par cette liberté de pouvoir s'adresser à lui en toute franchise…

Deux mois plus tard, en octobre 2000, le diagnostic de Monod, une fois fait le tour du domaine, est édifiant :

« 1. Atmosphère de l'Élysée : désunie, pesante, méfiante, décourageante, parfois détestable.

2. Organisation : peu productive, sans lignes directrices, paperassière, peu informative, peu informée, peu "orientée" dans la direction à suivre, finalement mauvaise.

Le pouvoir excessif et secret de D. de V. et de Cl. Ch. ne facilite ni l'emploi du temps du Président, ni sa tranquillité d'esprit, ni sa réflexion personnelle, ni ses échanges avec son équipe ou des personnalités extérieures d'univers différents si utiles à fréquenter.

Il y a trop de mépris des politiques, trop de réactions inspirées par des considérations instantanées, qui détruisent parfois le fil de réflexions qui exigent du temps et de l'attention pour aboutir.

Voyages et calendrier du Président font l'objet de séances multiples, surabondantes, où il n'est pas raisonnable de s'exprimer devant un public désireux de s'approprier le temps du Président ou enclin à une excessive familiarité.

Deux remarques supplémentaires :

a) la noblesse de la fonction (la plus éminente) doit s'entourer d'un peu de mystère et d'une certaine distance, ce qui n'exclut pas l'attention aux subordonnés.

b) Il convient de faire comprendre à l'équipe de l'Élysée – ce qu'elle attend d'ailleurs – que l'épouse du Président a gagné une cote de confiance dans l'opinion publique et même de popularité qui sera précieuse dans les temps à venir. »

Le constat de Jérôme Monod est tout aussi saisissant, à l'automne 2000, sur l'état d'une droite et d'un centre émiettés, divisés, inertes, sans projets ni visions. Des partis qu'il a précisément pour mission de réveiller, rassembler et remettre en ordre de marche. Alors que sa réélection est loin d'être assurée à cette date, c'est au travail de fédérateur accompli par son conseiller que le Président sortant devra pour beaucoup de ne pas être emporté par le cataclysme d'avril 2002. De justesse, toutefois, et avec un score d'à peine 20 % au premier tour. Lionel Jospin, que le

Président sortant considérait comme son rival légitime, est éliminé au profit de Jean-Marie Le Pen. C'est un choc pour Jacques Chirac, privé d'un coup de ses repères politiques habituels, comme pour la grande majorité des Français, eux-mêmes déboussolés. La révélation brutale d'une crise de tous ordres dont ni lui ni personne n'avait soupçonné l'ampleur et la gravité. Il reconnaît maintenant ne pas s'être senti épargné par le rejet dont le candidat de gauche avait alors fait les frais : « Je n'y ai pas vu qu'une sanction de la politique socialiste. C'était une sanction de la politique tout court. La sanction d'une certaine conception de la politique plus proche de la démagogie que des grandes envergures. Je n'exclus pas d'avoir ma part de responsabilité dans tout cela. »

Révulsé par le discours de haine et d'intolérance du leader du Front national, Chirac refuse d'emblée tout débat télévisé qui reviendrait en quelque sorte à le normaliser. « C'était une question de principe. Ce type exprimait des idées totalement contraires aux miennes, et donc je n'avais rien à lui dire. On ne parle pas la même langue. Je n'ai jamais transigé avec l'extrême droite. » La digue est érigée, qu'il interdira à quiconque, parmi les siens, de franchir aussi longtemps que le pouvoir lui en donnera les moyens. Ni transaction ni dialogue : la ligne fixée est d'autant plus intangible qu'il s'agit de prévenir autour de lui des tentations déjà existantes. Et depuis lors avérées.

Jamais Jacques Chirac ne s'est montré aussi cohérent avec lui-même, ses valeurs et ses convictions, qu'en dramatisant l'enjeu d'une élection qu'il sait gagnée d'avance, mais lourde de menaces et d'incertitudes pour l'avenir. C'est sans doute pourquoi sa victoire démesurée, le 5 mai

2002, le laissera moins heureux qu'embarrassé, comme si quelque chose était désormais irrémédiablement faussé dans les règles et les mécanismes du jeu démocratique tel qu'il l'a toujours connu et pratiqué.

Il est pourtant confronté à un moment unique dans sa destinée d'homme d'État, une occasion sans équivalent et qui ne se représentera pas de sitôt de se hisser au-dessus des contingences partisanes, de les transcender pour incarner la nation dans son entier ou presque. À l'image du Clemenceau de la Grande Guerre ou du de Gaulle de 1958. L'Histoire est à portée de main, qu'il n'a pas même eu besoin de chercher pour qu'elle s'offre à lui. Mais celle-ci le prend au dépourvu, faute d'avoir jamais cru qu'elle pourrait un jour le concerner. Et il ne sait que faire, en fin de compte, de ces 80 % de voix qui se sont rassemblées sur son nom. Un trop-plein de suffrages qui l'étouffe, comme s'il n'en demandait pas tant pour être rassasié.

La logique aurait voulu que le front républicain qui s'est constitué autour de lui l'incite à former un gouvernement d'union nationale, du moins à le proposer. Et plus que la logique : son devoir de vainqueur vis-à-vis de la masse des électeurs qui s'étaient retrouvés, parfois à contrecœur, sur sa candidature.

Si l'on en croit certains de ses proches, comme Jérôme Monod, il y aurait à peine pensé : « C'est une question qu'il n'a jamais abordée devant moi. Le problème était de savoir si c'était possible. Les gens du RPR n'avaient en tête que de prendre leur revanche sur la gauche et d'effacer l'humiliation subie cinq ans plus tôt, au lendemain de la dissolution. On ne dépassait même pas le cas de François Bayrou, que l'on refusait d'approcher. Pour beaucoup, ce score du second tour n'avait aucune signification politique. Ce n'étaient pas les voix de Chirac, pour une grande partie d'entre elles. » Selon Dominique de Villepin, c'est surtout dans les rangs de la majorité sortante que les réticences auraient été les plus fortes : « Le climat ne s'y prêtait pas et les quelques sondages que nous avons effectués du côté de la gauche ont tous échoué. Ses dirigeants étaient alors meurtris, déboussolés par la défaite qu'ils venaient de subir. Leur ralliement n'avait pas été de conviction, mais forcé, résigné, un peu méprisant. L'élection de Chirac s'était faite sur un rejet collectif, non sur un projet commun. » Quant à Jean-Pierre Raffarin, il invoque surtout le calendrier électoral et la proximité des élections législatives pour expliquer que les forces politiques en présence se soient empressées non de prolonger leur entente, mais de regagner leur camp respectif.

Réaliste ou pas, réalisable ou non, il reste que ce geste, que nous étions nombreux à attendre, ne fut pas accompli par Jacques Chirac, à supposer qu'il l'ait seulement envisagé. Avec le recul, et sans qu'on ait besoin de beaucoup le pousser pour qu'il le reconnaisse, il convient qu'il n'a pas su prendre la décision qui s'imposait à ce moment-là : « Ce fut une erreur historique. Il fallait ouvrir les bras et je ne l'ai pas fait. Cela dit, ajoute-t-il après un temps de réflexion, quels partenaires avais-je en face de moi ? Jospin s'était liquidé lui-même. Qui est-ce qu'il y avait d'autre ? Peut-être Rocard qui n'aurait sans doute pas voulu... » Mais il n'impute à personne d'autre que lui-même de ne pas avoir été à la hauteur de l'enjeu : « J'étais prisonnier du système... Le système s'est refermé sur moi. »

C'est ainsi qu'au risque de l'union nationale Jacques Chirac aura préféré le confort apparent d'un parti unique de la droite et du centre, l'UMP, constitué dans la foulée de sa réélection. Et à un Premier ministre hors normes, un chef de gouvernement au format plus convenu, le sénateur du Poitou Jean-Pierre Raffarin, un notable du terroir comme il les aime, au profil bonhomme et rassurant, réputé pour son bon sens, son humilité, son pragmatisme à tout crin. « Quelqu'un comme tout le monde », résume Jean-Louis Debré, qui, sans apprécier ce choix, en comprend bien les raisons : « Raffarin avait eu pendant la campagne ce sens des formules qui plaisent tant à Chirac : la nouvelle gouvernance, la proximité, la France d'en bas… Pour lui, Raffarin, qui était un proche de Giscard, symbolisait une forme d'ouverture et de renouveau. C'était la vraie fausse rupture, le changement dans la continuité… Un autre argument, et non des moindres, plaidait en sa faveur : Raffarin n'avait jamais affirmé ou proclamé d'ambitions politiques trop voyantes, Chirac trouvait en lui un surintendant loyal, sympathique et chaleureux, avec lequel il était persuadé de ne connaître aucun affrontement. La cohabitation entre le président de la République et le Premier ministre devenait paisible. Quel contraste avec les autres postulants, quel contraste aussi avec ce que Chirac avait enduré pendant cinq ans ! »

Si le nouveau Premier ministre ne manque ni de subtilité ni de caractère, quoiqu'il veille à les dissimuler, il a surtout le mérite, aux yeux de Chirac, de lui avoir servi d'antidote à l'hypothèse Sarkozy à Matignon : la seule, au demeurant, qu'il n'ait jamais envisagée.

« Il y avait Juppé, mais ce n'était pas possible », me dit-il lorsque nous passons en revue les autres prétendants. Tel aura été son seul véritable regret, en définitive.

LES COW-BOYS ET LES INDIENS

Lui qui a côtoyé tous les « grands de ce monde », qu'il s'agisse de Leonid Brejnev, Ronald Reagan, Margaret Thatcher et Boris Eltsine ou de Deng Xiaoping, Bill Clinton, Jean-Paul II et Nelson Mandela, sans parler du général de Gaulle, c'est de compter un chef indien parmi ses amis que Jacques Chirac dit tirer aujourd'hui sa plus grande fierté. Il me cite le nom du chef « Oné Onti », de son vrai nom Max Gros-Louis, comme celui d'une éminente personnalité internationale qui a beaucoup fait pour la cause de son peuple : « Il est certainement dans le dictionnaire. Il faut regarder... »

Chargé de retrouver sa trace dans le Larousse, le secrétariat du Président revient bredouille. Mais Jacques Chirac ne se démonte pas, demandant qu'on continue de chercher dans les encyclopédies existantes. Il devra se contenter de la simple fiche biographique qu'on lui apporte, récupérée sur le Net, dont il entreprend aussitôt de me lire le contenu avec une sorte de ferveur :

« Max Gros-Louis fréquente l'école amérindienne du village de la première à la quatrième année et l'Académie de Loretteville jusqu'en neuvième année. Par la suite, il suit des cours d'anglais par correspondance et se spécialise en droit autochtone et ses composantes, telles que la Loi sur les Indiens, la Constitution, le statut du Québec et les traités. Depuis sa prime jeunesse, Max Gros-Louis est un chasseur, un pêcheur et un trappeur émérite. Il exerce divers métiers liés au domaine de l'artisanat amérindien et de la vente au détail. Pendant une dizaine d'années, il est vice-président de l'association professionnelle des artisans du Québec. De 1964 à 1984, il est nommé grand chef de la nation Huronne-Wendat. En 1984, il se retire de la vie politique. Ce repos est de courte durée : en 1987, il revient à la politique et en 1994, il est réélu grand chef de la nation. Il est né en 1931, ajoute-t-il. Nous avons pratiquement le même âge. C'est un de nos nombreux points communs…

– Mais, en ce qui le concerne, il n'a pas été élu président de la République. C'est votre grande différence, lui dis-je en riant.

– Non, mais il a tout de même été grand chef. C'est l'équivalent. »

Il me raconte que son ami Max Gros-Louis vient toujours le saluer, revêtu de son costume traditionnel, plumes sur la tête, lors de ses passages à Paris, et que lui-même n'a jamais manqué d'aller lui « baiser la pantoufle » à chacun de ses séjours dans la Belle Province.

Des liens de ce genre, il y en a beaucoup plus qu'on ne l'imagine dans la vie de Jacques Chirac. Tissés et entretenus à l'insu de tous, le plus souvent, comme s'ils relevaient d'une existence parallèle longtemps menée incognito. À tel point que ses vrais compagnons de route auront moins été, sans doute, ceux qui partagèrent ses combats politiques que ceux dont il partagea secrètement les rêves, les aventures, les engagements d'un autre ordre, à contre-courant de la culture et de l'Histoire officielles.

Un chef de tribu amérindienne, africaine ou asiatique, symbole de sagesse ancestrale, ultime garant de la plus vieille mémoire de l'humanité, a davantage de valeur et de prestige à ses yeux que le plus haut dirigeant d'une grande puissance, par nature plus instable, volatile et éphémère – la Chine exceptée... S'il aime précisément la musique chinoise alors qu'il se déclare allergique à toutes les autres, c'est parce qu'« elle vient du fond des âges », comme l'harmonie des jardins japonais ou le rituel des lutteurs de sumo. Les mêmes raisons qui font de lui un lecteur de longue date admiratif du *Dit du Genji*, chef-d'œuvre absolu, estime-t-il, de l'art romanesque, « le plus grand jamais produit par les hommes », et des poèmes du *Manyoshu*, autre « sommet de la culture universelle », tous deux datant du premier millénaire. Il s'avoue plus hermétique aux textes des époques ultérieures, hormis *Eugène Onéguine*, qu'il a traduit dans sa jeunesse, *Guerre et Paix* et *Les Frères Karamazov*, parce qu'ils expriment « l'ampleur et la profondeur de l'âme russe », et, s'agissant du XXe siècle, la poésie d'Aimé Césaire, d'Édouard Glissant ou de Léopold Sedar Senghor, parce que « ces hommes de lumière nous aident à déchiffrer le mystère de nos origines ».

Jacques Chirac ne se reconnaît, en revanche, aucune affinité avec ceux qu'il englobe sous le terme générique, franchement péjoratif dans sa bouche, d'« intellectuels ». C'est-à-dire : « les manieurs d'idées toutes faites et d'abstractions fumeuses, qui ont toujours une opinion définitive sur des réalités qu'ils ne connaissent pas ». Le seul dont il fut proche, André Malraux, n'a guère contribué à le réconcilier avec ses pairs, bien qu'il ait tenu – mais pour d'autres raisons – à honorer sa mémoire en le faisant entrer au Panthéon.

Dans l'hommage public qu'il lui a rendu ce jour-là en tant que chef de l'État, Jacques Chirac a longuement salué le résistant, le ministre et compagnon du général de Gaulle, « l'homme de l'ouverture au monde, du dialogue entre toutes les cultures », le « citoyen de l'Intemporel, un Intemporel qui est nécessairement fraternel ». De justes et nobles formules qui ne traduisaient pas tout à fait le fond de sa pensée. C'est sur « l'homme de l'art » qu'il porte le jugement le plus sévère : « Quelqu'un qui a cassé les statues de Banteay Srei pour les ramener en France et en faire commerce à son profit ne peut pas être authentique dans ses écrits sur l'art. C'est la raison pour laquelle ses livres, en particulier son *Musée imaginaire*, me sont toujours tombés des mains. Toutes ses analyses m'ont paru surfaites, légères, alambiquées… Je n'ai jamais pu les prendre au sérieux. J'ai beaucoup d'admiration pour Malraux, mais dans ce domaine, je le considérais un peu comme un fumiste ! »

Les seuls qui lui paraissent mériter ce brevet d'authenticité sont « les spécialistes, les chercheurs, les savants. Ceux qui ont acquis une véritable expérience des sujets dont ils parlent, je peux les écouter indéfiniment », dit-il en insistant sur le « respect sans égal » que lui inspirent des hommes comme le paléontologue Michel Brunet, le découvreur de « l'ancêtre de Toumaï » ou celui de « l'homme de Tautavel », le préhistorien Henry de Lumley dont les travaux, comme ceux d'Yves Coppens, ont bouleversé la connaissance des origines de l'espèce humaine. Non content de les admirer avec l'humilité du néophyte qui sait « ce qu'ils font » sans « parvenir à toujours les comprendre », il s'est aussi employé à soutenir et faciliter leurs recherches – ainsi celles du professeur Brunet dans le désert libyen en obtenant l'appui du colonel Kadhafi. Servir de telles causes est probablement, pour Jacques Chirac, l'un des meilleurs usages qu'un chef d'État puisse faire de son pouvoir et de son influence.

Lorsque je lui demande ce qu'il doit à la fréquentation de ces hommes-là, les plus distincts qui soient du milieu politique, le Président me répond : « Les longues perspectives. » À défaut de les suivre sur des chemins qu'il a souvent rêvé d'emprunter, leurs échanges l'ont conforté dans la fascination qu'ont exercée sur lui, depuis sa jeunesse, le destin même de l'humanité, le mystère de ses commencements, l'histoire de son évolution, le génie de ses civilisations les plus anciennes. Fascination qui fut longtemps l'un de ses secrets les mieux gardés. Il a fallu sa rencontre avec des pionniers, des « réfractaires » comme l'ethnographe et fondateur de la collection « Terre humaine », Jean Malaurie, et l'antiquaire et collectionneur Jacques Kerchache, pour que le lecteur précoce des ouvrages initiatiques de Claude Lévi-Strauss finisse par affirmer au grand jour la singularité de sa propre vision du monde. Et d'abord l'idée qu'il se faisait lui-même du nécessaire respect dû à chaque peuple et à chaque culture, comme à l'héritage essentiel que les plus vieilles communautés humaines ont légué au patrimoine universel.

Avec le temps, le choc esthétique ressenti par le jeune visiteur du musée Guimet et, à travers lui, la révélation des richesses et de la grandeur des continents méconnus se sont mués chez le défenseur des arts premiers en une prise de conscience politique du sort infligé par l'Occident, depuis des siècles, à une grande partie de l'humanité. Récusant toute idée de culture comme de race dominante, Jacques Chirac a dès lors entrepris, à son niveau, de réhabiliter le génie créatif de ces univers délaissés et de lui restituer sa juste place dans l'histoire des hommes.

Comme preuve des « méfaits de l'homme blanc », le Président exhibe sous mes yeux un petit objet, vestige d'une tribu du Sarawak, sur l'île de Bornéo, « disparue par sa faute en moins de cinquante ans ». Chaque pièce de sa collection privée raconte à sa manière le même drame d'ethnies décimées, anéanties, avec leurs biens les plus précieux, sous la tutelle occidentale. Certains, comme les Amérindiens, exterminés « par millions » durant la conquête coloniale. D'autres, en Afrique, en Asie, en Océanie, dévastés dans ce qu'ils avaient de plus sacré par leurs envahisseurs successifs. Autant de « crimes contre l'humanité » qu'il ne laisse plus de fustiger depuis ce jour de 1992 où, avec les encouragements de son nouvel ami Jacques Kerchache, engagé de longue date dans la même entreprise de sauvegarde et de revalorisation des cultures primitives, il a refusé d'associer la ville de Paris aux célébrations du cinq centième anniversaire de la découverte de l'Amérique par Christophe Colomb.

Ce coup d'éclat passe alors d'autant moins inaperçu que le maire de la capitale annonce dans le même temps sa décision de rendre hommage aux premières victimes du débarquement espagnol en terres amérindiennes : les Taïnos, éradiqués jusqu'au dernier après soixante ans d'occupation européenne. Kerchache et lui, qui ont consacré de longs mois à recenser tout ce qui subsistait des œuvres taïnos disséminées en divers musées français et étrangers, réussissent à organiser au Grand Palais une exposition en l'honneur de ces populations disparues.

L'inauguration a lieu le 24 février 1994 et Jacques Chirac se réjouit encore de l'incident qu'il provoqua, ce soir-là, au cours du dîner officiel qui suivit, avec l'ambassadeur d'Espagne choqué par ses propos iconoclastes. « Il était assis en face de moi et je ne lui ai pas caché, se souvient-il sans regret, que je considérais Christophe Colomb comme une calamité, un type épouvantable, envers qui on ne pouvait éprouver que du mépris. Alors l'ambassadeur et sa femme se sont levés et ont aussitôt quitté la table. J'avais dit la même chose au roi d'Espagne quand il m'avait appelé, deux ans auparavant, pour s'étonner de mon refus de célébrer le bicentenaire de son grand homme. Il n'était pas très content de s'entendre dire que c'était, pour moi, un événement funeste. L'un des pires de notre Histoire. »

Jacques Chirac n'en reste pas là, s'attaquant aussitôt après à l'incroyable ostracisme qui pèse encore sur les arts primitifs et leur vaut d'être relégués dans des musées ethnographiques, eux-mêmes le plus souvent à l'abandon. Ces œuvres « indigènes » sont d'autant plus dépréciées qu'on les considère au mieux comme de nobles résidus d'un folklore exotique, au pire comme de simples trophées des guerres coloniales. Les voix conjuguées de Picasso, Max Ernst, Apollinaire ou André Breton avaient eu beau plaider pour la reconnaissance d'un patrimoine majeur dans lequel bon nombre de créateurs contemporains puisaient leur inspiration, les portes de la culture officielle lui restaient obstinément fermées. En particulier celles du Louvre où l'idée de réserver une section entière à ce genre de création passait toujours pour une hérésie. La supériorité esthétique du classicisme européen paraissait à ce point indiscutable, dans l'esprit des plus éminents conservateurs, que l'intrusion dans un même lieu de masques inuits, d'une statuette mumuye ou d'un reliquaire de Nouvelle-Guinée, voisinant avec *La Joconde* ou *La Vénus de Milo*, relevait pour eux d'un sacrilège absolu. On ne pensait pas qu'un tel interdit puisse être levé de sitôt.

C'est pourtant le but que s'est fixé Jacques Kerchache, le meilleur connaisseur et plus ardent défenseur des arts premiers, qui a consacré sa vie à parcourir la planète en quête de ces trésors oubliés. En 1990, il a publié dans *Libération* un manifeste réclamant l'ouverture au Louvre d'un département qui leur soit spécifiquement dévolu. Intitulé « Les chefs-d'œuvre naissent libres et égaux », il a été signé par trois cents personnalités, dont le peintre Arman, le sculpteur Tinguely, le photographe Henri Cartier-Bresson, le poète Léopold Sedar Senghor. Mais Kerchache, qui souffre d'une réputation d'aventurier, manque encore du relais politique qui lui permettrait de réaliser son rêve. Après avoir en vain sollicité François Mitterrand, c'est du côté de Jacques Chirac, rencontré par hasard à l'île Maurice, qu'il trouve enfin l'appui immédiat et décisif qu'il espérait.

Le maire de Paris est vite séduit par ce fils d'anciens ouvriers communistes, déterminé comme lui à bousculer, en cette matière, les dogmes de la pensée dominante. Leur alliance va se révéler très efficace pour faire plier l'institution muséographique au lendemain de l'exposition qu'ils ont organisée de concert en hommage aux Taïnos.

Sitôt élu à la présidence de la République, Jacques Chirac donne consigne à son ministre de la Culture, Philippe Douste-Blazy, de recevoir son ami Kerchache afin d'installer au Louvre, dans le Pavillon des Sessions, la section réservée aux arts premiers qui lui a été jusque-là refusée. Douste-Blazy, ancien balladurien soucieux de s'attirer les bonnes grâces du chef de l'État sans toutefois savoir ce que sont exactement ces « arts premiers » qu'il est chargé d'honorer, s'empresse de confier la mission à son directeur de cabinet, Stéphane Martin, le futur directeur du musée du quai Branly.

Si ferme qu'elle soit, la volonté de l'Élysée se heurte néanmoins à la résistance déclarée du directeur du Louvre, Pierre Rosenberg, lequel met tout en branle pour contrecarrer une initiative qu'il n'a cependant pas les moyens d'empêcher. Jacques Chirac n'a rien oublié de son affrontement avec celui qu'il n'appelle plus aujourd'hui que « l'homme à l'écharpe rouge », resté à ses yeux l'archétype du conservateur sectaire, incapable de « connaître ou de reconnaître ce qui n'est pas directement issu de sa propre réflexion. Contrairement à lui, ajoute-t-il, j'ai toujours pensé qu'il n'existe pas de hiérarchie entre les différentes formes de culture. Il n'y a pas de cultures bienséantes et de cultures malséantes. Chacune a sa valeur propre, qu'il convient de respecter. Il n'y a pas de culture sans ouverture… Si je n'avais pas été président de la République, je n'aurais rien obtenu. C'est “l'homme à l'écharpe rouge” qui se serait imposé. La coalition des imbéciles aurait triomphé ».

Le Pavillon des Sessions sera finalement inauguré par le chef de l'État en avril 2000. L'exposition, qui rassemble plus d'une centaine de pièces originales en provenance des

Amériques, d'Afrique, d'Asie et d'Océanie, consacre six mille ans d'histoire culturelle universelle dans le plus grand musée du monde. Dans son discours, Jacques Chirac ne ménage pas Pierre Rosenberg, qui n'a pas pu faire autrement que d'être présent. « Avec le Pavillon des Sessions, souligne-t-il, le Louvre a corrigé une incroyable et inacceptable anomalie. Panthéon des créations humaines, il restait aveugle à de nombreuses cultures. Il s'est enfin ouvert à elles pour mieux présenter le véritable récit de l'aventure humaine. » Contraint de s'incliner, Rosenberg ne désarme pas cependant dans sa volonté de distinguer le Grand Louvre de sa structure adjacente. « Il a tout fait pour nous isoler, se souvient encore le Président. Il avait organisé par exemple un système de vente de billets séparé et fait en sorte que les livres sur l'art nègre ne soient pas vendus dans la même librairie que ceux sur *La Joconde*. J'ai dû réagir vivement pour l'obliger à rectifier le tir. »

Ce combat pour la reconnaissance des cultures primitives trouvera son expression finale dans la réalisation du musée du quai Branly. Il est indissociable, dans l'esprit de Jacques Chirac, de sa défense d'un monde multipolaire, respectueux de toutes ses composantes, lui-même affranchi d'un modèle imposant ses valeurs au reste de l'humanité.

C'est là encore l'hégémonie du magistère occidental, détenteur d'une vérité unique et sans partage, qu'il ne cesse de dénoncer en s'inscrivant ouvertement, à partir de 2001, à contre-courant des diktats de l'administration américaine et de sa doctrine messianique. Solidaire des États-Unis dans leur lutte contre le terrorisme au lendemain des attentats du 11 septembre, le Président français récuse avec la même vigueur la désignation d'un « axe du Mal » pour justifier cet engagement, idée qui impliquerait la reconnaissance d'un « empire du Bien » incarné par l'Occident. « J'ai toujours pensé que certaines civilisations ont réparti le bonheur et la justice mieux que nous », m'indique-t-il pour résumer son désaccord de fond avec le concept, alors en vogue, d'un « choc » inévitable entre deux types de société plus avancés l'un que l'autre en termes de démocratie. La thèse qui a servi précisément de caution ou d'alibi aux initiateurs de la guerre d'Irak. « Si je m'y suis opposé, c'est que je ne crois pas, contrairement aux Américains, qu'on exporte la démocratie dans des fourgons blindés. »

Le Président est de ceux qui se radicalisent en vieillissant. Lui qui affirmait jadis aux autres dirigeants européens s'en tenir à un principe simple en politique étrangère – « Je regarde ce que font les Américains et je fais le contraire. Alors je suis sûr d'avoir raison » –, il s'embarrasse moins que jamais de nuances et de précautions pour démystifier cette « nation amie » à coups de sarcasmes et de jugements définitifs : « La civilisation américaine ne m'attire pas, mais je reconnais ses mérites : le hamburger… » – « Les États-Unis sont un modèle non de civilisation, mais de consommation… » – « C'est un pays superficiel. Quand je vais en Russie, je vois partout des traces de civilisation. En Chine, je sens celles d'une puissance ancestrale. Aux États-Unis, je cherche en vain quelque chose de semblable. C'est un peuple sans mémoire, sauf celle des Indiens, que les Américains ont massacrés. C'est leur péché originel… »

S'il ne conteste pas son intérêt pour les westerns, Jacques Chirac tient cependant à me préciser qu'il a toujours été « du côté des Indiens » et « très heureux chaque fois qu'ils tiennent tête aux cow-boys ». Peu lui importe qui gagne à la fin : il préfère, en l'occurrence, prendre le parti des vaincus qui lui paraît ici le plus honorable.

Il se défend d'être ingrat vis-à-vis d'un peuple qui a sacrifié une partie des siens pour nous venir en aide au cours des deux guerres mondiales. Mais il persiste, pour le reste, à relativiser ce que les Américains nous ont apporté et peuvent encore nous offrir : « Le monde a toujours plus à attendre de l'expérience que de l'improvisation. On a moins à craindre d'un pays profondément et fondamentalement pacifique, comme la Chine, que d'un pays trublion comme les États-Unis… Les Américains connaissent mal le reste du monde et, au fond, ils ne s'y intéressent pas beaucoup. Cet état d'esprit est en général celui de leurs dirigeants. Sauf quand il s'agit d'aller faire la guerre quelque part… Je préfère les pacifiques aux arrogants. » Parmi ces derniers, il pense évidemment en priorité à George W. Bush, pour lui l'incarnation la plus aboutie du « cow-boy » sommaire et arrogant.

« Le pire dans la pire des situations » : ainsi résumait-il son funeste interlocuteur américain de l'époque, héritier pourtant d'un président « pondéré, intelligent », qu'il appréciait. « Contrairement à son père qui s'intéressait de temps en temps à l'avis des Français, au moins par politesse, je me suis vite aperçu qu'avec lui je m'adressais à un mur. Il a réagi d'une façon typiquement américaine à la tragédie du 11 septembre, c'est-à-dire en n'excluant rien d'entrée de jeu. J'ai été le premier chef d'État étranger à me rendre sur place, comme vous le savez, pour manifester au peuple américain le soutien et l'amitié de la France. Ce que j'ai vu en survolant en hélicoptère les tours détruites était véritablement monstrueux. Mais ces attentats étaient avant tout l'œuvre de fanatiques, non le signe d'un basculement décisif de l'histoire du monde. C'est pourquoi j'ai alerté Bush sur le danger de tirer des conséquences excessives d'une telle situation au risque de l'aggraver par des réactions qui le seraient tout autant. Je suis convaincu, en particulier, que la guerre alimente le fanatisme plus qu'elle ne le combat réellement. Mais Bush était déjà déterminé à faire la sienne en Irak coûte que coûte et sans écouter personne, sinon ses obligés, alors que Saddam Hussein, quels que soient ses crimes par ailleurs, n'était pour rien dans l'affaire du 11 septembre. Vous connaissez la suite… »

Comme en témoigne son discours du 15 octobre 2001 prononcé lors de la Conférence générale de l'UNESCO, le refus de Jacques Chirac d'associer la France à l'intervention militaire initiée par la Grande-Bretagne et les États-Unis aura été avant tout dicté par sa propre « grille de lecture du monde ». La même qui inspire son engagement en faveur du « dialogue des cultures » et qui donnera tout son sens à la réalisation, cinq ans plus tard, de son « grand œuvre » : le musée du quai Branly.

« J'aime tout ici ! » s'exclame le Président lorsqu'il me fait visiter les lieux, un matin de juin 2010, en compagnie de Stéphane Martin. Il compare « son » musée à « une cathédrale où on peut se promener de chapelle en chapelle ». L'image qui me vient en parcourant les allées à ses côtés est davantage celle d'une forêt luxuriante, pleine d'ombres et de sortilèges, où tant de pistes s'entrecroisent qu'on a vite fait d'y perdre tout repère. Mais la sienne exprime mieux la présence du sacré telle qu'on la ressent dans ce sanctuaire où se côtoient tous les rituels des religions primitives, comme autant de vestiges exhumés des plus vieilles croyances de l'humanité. Jacques Chirac est là au cœur de son univers le plus intime, d'un territoire qu'il n'a cessé de traverser, d'explorer en tous sens, sa vie durant, comme un nomade en quête de ses véritables racines, avant de livrer les clés, en fin de parcours, de ce qui fut longtemps son domaine exclusif.

Jacques Chirac est heureux du succès rencontré par le musée, et fier de sa réussite. Il ne manque aucune de ses expositions. Il s'y rend chaque fois qu'on lui signale l'acquisition de nouveaux objets susceptibles de l'intéresser. Il vient alors les examiner longuement, selon son habitude, le nez collé à la vitrine, pour en vérifier la valeur et l'authenticité. Mais avec le détachement, désormais, du voyageur parvenu au terme de son périple et qui aurait un peu perdu le goût de l'aventure.

Avançant d'un pas lent parmi les visiteurs, il s'arrête devant quelques-unes de ses pièces préférées : un Tiki des îles Marquises, une statue d'ancêtres de Bumba, une parure turkmène d'Afghanistan, un Boli du Mali, une sculpture en terre cuite de la culture Nok… Il m'indique brièvement leur provenance, mais glisse de l'une à l'autre, aussi économe de ses commentaires que s'il feuilletait un très vieil album de famille dont il garderait pour lui les secrets essentiels.

Ce qui l'amuse davantage, c'est de se livrer au jeu des analogies physiques entre certaines de ces divinités ancestrales et telle ou telle personnalité d'aujourd'hui qu'il connaît bien. Soudain, il me désigne une statue protectrice du Nigeria, corpulente et de petite taille, la bouche grande ouverte et les yeux dilatés, qui semble s'adresser à une assemblée toute à sa dévotion : « Ça, c'est le vampire de

Sarkozy ! » me dit-il, le doigt pointé sur cette figure d'idole censée préserver son peuple des mauvaises influences. Puis il m'entraîne à quelques mètres de là pour me montrer un poteau funéraire hérissé de cornes : « Et ça, c'est la femme de Sarkozy ! » complète-t-il avec un sourire facétieux. Pas mécontent de pouvoir ainsi se laisser aller à son inspiration du moment. Celle que l'art lui a toujours permis d'exprimer.

ON NE FAIT PAS ÇA AU PÈRE

Je n'ai jamais cru que le souci de ne pas entraver l'action de Nicolas Sarkozy fût la seule explication du long silence observé par Jacques Chirac depuis la fin de sa présidence. Pour être vraiment crédible, il eût fallu que la raison supposée justifier cette ligne de conduite procède d'une sorte de *modus vivendi* convenu et respecté de part et d'autre. Or c'est tout l'inverse qui s'est produit : non une trêve, mais une guérilla à sens unique, engagée, sitôt après son élection, par le nouveau maître de l'Élysée à l'encontre de son prédécesseur, lequel s'est abstenu d'y prendre part et même de réagir, du moins publiquement.

Configuration insolite dont Jacques Chirac a su habilement tirer parti au détriment de son successeur. Plus il s'est tu, et plus l'opinion lui a été reconnaissante de rester drapé dans son mutisme. Une leçon de dignité qui lui vaut de triompher dans les sondages d'opinion. Mais non sans laisser penser, à force de résignation et de passivité, que ce refus de répliquer, même placé en situation de légitime défense, peut être dicté par d'autres motivations que le seul souci de préserver la fonction présidentielle.

J'ai assez vite constaté que ce n'était pas de gaieté de cœur que Jacques Chirac s'interdisait de riposter, ni par détachement ou philosophie qu'il s'imposait cette cure de stoïcisme. Il n'en pouvait plus, certains jours, de subir sans broncher les piques et moqueries en provenance de l'Élysée, alors que son locataire semblait pouvoir se défouler contre lui en toute impunité. Il enrageait de ne devoir rien dire ni rien faire pour le rappeler à l'ordre, tant l'envie le démangeait d'une contre-attaque en bonne et due forme qui eût au moins prouvé qu'il n'avait pas encore perdu la main. Et il ne lui suffisait pas toujours, pour se consoler de son apparente inertie ou seulement y puiser quelque réconfort, de se voir créditer d'une sagesse de patriarche.

Ceux de ses visiteurs qui s'en félicitaient le plus au-dehors n'étaient pas forcément les plus désintéressés à l'idée qu'il se taise et évite ainsi de compromettre leurs propres relations avec le nouveau régime, si ce n'est leur espoir de rentrer un jour en grâce. Quant à son plus proche entourage, s'il veillait scrupuleusement à ce qu'il s'en tînt aux limites qu'il s'était lui-même fixées, c'était aussi bien dans l'intérêt présumé de son image d'homme d'État que par crainte d'indisposer un pouvoir dont, en cas de malheur, on espérait la protection. Car tel est bien le fond du problème et l'autre raison – celle-ci inavouée – du silence auquel l'ancien Président s'est astreint depuis le premier jour et supporte de moins en moins de se trouver assujetti.

Je n'avais déjà pas beaucoup de doutes à ce sujet quand Jérôme Monod, lors d'un déjeuner en tête à tête, me glissa de façon sibylline, en faisant mine de s'interroger : « Il avait peur de Sarkozy. Je n'ai jamais su si c'est parce que celui-ci le tenait ou non. » Plus catégorique et tranchant, comme à son habitude, Dominique de Villepin achèvera peu après de me confirmer ce que je pressentais : « Pour regagner sa confiance, Sarkozy a proposé à Chirac de sceller un pacte concernant ses affaires judiciaires, m'explique-t-il, en marge d'un entretien relatif aux *Mémoires* du Président. Il s'est déclaré prêt à mobiliser tous les réseaux dont il disposait, dans divers milieux, pour lui venir en aide. C'était, du même coup, lui faire sentir sa capacité de nuisance. À partir de là, la pression que Sarkozy était en mesure d'exercer sur le Président et sa famille n'a plus cessé de se vérifier. Voilà pourquoi les Chirac ont toujours craint Sarkozy. D'autant qu'une fois élu à la présidence celui-ci a pu se targuer des moyens supplémentaires dont il bénéficiait pour leur éviter, dans la perspective d'un procès, une issue trop humiliante. Cet argument n'est pas resté sans effet, notamment auprès de Mme Chirac… »

Au printemps 2010, c'est précisément sur le terrain des « affaires » qu'un rapprochement semble s'opérer entre le chef de l'État et son prédécesseur. En accord avec Bernadette Chirac, Nicolas Sarkozy émet l'idée d'une transaction financière susceptible de désamorcer la procédure judiciaire en cours sur les « emplois fictifs » de l'Hôtel de Ville, ou à tout le moins d'atténuer une éventuelle condamnation. Moyennant le remboursement par l'UMP et la famille Chirac de l'intégralité des sommes litigieuses – soit 2,2 millions d'euros dont le parti majoritaire prendrait à sa charge plus des trois quarts –, la mairie de Paris accepterait de se désister de sa plainte, vidant ainsi le futur procès de l'essentiel de sa substance. Ce projet de transaction, initié personnellement par Nicolas Sarkozy à l'insu des dirigeants de l'UMP qui n'en seront informés qu'une fois celui-ci conclu, reçoit un accord de principe du côté de Bertrand Delanoë. Mais il se heurte à bien des réticences parmi les proches de l'ancien Président.

Le clan est divisé sur ce qu'impliquerait un tel compromis, à savoir la reconnaissance d'une forme de culpabilité. Claude Chirac y est défavorable pour cette raison-là, tout comme Jean-Louis Debré et Dominique de Villepin. Nonobstant l'opposition de sa fille, qui n'a rien pour elle d'une nouveauté, Bernadette Chirac, soutenue par les avocats de son mari, tient ferme sur ses positions, déterminée à tout faire pour éviter au Président une épreuve judiciaire qu'il ne serait pas en mesure de supporter. Reste à connaître l'opinion du principal intéressé, lequel s'est déclaré résolu à se défendre devant les tribunaux dès l'annonce, quelques mois plus tôt, de sa mise en examen…

Lorsque nous en parlons à ce moment-là, le Président me confirme qu'il n'entend pas plaider coupable, d'autant qu'il persiste à contester les accusations portées contre lui : « Les emplois que l'on peut me reprocher n'étaient aucunement fictifs. Dans mon souvenir, ils correspondaient tous à des fonctions bien précises… Mais il est vrai que tout cela est un peu sorti de ma mémoire. Des histoires de cornecul, de toute façon ! » Toujours est-il que l'arrangement concocté par l'Élysée ne lui dit rien qui vaille. Et, puisque son épouse a cru bon d'accepter par avance de prendre part au remboursement, il exclut de son côté de s'en mêler : « Je ne m'occupe pas des affaires d'argent. Ça, c'est le travail de ma femme… »

En fait, il s'intéresse surtout aux arrière-pensées de Nicolas Sarkozy, conscient de l'utilité qu'il peut y avoir pour celui-ci, confronté à de sérieuses difficultés politiques depuis la déroute subie en mars lors des élections régionales, à se rapprocher des chiraquiens et de lui en particulier. Première étape de cette entreprise de séduction sur fond de sauve-qui-peut : la nomination de François Baroin au ministère du Budget, approuvée par son mentor, pour qui « on ne refuse pas de participer au gouvernement de la France ». La phase suivante consiste donc à tenter de délivrer l'ancien Président de ses tracas judiciaires dans l'espoir de gagner enfin ses faveurs.

Jacques Chirac observe les manœuvres de son successeur avec un détachement amusé de vieux sphinx : « Avez-vous remarqué, me dit-il, qu'il est d'une amabilité tout à fait exceptionnelle à mon égard depuis quelque temps ? Il est vrai qu'il est en position de faiblesse. Il aura bien besoin de rassembler toutes ses forces, s'il veut être réélu. » Il marque un temps d'arrêt, les yeux au plafond, le visage grimaçant de perplexité : « Oui, il aura bien besoin de tout le monde, reprend-il. Surtout que la gauche ne manque pas de candidats de valeur… Et puis, il a eu tort de malmener Villepin comme il l'a fait. Villepin fera 5 % des voix s'il se présente. Peut-être 6… Mais c'est précisément ce qui fera défaut à Sarkozy, le moment venu. »

Il paraît suivre de près les évolutions politiques de son ancien Premier ministre. Les deux hommes peuvent de nouveau se rencontrer à leur guise depuis que l'acquittement obtenu par Dominique de Villepin dans l'affaire Clearstream les y autorise. Ils se téléphonent souvent, multipliant les contacts quand ils ne s'affichent pas côte à côte à la sortie d'un grand restaurant. S'il est peu vraisemblable que Jacques Chirac s'engage en faveur de Villepin dans la future bataille présidentielle, du moins laisse-t-il son propre conseiller politique, Hugues Renson, le faire à sa place sans décourager qui que ce soit d'autre de l'imiter. Il n'assistera pas, le 19 juin, au lancement de « République solidaire », le mouvement villepiniste, mais il veillera à appeler son fondateur, avant puis après la réunion, pour l'assurer de son amitié. Un signe de connivence qui n'a rien de fortuit, quelques jours à peine après son déjeuner de retrouvailles avec Nicolas Sarkozy, organisé par Bernadette Chirac pour évoquer l'accord financier en préparation.

Dans un premier temps, le Président a refusé de s'y rendre, sachant l'exploitation politique qu'en ferait son successeur. Avant de se résigner à accepter l'invitation de l'Élysée, sous la pression de son épouse, tout en la prévenant qu'il se comporterait, durant le repas, comme s'il ignorait tout des négociations en cours. De fait, hormis quelques plaisanteries un peu lestes sur les filles de Saint-Tropez, le Président s'abstient de prendre part à la discussion et laisse Nicolas Sarkozy conclure avec sa femme l'arrangement qu'il est venu lui proposer. Jacques Chirac fera par la suite comme s'il n'était pas concerné, et moins encore redevable à son présumé bienfaiteur d'un geste qu'il n'a pas sollicité.

Ulcéré qu'il ne l'ait pas même remercié, Nicolas Sarkozy se serait dit consterné, sitôt regagné son bureau, par l'état d'égarement dans lequel il avait trouvé son prédécesseur. Si ses « absences » ne sont pas toutes simulées, il est assez fréquent que Jacques Chirac s'en serve aussi comme d'échappatoire, quitte à dérouter ses interlocuteurs et à leur laisser penser qu'il flotte dans une sorte d'hébétude. Tel fut peut-être le cas ce jour-là.

Ce n'est pas seulement en raison d'une mémoire de plus en plus incertaine, ni d'accès d'impatience et de nervosité devenus plus manifestes, que beaucoup de nos entretiens tournent eux-mêmes à vide au cours des mois suivants. Son laconisme, ses oublis comme ses moments d'agacement tiennent plus encore au fait de devoir s'expliquer sur un sujet dont Jacques Chirac n'aime pas parler et qu'il tend le plus souvent à éluder : la fin de sa présidence et, à travers elle, l'insoluble problème de sa succession. Une question qu'il n'a probablement jamais cherché à élucider jusqu'ici, préférant la remiser dans un coin de sa mémoire comme un mauvais souvenir de famille.

Selon Dominique de Villepin, c'est même cette incapacité à vraiment comprendre ce qui s'était passé à ce moment-là qui expliquerait, entre autres raisons, le silence dans lequel il s'est muré depuis lors : « D'abord, il n'y avait pas, pour Chirac, de successeur possible. Le successeur, c'était lui et lui seul, et donc il n'avait préparé personne à prendre son relais, comme il n'a préparé à leur fonction aucun de ses Premiers ministres. Il n'a jamais été clair vis-à-vis de lui-même, ni de sa femme et de sa fille, quant à sa succession. En fait, pour lui, il n'y avait pas d'après-Chirac… Si bien que l'élection de Nicolas Sarkozy l'a complètement pris de court, parce qu'il ne l'avait pas prévue, pas imaginée, ni seulement crue plausible. Il était convaincu que Sarkozy n'y arriverait pas, parce qu'il n'avait pas le niveau requis. Sarkozy à l'Élysée, cela ne correspondait en rien à l'idée que Chirac se faisait de la France et des Français. Une anomalie qu'il ne pensait pas voir se réaliser, jusqu'à ce qu'il soit contraint de se rendre à l'évidence. À partir de là, il n'y avait plus rien à dire… »

Reste à savoir si Jacques Chirac avait ou non l'intention de se représenter en 2007 pour un éventuel troisième mandat. C'est le point essentiel que je dois tenter de clarifier avec lui afin que ses *Mémoires* reflètent le plus exactement possible son état d'esprit de l'époque. Ce qui n'est pas, à première vue, son souci majeur, le Président préférant se rabattre sur l'explication qui peut arranger tout le monde, et surtout lui permettre d'esquiver la question, restée irrésolue, de savoir pourquoi et comment il perdit peu à peu le contrôle de la situation. Mieux valait, après coup, se donner la posture d'un commandant resté seul maître à bord et assuré de la fidélité comme de la cohésion de son dernier équipage. Inutile, par conséquent, de rendre compliqué ce qui ne l'avait pas été.

Pour éviter tout débat superflu, je devrais me contenter de le croire sur parole lorsqu'il m'assure n'avoir « jamais eu l'intention de briguer un troisième mandat, parce qu'il faut user des choses mais ne pas en abuser », ni davantage cherché à mettre « des bâtons dans les roues de qui que ce soit », notamment de Nicolas Sarkozy, pour lui succéder. Mais tout se complique précisément lorsque je lui demande si le choix de Dominique de Villepin, en 2005, comme chef du gouvernement en lieu et place de Nicolas Sarkozy ne signifie pas que le premier avait en réalité sa préférence pour la suite. « Non, là, vous extrapolez, me rétorque-t-il aussitôt. Je ne me pose pas ce genre de questions, à l'époque. Le seul présidentiable possible, c'est moi. » Affirmation qui n'est pas forcément contradictoire avec celle qui précède dans la mesure où elle signifie qu'aussi longtemps qu'il était à la barre la question de sa succession restait prématurée et ne pouvait se poser qu'une fois sa propre décision annoncée. « Elle était prise, me répète-t-il. Mais si j'excluais de me représenter, je n'avais pas non plus de raisons de le clamer. » Ce qui pourrait se comprendre et serait même d'une logique institutionnelle imparable s'il n'avait pris le risque, en laissant planer le doute sur ses intentions réelles et, de fait, ambiguës, d'être débordé par les querelles et les ambitions de prétendants déjà déclarés.

Jean-Louis Debré, qui peut se targuer d'être l'un de ses plus proches confidents, est formel sur ses intentions réelles : « Dès le départ de son quinquennat, j'ai su qu'il n'envisageait pas de se représenter. Mais je lui ai conseillé de ne pas le dire, sous peine de perdre toute crédibilité dans l'exercice de son second mandat. J'ai même pris l'initiative de déclarer, dans une émission politique sur Europe 1, qu'étant en très grande forme, rien ne s'opposait à ce qu'il sollicite une troisième fois la confiance des Français. “Tu as eu raison, me dira-t-il le lendemain. Je ne me représenterai pas, mais laissons croire le contraire.” Dans son for intérieur, poursuit Debré, il était obsédé par la fin de Mitterrand. Il ne voulait pas terminer comme ça. Plusieurs fois, il a eu cette phrase devant moi : “Il faut quitter le pouvoir avant qu'il ne vous quitte.” Mais, en réalité, il ne s'est jamais préparé à cela. Parce qu'un homme n'arrive pas à imaginer sa propre fin. Ma conviction, c'est qu'une fois Juppé mis hors jeu il n'y a plus eu pour lui qu'un successeur possible : c'était Villepin, dont il pensait qu'il saurait faire sa mue tout en se demandant, lorsque nous en parlions : “Est-ce qu'il va être capable de changer ?” »

Contrairement à ce qu'il prétend aujourd'hui, le but constant de Jacques Chirac a bien été de contrecarrer à tout prix les ambitions affichées de son ministre de l'Intérieur, Nicolas Sarkozy. Mais sans y prêter directement la main, et en encourageant plutôt ses fidèles à le faire à sa place. « Chaque fois que Sarkozy s'en prenait à lui publiquement à coups de petites phrases toujours plus assassines les unes que les autres, me raconte encore Jean-Louis Debré, j'allais voir Chirac en lui disant : “Vous ne pouvez pas le garder sans réagir.” Et chaque fois que je quittais son bureau, il me disait : “Oui, je vais réagir.” Mais il ne l'a jamais fait, sauf dans sa déclaration du 14 juillet 2004 – “Je décide, il exécute” –, quand il était déjà trop tard… En fait, Chirac a horreur des affrontements personnels. Sa façon de régler ce genre de conflit, c'est de ne pas le régler. »

Ce qui fut vrai avec Philippe Séguin l'est aussi avec Nicolas Sarkozy. Chirac répugne au choc direct, frontal, dont les deux hommes, chacun dans son style, sont des adeptes avérés. Les éruptions de Séguin l'ont toujours insupporté. Même s'il peut être épaté par son audace et son impertinence à toute épreuve, le Président n'apprécie pas davantage le côté rentre-dedans de Sarkozy, sa façon de briser les distances, de s'approcher tout près de son interlocuteur pour lui parler, tantôt charmeur, tantôt menaçant.

Dans l'un et l'autre cas, Jacques Chirac s'est mis en situation de gagner de l'espace et du temps en multipliant les concessions, sachant par expérience qu'une concession n'engage à rien et peut toujours se rattraper. Bref, il a acheté sa tranquillité. Au risque de considérer trop souvent le comportement de son ministre de l'Intérieur comme anecdotique, quand tout démontrait qu'il était inacceptable. Au risque aussi, tout en s'efforçant de le recadrer quand il finissait par s'y résoudre, de sous-estimer la capacité de nuisance d'un second qui n'hésitait plus à se poser comme son rival.

À partir de là, tout ce qui peut affaiblir l'autorité du président de la République et compromettre l'hypothèse, même fictive, d'un troisième mandat est évidemment de nature à favoriser l'ascension de son challenger et à rendre chaque jour plus crédible sa propre candidature.

À l'automne 2004, Nicolas Sarkozy met le chef de l'État devant le fait accompli en s'emparant de la direction de l'UMP abandonnée par Alain Juppé peu après sa mise en examen. Jacques Chirac, qui n'est pas parvenu à lui opposer un challenger sérieux, lui a tout au plus demandé de choisir entre ses nouvelles fonctions à la tête du parti et le ministère des Finances dont il assume la charge depuis le remaniement opéré en mars, au lendemain des élections régionales. Sarkozy a donc opté pour le poste qui lui a paru le plus utile à sa carrière. Mais non sans avoir contribué, de près ou de loin, en février 2005, à l'exécution politique de son successeur à Bercy, Hervé Gaymard, qui passe alors pour un des protégés de Chirac et l'un de ses possibles dauphins.

Pris dans l'engrenage d'un scandale lié à son appartement de fonction, Gaymard, dont la loyauté et l'intégrité ne sont pourtant guère contestables, s'est vu très vite abandonné à son sort. Lâché par Matignon en quelques heures, il le sera par l'Élysée dans des conditions qui ne font alors que confirmer l'état de faiblesse et de désarroi dans lequel se trouve déjà plongée la présidence.

Conscient que la curée orchestrée contre lui, malgré son engagement à rembourser l'intégralité des dépenses qu'on lui reproche, ne peut que desservir l'action du gouvernement, le ministre des Finances propose à deux reprises sa démission au chef de l'État. Jacques Chirac la refuse à chaque fois : « Je n'ai qu'un critère d'appréciation, lui dit-il. Es-tu un bon ministre des Finances ? La réponse est oui. Ne t'embête pas avec ta démission, et bosse. Seul le travail est grand. » Puis, après l'avoir conjuré une nouvelle fois de tenir bon alors que Gaymard persiste à lui proposer son départ, le Président l'appelle, le lendemain, pour lui conseiller finalement, un peu embarrassé et de façon détournée, de se retirer en lui disant : « Je ne peux pas les laisser te bousiller. » Hervé Gaymard comprend qu'entre-temps Dominique de Villepin est passé par là, lequel lui a déclaré, la veille, dans son langage de matamore : « Les Français adorent que l'on ait le front couvert de cendres et que l'on marche à genoux. Il faut en chier avant d'être au pouvoir. » En le pressant, bien sûr, de quitter son poste sans plus tarder...

Hervé Gaymard, qui ne doute pas qu'on ait voulu atteindre Chirac à travers lui, alerte le Président sur le profit que Nicolas Sarkozy tirera de son éviction, et lui recommande à son tour d'être vigilant. Mais c'est plutôt lui que la Chiraquie tient désormais pour indésirable. Non seulement Gaymard n'a droit à aucun hommage public du chef de l'État pour son action ministérielle, mais les promesses qui lui ont été faites d'une mission au service du développement africain, pour finir, ne seront pas tenues. Il l'apprendra tardivement de la bouche de Frédéric Salat-Baroux au cours d'un entretien qui, du côté d'Hervé Gaymard, n'excédera pas trois minutes. Comme s'il était définitivement proscrit, Claude Chirac a veillé, quant à elle, au lendemain de sa démission, à ce qu'aucune question ne soit posée au sujet du ministre démissionnaire ni son nom prononcé le jour de l'inauguration du Salon de l'agriculture. Un secteur dont Gaymard s'est pourtant occupé naguère avec une efficacité appréciée par la profession et par le Président lui-même. Jacques Chirac acceptera, sur ma suggestion, de saluer dans ses *Mémoires* l'engagement, dans ce domaine, de son ancien ministre, avant de réviser cet hommage sous l'influence de ses proches et de me demander d'abréger un éloge jugé par trop appuyé, qui paraissait encore inopportun.

Le 27 mai 2005, Jérôme Monod, toujours dans son rôle de conseiller particulier, adresse au Président cette mise en garde qui corrobore de manière encore plus franche celle qu'il a déjà reçue d'Hervé Gaymard : « Comme certains de tes amis, de nos amis les plus sincères, je pense que Nicolas Sarkozy cherchera à t'éliminer par tous les moyens de la scène politique. Il n'y a aucune autre autorité qui vaille jusqu'en 2007 – et j'espère au-delà – que la tienne, même si tu choisissais un dauphin. »

Prenant les devants afin de lui offrir une dernière chance de salut, Jérôme Monod n'attend pas l'échec prévisible du référendum sur le projet de Constitution européenne, rejeté par les Français deux jours plus tard, pour suggérer à Chirac le profil du futur successeur de Jean-Pierre Raffarin à Matignon. Un nouveau Premier ministre qui doit, selon lui, répondre à trois exigences : « Loyauté totale, exécution rigoureuse de tes décisions par lui – ou elle – et les ministres, sans discussion ; être accepté par la majorité parlementaire encore fidèle ; et ne pas susciter l'hostilité immédiate de Sarkozy. » Des traits qui correspondent « plutôt plus que moins » à ceux de Michèle Alliot-Marie. « Dominique, conclut Monod, peut être la fusée lâchée début 2007 avec l'aide de tous et des compensations offertes à Michèle. » Quatre jours plus tard, c'est Dominique de Villepin qui héritera de Matignon. Préféré par Chirac à sa ministre de la Défense et surtout au président de l'UMP…

Malgré les conseils d'Alain Juppé et de quelques autres, le chef de l'État a écarté une fois de plus l'idée de faire appel à Nicolas Sarkozy. « C'est un fait, me dit-il sans regret lorsque nous évoquons sa décision. Et il y a eu deux raisons à cela… La première est que je pensais que Villepin ferait mieux. La seconde est qu'il ne faut pas qu'il y ait l'ombre d'un désaccord entre le Premier ministre et le Président. » Il réfute avec la même vigueur qu'il ait pu y avoir une troisième raison : la pression que Dominique de Villepin aurait exercée sur lui pour s'imposer. « C'est faux ! s'indigne-t-il. Il ne m'a pas forcé la main, comme on l'a dit. Ce n'était pas son genre de le faire, et, en tout cas, pas le mien de l'accepter. » Une nuance n'est jamais de trop…

Dominique de Villepin, de son côté, se montre nettement plus catégorique sur ce qui s'est vraiment passé. Il nie s'être jamais vanté d'être le « cerveau du Président ». Mais le récit qu'il fait à qui veut l'entendre des conditions de sa nomination revient à présenter le chef de l'État comme soumis à son emprise, si ce n'est dépendant de sa volonté. Véhément et déclamatoire, Villepin mime sa prise du pouvoir telle l'entrée en scène de Bonaparte le jour du 18 Brumaire : « Oui, je lui ai imposé ma nomination, me confirme-t-il. Je ne lui ai pas laissé le choix. Le débat entre nous a toujours été rugueux, sans concession, dérangeant pour lui. J'entre dans son bureau et je le soumets à la question : "Que voulez-vous faire maintenant ? Allez-vous terminer votre mandat dans ces conditions ? Vous n'avez pas tenu vos promesses. Vous avez déçu. Qu'allez-vous faire des deux années qui restent ? Agir ou vous contenter d'une gestion au fil de l'eau ? – Je veux que vous vous réserviez pour l'élection présidentielle", me répond-il. Je reviens à la charge : "Le problème, ce n'est pas moi, c'est vous. Il faut remettre le gouvernement en marche et travailler sur trois objectifs précis : l'emploi, la réduction des déficits et la relance de la compétitivité. Nous devons redonner confiance aux Français. Si vous le demandez, je suis prêt à mener ce combat à vos côtés. Je suis prêt à relever ce défi. Je me suis engagé avec vous dès le premier jour et je veux pouvoir démontrer que vous avez une action exigeante." C'est alors qu'il m'a proposé de devenir son Premier ministre. » Manière, en somme, de dire que le Président n'avait pas d'autre choix.

Comme si était déjà passé parmi ses collaborateurs le mot d'ordre selon lequel la meilleure façon d'être promu était d'en décider à sa place, Frédéric Salat-Baroux agit de même, mais de manière plus oblique, pour imposer dans la foulée sa nomination comme secrétaire général de l'Élysée. Tant qu'à faire, autant recourir aux méthodes qui ont déjà fait leurs preuves.

Sous ses airs onctueux de grand chambellan au regard affligé de « hush puppy », le futur gendre du Président est un homme au caractère plutôt tranchant qui nourrit de vastes ambitions pour lui-même. Tout dévoué à Chirac, qu'il présente comme l'idole de sa jeunesse, ce grand commis de Cour aspire à mieux le servir en accédant au poste le plus rapproché du Soleil : maire du palais. Une fonction qu'il n'est pas le seul à convoiter. Il a même un concurrent sérieux et très estimé par le chef de l'État en la personne de son conseiller diplomatique Maurice Gourdault-Montagne, ancien directeur de cabinet d'Alain Juppé à Matignon. Dans leur compétition à peine masquée, les deux hommes partagent pour l'heure un même objectif : évincer le secrétaire général en place depuis 2002, Philippe Bas, dont ils jugent l'envergure insuffisante.

Salat-Baroux, qui s'est illustré dans un domaine cher au cœur du Président, la politique sociale, possède un autre atout dans sa manche : le soutien personnel de Claude Chirac, celle-ci ayant trouvé en lui, semble-t-il, son second mentor après Jacques Pilhan, mais pour des raisons plus intimes. S'il paraît donc être mieux placé que son challenger pour l'emporter, cet avantage reste néanmoins à confirmer. Le 2 juin 2005, c'est lui, en tant que secrétaire général adjoint, qui annonce, sur le perron de l'Élysée, la composition du gouvernement Villepin à la place de Philippe Bas, devenu opportunément ministre.

Frédéric Salat-Baroux croise ensuite le Président, lequel lui laisse entendre qu'il pourrait prendre la suite de Philippe Bas sans que rien soit encore décidé. Sur ce, le chef de l'État regagne ses appartements pour se consacrer à sa sieste quotidienne. Salat-Baroux donne alors consigne à la chargée de presse, Agathe Sanson, de faire diffuser un communiqué annonçant… sa nomination immédiate ! « Mais oui, lui dit-il en riant, c'est un coup d'État ! » Il en rit encore aujourd'hui, fier d'avoir ainsi « forcé le destin ». « Dans les heures qui ont suivi, raconte-t-il de lui-même, le Président m'a fait un peu la tête. Je pense qu'il voulait, avant d'annoncer sa décision, régler le problème de Gourdault-Montagne de manière… diplomatique. Mais, de fait, je ne lui en ai pas laissé le temps. Il ne m'en a pas voulu très longtemps. Il savait que je lui étais très attaché. Au fond, il a fini par nommer ceux qui étaient les plus déterminés à exercer leurs fonctions. »

Étrange climat, tout de même… Celui, déjà, d'une fin de règne où l'on s'arroge les plus hauts postes quasiment à la barbe du monarque, alors qu'il reste encore à ce dernier près de deux années de mandat à accomplir. Affaibli par l'accident vasculaire cérébral dont il est victime le 2 septembre, Jacques Chirac sait qu'il ne sera plus guère en mesure de se représenter, même s'il entend toujours faire durer le suspense. Et l'ascendant pris sur lui par son nouveau Premier ministre semble le vouer à un déclin accéléré. Le chef du gouvernement, dans sa volonté trépidante de redresser une France que ses prédécesseurs, sinon le Président lui-même, auraient laissée à l'abandon, connaît pendant quelques mois un succès inattendu qui le conforte dans le sentiment enivrant d'être devenu seul maître à bord. Tout se passe alors comme si le seul défi que Jacques Chirac, pour sa part, ait encore à relever, fût celui de « survivre à sa propre fin[1] », comme l'écrit cruellement le journaliste du *Monde* Patrick Jarreau en janvier 2006. Une situation que Chirac a déjà connue, il est vrai, et toujours réussi jusque-là à conjurer, mais à des époques où son destin politique paraissait moins révolu.

Tout à son désir d'émancipation, Dominique de Villepin en arrive, comme souvent, à perdre le sens des limites dans le rapport de force qu'il a établi avec le chef de l'État.

1. Patrick Jarreau, « Jacques Chirac, bourreau de lui-même », *Le Monde*, 21 janvier 2006.

On s'irrite, du côté de l'Élysée, de voir le Premier ministre basculer vite dans l'irrespect, au point de paraître « prêt à marcher sur la tête du Président » pour continuer à s'imposer. Frédéric Salat-Baroux, pour qui « on ne fait pas ça au père » et qui s'érige désormais en garant du caractère sacré de la fonction présidentielle, entretient des relations de plus en plus difficiles avec Matignon. Le conflit est ouvert entre ceux qui, comme lui, entendent préserver jusqu'au bout la capacité d'action du chef de l'État, et ceux qui se satisferaient volontiers de son inertie.

Cet affrontement interne s'éteindra de lui-même au printemps 2006, une fois Dominique de Villepin mis hors jeu par l'échec du CPE qui le contraint à reconsidérer ses ambitions. Mais une nouvelle discorde survient dans les mois suivants autour de la question, de plus en plus imminente, de la succession. Les chiraquiens les plus orthodoxes restent attachés à l'idée que celle-ci ne saurait être débattue aussi longtemps que le chef de famille n'a pas fait connaître sa décision. Toujours pour la même raison, ou sous le même prétexte : garantir jusqu'à l'ultime moment l'autorité de la présidence. En fait, pour se donner du temps et ne devoir se résigner à soutenir la candidature de Nicolas Sarkozy qu'une fois épuisées toutes les chances de l'éviter en lui opposant celle du Président sortant ou de l'un de ses proches.

En décembre 2006, Jacques Chirac confirme à Frédéric Salat-Baroux, soucieux de savoir ce qu'il compte dire aux Français dans son discours de vœux, qu'il ne se représentera pas. Mais en lui demandant de n'en parler à strictement personne et de faire en sorte que, dans son allocution de fin d'année, il puisse « en dire sans trop en dire ». Un secret qui n'a plus beaucoup de sens alors que les ralliements se multiplient en faveur de Nicolas Sarkozy, y compris parmi ceux qu'on aurait pu croire moins empressés à lui faire allégeance. Mais si le Président comme son plus proche entourage persistent à entretenir le flou, ce n'est pas seulement dans le souci de protéger les institutions. C'est aussi parce qu'à l'Élysée on ne se résout pas à l'inéluctable et qu'on espère encore qu'il ne se produira pas.

Tel est bien le langage que le chef de l'État tient alors à Alain Juppé pour le conjurer de différer le plus longtemps possible son éventuel engagement en faveur de Nicolas Sarkozy : « Attendez, ne prenez pas position. Sarkozy ne tiendra pas la distance. Il est fou. Il va se planter. Et, à ce moment, vous serez le seul à pouvoir reprendre le flambeau. » Quand, en janvier 2007, Alain Juppé annonce son soutien au candidat quasi officiel de l'UMP, c'est sans attendre que Jacques Chirac ait encore révélé son propre choix, dont personne ne doute plus au demeurant. Le Président lui en tiendra quelque peu rigueur. Moins, sans doute, que les autres membres du clan, indignés que « le meilleur d'entre nous » n'ait pas eu l'élégance de patienter. Parce qu'« on ne fait pas ça au père », selon la formule de Frédéric Salat-Baroux.

En mars 2007, Jacques Chirac finit par déclarer qu'il ne sera pas candidat et apportera son appui à Nicolas Sarkozy en lui manifestant son soutien à défaut de l'adouber. Du bout des lèvres, avec le seul souci de se montrer irréprochable envers le « représentant » de son camp.

« Le moment était venu de partir, je suis donc parti, raconte-t-il quatre ans plus tard, désireux de banaliser l'événement. Je n'y étais pas préparé, mais je savais que ce jour viendrait. Je n'en ai éprouvé ni regret ni appréhension.

C'était dans la nature des choses. Je ne voulais pas quitter l'Élysée sous les sifflets, comme Giscard. Les choses étaient arrivées à échéance, j'en tirais les conclusions normales. » Il se dérobe de nouveau, mais non sans ironie, quand je lui demande à quoi il a vraiment pensé, ce jour-là : « J'étais avant tout préoccupé de vérifier que je n'avais rien oublié. Et de m'assurer que ma femme ne serait pas en retard, et qu'elle aurait terminé à temps de vider tous les tiroirs... J'étais surtout inquiet de ne pas être tout à fait prêt pour l'arrivée de Sarkozy. », assure-t-il sans rire.

Quant au choix de son successeur : « J'avais pensé un temps à Villepin, à défaut de Juppé. Mais les circonstances en avaient décidé autrement. Ce n'était plus mon problème. » Il s'en était donc remis au choix des Français, qui n'était pas le sien et auquel il n'avait à peu près rien compris. Dès lors, pour cette raison comme pour d'autres, il n'avait plus qu'à se taire.

LA VIE QUI S'EN VA

« La journée est maintenant bien avancée. »

Samuel Beckett
Oh les beaux jours

Le téléphone sonne dans le bureau de ses secrétaires. Passant par là, le Président décroche lui-même le combiné sans leur laisser le temps de répondre. L'une d'elles tente de l'en empêcher, mais il refuse de lâcher l'appareil. « Ici la morgue, lance-t-il à la personne qui se trouve au bout du fil, sans chercher à maquiller sa voix. À qui voulez-vous parler ? Non, non, vous ne faites pas erreur… Attendez, je vais vous passer quelqu'un qui pourra vous renseigner… »

C'est le genre de gag que Jacques Chirac affectionne et qui le fait beaucoup rire ces temps-ci, alors qu'il vient de fêter son soixante-dix-huitième anniversaire. Il a déjà enseveli tellement de gens dans sa tête depuis qu'il n'est plus en fonction, sans compter la perte de tant d'amis proches, que la mort semble devenue pour lui une préoccupation presque distrayante. Non la mort des autres qui le laisse rarement indifférent. Mais la sienne surtout dont il ne parle jamais et ne paraît pas même se soucier, comme si la question était réglée d'avance et qu'il n'y avait plus lieu de l'évoquer. De la même façon qu'il refuse de se reconnaître malheureux à force d'ennui et de solitude, pour se dire avant tout préoccupé par le sort de ceux qui subissent les pénibles aléas d'une fin de vie.

Comme il est fatal à son âge, le nombre de ses vieux compagnons encore vivants ne cesse de se restreindre autour de lui. Ils ne sont plus très nombreux les camarades de jeunesse avec qui il puisse encore échanger des souvenirs de Sciences Po ou de la guerre d'Algérie. Jacques Friedmann, qu'il connaissait depuis le lycée Carnot, était l'un des derniers avec Michel Rocard et Bernard Stasi. Il est mort à la fin de l'année 2009. Signe suprême de la confiance qu'il lui accordait, Jacques Chirac l'avait désigné pour suivre l'aménagement du musée du quai Branly, dont Friedmann avait été fait par la suite président d'honneur. Mais leur relation personnelle avait souffert des séquelles de la période Balladur, où l'on était instamment prié de choisir son camp. Jacques Friedmann n'avait pas choisi le sien, oscillant de l'un à l'autre dans le secret espoir de les réconcilier. Une équivoque que le vainqueur avait mis quelque temps à lui pardonner. Est-ce en raison de cette légère distance que Jacques Friedmann m'avait confié : « Vous savez, Jacques n'a pas d'amis » ? Ou parce que ce constat valait au-delà de son propre cas ? Toujours est-il qu'il corroborait celui qu'un autre « ami » disparu, Philippe Séguin, foudroyé par une crise cardiaque en janvier 2010, avait un jour formulé en parlant de Chirac comme d'« un homme sans confident ». Il s'exprimait lui aussi en connaissance de cause.

Entre brouilles spectaculaires et retrouvailles attendries, les rapports de Séguin avec son chef de file avaient été longtemps tumultueux avant de se pacifier sur le tard quand s'effaça entre eux toute rivalité ploitique. En nommant en 2004 son ancien ministre du Travail à la présidence de la Cour des Comptes, Jacques Chirac avait gagné un certain répit dans la mésentente mêlée d'affection qui les opposait. Enveloppé dans sa robe d'hermine, Séguin, plus jupitérien que jamais, continuait de fulminer dans les rapports qu'il adressait à l'Élysée contre les dérives ou les carences de l'État. Mais ses admonestations, désormais, n'étaient plus celles d'un rival ou d'un possible héritier. Avant de disparaître, Philippe Séguin s'était montré sensible à l'hommage amical, quoique non dénué de lucidité, que le Président venait de lui rendre dans ses *Mémoires*. Dans sa lettre de remerciements, que ce dernier m'a fait lire, il s'étonnait avec humour : « Mais où as-tu trouvé que j'ai mauvais caractère ? » Ainsi Séguin était-il mort quasi réconcilié avec cet aîné qui n'avait cessé de lui inspirer une fascination irritée.

En juin 2010, Jacques Chirac a été bouleversé par la perte de l'un de ses derniers fidèles, Henri Cuq, son ancien chef de cabinet à la mairie de Paris qui présidait l'association chargée de défendre son message politique. Le nom du député des Yvelines figurait, avec François Pinault, Jean-Louis Debré, l'amiral de Gaulle et quelques autres, sur la petite liste de ceux, consignés sur une fiche, auxquels le Président téléphone rituellement chaque matin ou presque pour prendre de leurs nouvelles. Non content de l'appeler, il laissait rarement une journée passer sans rendre visite à Cuq dans sa chambre de l'hôpital de la Salpêtrière depuis qu'il y était soigné pour un « mauvais cancer ». Et il était présent à son chevet quand la maladie a fini par l'emporter. Comme il l'a toujours été quand la mort rôde autour de l'un de ses amis. Pour les aider à la combattre, exercer contre elle ses dons de guérisseur ou de sorcier qu'il dit tenir de ses ancêtres corréziens, et à défaut d'y parvenir, les soutenir, les accompagner jusqu'à leur dernier souffle.

Meurtri, indigné par celle de ses proches, Jacques Chirac se veut pourtant indifférent à l'idée de sa propre mort, « un événement qui doit intervenir », se bornait-il à constater dans un entretien accordé en 1987 au psychanalyste Ali Magoudi, et dont, « nourrissant un espoir pour après », il assurait ne pas être traumatisé.

C'est aussi ce qu'il affirmait quelques années plus tôt dans une page des *Mille sources*, où il se défendait d'être préoccupé par la mort, parce qu'elle procède de ce que l'on ne peut empêcher ni contester, alors qu'il voyait dans la douleur la seule épreuve de vérité à laquelle l'homme puisse se mesurer : « Au matin, je ne suis pas quelqu'un qui pense à la mort. Je suis conscient que j'ai été conçu et créé pour un temps plus ou moins long dont le terme est pourtant inéluctable. Métaphysique mise à part, je n'y peux rien. Il ne me reste donc qu'à vivre sans tenir compte de la brièveté certaine de l'aventure. On m'affirme que c'est là une preuve de bonne santé mentale ou morale. J'entends bien ce qu'il y a de malice à me définir comme sain et sensé. Cela sous-entend que je pense court et que j'ignore la déraison. L'irrationnel fait pourtant partie de mon héritage et je le sais nécessaire à l'action – tout étant affaire de dosage et de bon emploi. L'irrationnel est, comme le mouvement, un élément fondamental d'équilibre. On y a recours dans la solitude et, bien souvent, à l'approche du sommeil. Or, je m'endors très vite et j'en profite intensément. La mort n'est donc guère, selon moi, un sujet de méditation. Mieux vaut faire référence à la douleur, qui offre une confrontation plus sérieuse et plus immédiate. Avec elle, on se trouve face à un phénomène dont on doit pouvoir surmonter les effets : pour cruelle qu'elle soit, la part de l'homme y est préservée. »

Ce qui est loin de signifier qu'il n'y ait chez lui ni appréhension de la fin ni même questionnement métaphysique. La part d'irrationnel qu'il se reconnaît ici va probablement bien au-delà de l'usage modéré qu'il déclare en faire dans son action politique. L'homme qui se passionne pour tout ce que les peuples ont suscité de rêves et de croyances à travers les âges a poursuivi en secret une quête spirituelle nourrie de sa connaissance des religions les plus anciennes et les plus diverses. Son expérience du bouddhisme, en particulier, l'a sans doute beaucoup aidé à trouver ce détachement, cette sérénité qu'il dit éprouver aujourd'hui. À moins que ce ne soit le fait de s'être cru promis depuis sa jeunesse à une disparition précoce et brutale qui ait fini, celle-ci ne s'étant pas vérifiée, par le délivrer de toute angoisse de la mort, du moins par lui procurer un certain apaisement à ce sujet…

Jacques Chirac n'a pas oublié la prédiction de son professeur de russe, Vladimir Belanovich, après avoir examiné les lignes de sa main : « Tu ne vivras pas longtemps ! » Il avait à peine dix-sept ans et il en sourit maintenant en se donnant des airs de rescapé : « Ce qu'il m'annonçait ne s'est pas produit. Il s'est trompé, voilà tout ! » Il n'empêche que cette prophétie l'a hanté durant la majeure partie de sa vie. « Mon mari a toujours pensé qu'il mourrait jeune, confirme

Bernadette Chirac. Après m'avoir menacée de mourir à quarante-cinq ans, il s'est mis en tête qu'il disparaîtrait d'un coup, en pleine forme, comme son père, à soixante-dix ans. Il le souhaitait d'une certaine manière. Il me répétait que c'était la plus belle mort qu'on puisse imaginer… Mais c'était aussi une façon pour lui de me donner mauvaise conscience quand je le contrariais. “Vous le regretterez !”, me disait-il. Aujourd'hui, nous n'en sommes plus là, évidemment… » Sa mort, quoi qu'il en soit, ne serait pas celle qu'il avait prévue ni qui lui paraissait la plus souhaitable.

Parce que le contexte ne s'y prêtait plus, après que j'eus trop longtemps hésité à le faire, j'ai renoncé à évoquer directement cette question avec Jacques Chirac au cours de nos derniers entretiens. Les seules fois où nous l'avons abordée, c'est à propos de la mort de Georges Pompidou et de celle de François Mitterrand, dont, encore hanté par le souvenir de leur décrépitude, il eut d'ailleurs beaucoup de difficultés à me parler. Un embarras, une pudeur qui tenaient surtout aux circonstances de leur disparition, au fait de les avoir vus ravagés l'un et l'autre par une maladie dont il affirmait, pour chacun d'eux, ne s'être aperçu que tardivement. Tout comme il semble à présent inconscient de la sienne, qui le consume à son tour sans qu'il paraisse davantage s'en rendre compte quand il ne la nie pas de la même façon. « C'est parce que je suis vieux maintenant », me répond-il, comme s'il s'agissait d'un jeu, lorsque je m'inquiète, un matin d'octobre 2010, frappé par l'évolution de sa démarche, de savoir pourquoi il avance à pas de plus en plus réduits, les pieds décollant à peine du sol. Ce n'était plus le moment de lui parler de la mort : question devenue superflue, elle aussi…

Il ne se dérobe pas, en revanche, comme si je touchais là à quelque chose de plus sérieux ou de plus profond – peut-être la clé de ce « mystère Chirac » si difficile à élucider – lorsque je lui demande quelques jours plus tard, lors d'une conversation impromptue :

« N'est-ce pas l'indifférence chez vous qui, finalement, peut expliquer beaucoup de choses ?

– Peut-être, me répond-il, placide, avec un léger sourire.

– Parce que si vous êtes quelqu'un d'extrêmement affable, on peut penser qu'il y a derrière cela, en réalité, beaucoup d'indifférence…

– Peut-être une certaine indifférence, oui.

– À l'égard de qui ?

– De la vie.

– Ça va très loin ce que vous dites.

– Oui.

– Pourtant, vous aimez la vie…

– Oui, j'aime la vie, j'aime les gens. J'aime beaucoup la vie et les gens en général, mais… »

Il semble chercher ses mots, avant de laisser sa phrase en suspens comme s'il estimait en avoir déjà trop dit. Habitué au style de nos échanges, il ne paraît pas surpris ni agacé que j'essaie de le pousser dans ses retranchements :

« D'où vient chez vous cette indifférence ? De votre enfance, de votre jeunesse, de quelque chose que vous avez enfoui en vous dès ce moment-là… ?

– Non, détrompez-vous. J'ai eu une enfance heureuse. J'ai été un enfant gâté, un fils unique à qui rien n'a jamais manqué. Par la suite, j'ai tout obtenu assez vite : des diplômes, des postes de responsabilité, un ministère, le pouvoir… Tout s'est passé dans ma vie sans difficultés particulières.

– Pourtant, vous n'avez pas manqué d'épreuves personnelles et familiales.

– Bien sûr. Je les ai toutes affrontées. Mais, au fond, je ne suis pas quelqu'un qui souffre…

– En somme, vous n'êtes pas un sentimental…

– Non.

– Et encore moins un affectif, notamment en politique. Même vis-à-vis de ceux que vous aimez bien et qui vous ont toujours été fidèles ?

– Je peux avoir pour eux de l'affection. Quand il leur arrive un malheur, je suis là pour les aider, les soutenir, me dépenser pour eux sans compter… Mais, chez moi, ça ne va jamais beaucoup au-delà. »

Un instant, je me demande s'il est vraiment sincère, s'il ne s'est pas ingénié comme souvent à camper un personnage à l'opposé du sien, avec son goût habituel de l'esquive ou du dédoublement. Mais je ne décèle pas dans son regard cet éclair d'ironie, ce petit flottement amusé qui me signalent d'ordinaire qu'il s'écarte quelque peu de la vérité. Il est allé trop loin cette fois pour me laisser penser à la moindre simulation. D'autant que cet aveu survient à un moment de son existence où il n'a jamais paru, précisément, si détaché de la vie et même insensible au mal obscur qu'il porte en lui. Un effritement invisible, un enlisement muet auquel il semble tout à fait étranger. Comme s'il n'était plus concerné, désormais, par ce qui peut lui arriver. Ou refusait d'être l'acteur ou le témoin de sa propre déchéance.

*

Je ne m'attendais pas à le revoir aussi vite. Il se préparait à partir pour le Maroc lorsque nous avons clos nos entretiens le 3 décembre 2010, sans arrêter la date d'une prochaine rencontre ni vraiment savoir si elle aurait lieu avant plusieurs mois. Le temps pour moi d'achever la rédaction du deuxième volume de ses *Mémoires* avant de lui en soumettre les derniers chapitres. Le temps pour lui de se consacrer à une tâche encore plus urgente : la préparation de son procès dont la première audience est prévue le 7 mars 2011.

Le président et son épouse avaient déjà quitté Paris pour leur traditionnel séjour hivernal à Taroudant, à *La Gazelle d'or*, quand Claude Chirac m'a amicalement proposé de les y rejoindre afin de partager avec eux les fêtes de Nouvel An. Ce serait aussi l'occasion de travailler avec le Président, me dit-elle, « plus disponible dans cette période pour parler de son livre que dans les semaines à venir ».

Nous convenons que j'arriverai à Taroudant le 29 décembre dans l'après-midi et en repartirai le 2 janvier en fin de matinée, comme ses parents. Claude Chirac me téléphone à plusieurs reprises depuis le Maroc pour bien fixer les choses. Claude est une femme minutieuse, préoccupée de bien faire et d'être agréable à ceux envers qui elle a résolu de l'être. Elle sait se montrer extraordinairement efficace et sympathique dans ces cas-là, aussi anxieuse que son père de veiller à tout dans le moindre détail.

Elle a ainsi prévu que je me trouve assez tôt à *La Gazelle d'or*, où elle et Frédéric Salat-Baroux ne seront que de passage, pour qu'ils puissent me faire part de leur avis sur les *Mémoires* avant de gagner leur propre destination. J'ai aussitôt approuvé son idée, ne doutant pas qu'ils aient l'un et l'autre autant de critiques que de suggestions utiles à m'apporter.

Les circonstances se prêteront parfaitement, de surcroît, à une discussion plus apaisée que celles que nous avons d'ordinaire. Un lieu idyllique pour une relation qui ne l'est pas toujours, voilà qui devrait faciliter ce nouvel échange… Lequel doit être finalement reporté à une date ultérieure : par suite d'un incident technique, mon avion ne parviendra à Agadir qu'en début de soirée, avec quatre heures de retard.

Une voiture du palais royal m'attend à la sortie de l'aéroport. Courtois, impassible, le chauffeur me prie de prendre place à l'arrière du véhicule. Il n'échange pas un mot avec moi durant le trajet, si ce n'est pour répondre de manière très succincte aux questions que je lui pose sur les endroits que nous traversons. La nuit est tombée lorsque nous approchons de Taroudant. Un mur d'enceinte, des palmiers, une longue allée de bambous et, surgissant de la pénombre, la façade illuminée d'une vaste et belle demeure dont on ressent d'emblée, en y entrant, l'atmosphère feutrée, secrète et raffinée.

Informée de mon arrivée, Bernadette Chirac vient elle-même m'accueillir dans le hall pour me conduire aussitôt à la salle à manger où son mari, me dit-elle, n'a pu s'empêcher, « avec son impatience habituelle », de commencer à dîner en compagnie de ses autres invités. Elle me présente à la propriétaire de l'établissement, Rita Bennis, installée à côté du Président que je salue ainsi que chacun de ses convives. Bernadette Chirac m'a réservé une place à sa droite, face à l'ancien ministre de la Culture, Renaud Donnedieu de Vabres.

« On se demandait où tu étais passé, on t'a attendu bien longtemps », s'exclame le Président, comme toujours un peu persifleur, en me tutoyant pour la première fois. Le regard facétieux, parlant fort tout en dégustant le méchoui que la maîtresse de lieux fait préparer chaque jour à son intention, il paraît d'humeur à taquiner tous ceux qui l'entourent. Il plonge les yeux dans l'assiette bien remplie de son voisin, puis le regarde en s'écriant : « Eh bien, on ne s'en fait pas ! » Il taquine Donnedieu de Vabres en l'appelant « Peugeot » au lieu de Renaud : « Dis donc, Peugeot, il paraît que je t'ai nommé ministre. Je devais être bien fatigué ce jour-là ! » Puis vient inévitablement le tour de son épouse, qu'il se met à tutoyer elle aussi, une familiarité que l'intéressée n'apprécie guère. Outrée, elle le rappelle aussitôt à l'ordre avec une sorte de grognement : « *Jaaacques*, arrêtez de me parler comme cela, je ne suis pas votre bonniche ! » La réplique est si drôle, même lâchée sans aménité, que leur passe d'armes devient vite pour l'assistance le moment le plus savoureux de la soirée. Réunis à une table voisine, les officiers de sécurité ne peuvent se retenir de pouffer quand le Président, entendant sa femme évoquer sa rencontre récente avec le roi des Belges, part d'un grand éclat de rire : « Cette pauvre Bernadette, s'esclaffe-t-il en la montrant du doigt, rendez-vous compte, elle a fait la connaissance du roi des Belges ! Mais, Bernadette, il faut que vous le sachiez : ça n'existe pas, le roi des Belges. Il n'y a que vous pour y croire… » Succès assuré.

Le repas est sur le point de s'achever lorsqu'un des participants se hasarde à parler de la prochaine élection présidentielle. Le Président tend l'oreille. Il écoute tout ce qui se dit en feignant, comme toujours, de ne pas s'y intéresser, de camper au-dessus de la mêlée. Mais il affiche une moue sardonique quand un autre de ses invités croit bon de pronostiquer une nouvelle victoire de Nicolas Sarkozy. Prononcer devant lui le nom de son successeur est devenu déjà très risqué. Affirmer de surcroît qu'il pourrait être réélu relève de la provocation. Se trouvant en cercle restreint, Jacques Chirac ne laisse pas passer l'occasion de réagir, ravi de proclamer : « Eh bien, moi, je suis villepino-strauss-kahnien ! » Il a lancé cette formule d'un trait, comme un slogan mûrement prémédité. Si je ne suis pas le seul de la table à jubiler, quelques convives manifestent un certain embarras. La plus consternée est ma voisine, qui s'efforce néanmoins de faire bonne figure, comme si rien de tout cela ne méritait d'être vraiment pris au sérieux. Un trait d'humour tout au plus : l'idée resservira. Mais voici que le Président revient à la charge : « De toute façon, ajoute-t-il, Sarkozy est usé jusqu'à la corde ! » C'en est trop à présent pour Bernadette Chirac qui lui lance un regard assassin en paraissant se demander comment accélérer la fin de la séance. Les rôles sont pour une fois inversés : c'est elle qui se déclare soudain pressée d'aller se coucher quand il semble de son côté résolu à prolonger la soirée le plus tard possible.

Il est minuit passé lorsque le Président se décide à regagner son bungalow, tandis qu'on me conduit vers celui qui m'a été attribué, non loin du sien. Nous suivons un petit chemin dallé, si faiblement éclairé que l'on repère à peine les hommes de la sécurité marocaine postés dans les recoins. Je distingue au loin la masse noire des cimes de l'Atlas qui se profilent sur l'immensité du ciel tendu de gris. La nuit est imprégnée d'un calme parfait et d'une douceur si envoûtante que, sitôt entré dans ma chambre, j'en ressors pour m'installer sur la terrasse où je m'attarde longuement, pris par la magie des lieux.

Je comprendrai encore mieux, le lendemain matin, en découvrant, à la clarté du jour, la splendeur de ses jardins foisonnants de roses et de bougainvilliers et le charme de ses pelouses ceintes d'oliviers centenaires sur lesquelles paissent moutons et chevaux, pourquoi Jacques Chirac, comme tous ceux qui y ont résidé, aiment tant se réfugier dans cet endroit enchanteur. Une villégiature qu'il fréquente depuis plus de vingt ans et où il a, comme partout ailleurs, un rythme de vie dicté par des habitudes immuables : hammam et massage en milieu de matinée, déjeuner au bord de la piscine, sieste suivie parfois d'une promenade au souk de Taroudant, apéritif dans le grand salon de *La Gazelle d'or*, puis dîner dans la salle à manger en compagnie de Rita Bennis et des invités du moment. Dans l'intervalle, quelques lectures et un peu de télévision pour occuper le temps.

Bernadette Chirac m'a glissé durant le dîner qu'elle veillerait, comme prévu, à organiser un ou deux rendez-vous de travail avec son mari. Mais lorsque le Président me rejoint aux alentours de midi, flanqué de l'un de ses gardes du corps qui a manifestement reçu comme consigne de le diriger vers moi, je le sens surtout résolu à ne rien faire du tout. À peine assis sur la terrasse, il passe commande de deux gin tonic en me déclarant, tout sourire, que je suis d'abord là, moi aussi, pour prendre du repos. « Je vous fais confiance, ça doit être impeccable comme toujours », me dit-il, les mains jointes sur la poitrine, lorsque je lui propose de parcourir avec lui les quelques chapitres que j'ai pris soin d'apporter pour le cas où…

Il faudra une fois encore que son épouse s'en mêle pour qu'il se résigne à me consacrer un moment dans le courant de l'après-midi. Il me reçoit en tête à tête à l'intérieur de sa résidence. Affalé dans son fauteuil, il commence par examiner, en affectant le plus grand sérieux, la vingtaine de feuillets que je lui remets. Puis il entreprend de lire chaque page à voix haute, s'amusant à transformer les noms de ses anciens homologues – Bill Clinton devient ainsi « Bill Clainton » – comme s'ils étaient depuis longtemps sortis de sa mémoire et qu'il n'y ait plus pour lui nécessité de s'en souvenir. S'il me couvre de félicitations enthousiastes – « Passionnant ! Vraiment du bon travail ! » –, une fois sa lecture terminée, c'est surtout parce qu'il a hâte de trouver quelque chose à faire de plus divertissant. « Tout ça m'a donné soif, pas vous ? » J'acquiesce en riant, mais sans trop savoir quoi penser tant la frontière devient indiscernable chez lui entre ce qui relève du simple jeu et ce qui procède d'une dérive qui n'aurait plus rien de simulé. Une incertitude qui le rend plus que jamais imprévisible et si surprenant de lucidité parfois qu'il peut se révéler inquiétant quand il semble soudain voguer dans l'inconnu, privé de tout repère.

Je redoute le pire, sachant ce qui se raconte à Paris parmi les gens dits « bien informés », quand je vois s'approcher, en début de soirée, dans le salon où nous prenons un verre parmi les autres clients en habit de soirée, Jean Daniel et son épouse que j'ai déjà croisés le soir de mon arrivée. « Qui est-ce ? me demande le Président lorsque je lui signale la présence du directeur du *Nouvel Observateur*. – Un grand journaliste, lui dis-je. – Un grand quoi ? » s'écrie-t-il en ayant vraiment l'air de tout ignorer de l'intéressé comme de son journal. Jean Daniel s'avance vers lui pour le saluer. Le Président paraît recouvrer aussitôt ses esprits sans qu'on puisse savoir s'il les avait réellement perdus. Il reconnaît si bien Jean Daniel et son légendaire contentement de soi qu'il se met à l'encenser à outrance : « Ça fait du bien de rencontrer un grand intellectuel », se réjouit-il en le priant de s'asseoir près de lui. Il ne lésine pas sur les éloges, lui donne du « maître » à tout bout de champ. Il s'étonne qu'« un si grand écrivain ne soit pas encore à l'Académie française », redouble de formules admiratives, sans que son interlocuteur, certes sensible aux hommages, en demande autant pour être comblé. « Je l'ai trouvé en meilleure forme qu'on ne le dit, me confiera Jean Daniel à l'issue du dîner que sa femme et lui ont partagé avec nous à l'invitation de Bernadette Chirac. Mais c'est fou ce qu'il peut être fatigant parfois ! » Il n'en sera pas moins flatté d'être à nouveau convié à la table de l'ancien président de la République pour la soirée du Nouvel An : un honneur qui ne se refuse pas.

Dans la matinée du 31 décembre, je ne fais qu'entrevoir Jacques Chirac avant de le retrouver pour le déjeuner pris en commun au bord de la piscine. Depuis ma terrasse, où je me contente de paresser au soleil comme il me l'a recommandé, je l'aperçois trottinant seul, sans ses gardes, entre les palmiers de l'allée qui conduit au hammam, comme s'il filait en douce vers quelque rendez-vous clandestin. Une heure plus tard, c'est le pas moins allègre que je le vois rentrer au bercail, escorté cette fois par un de ses officiers de sécurité venu le récupérer à l'issue de sa séance de massage.

En début d'après-midi, tandis qu'il est parti se reposer, Bernadette Chirac me suggère de profiter de ce « moment de tranquillité », où elle n'a pas à s'occuper de lui, pour faire le point sur l'avancée des *Mémoires*. Nous nous installons autour d'une table de jardin, dans un endroit isolé du parc. Elle est en verve, l'œil vif, la canine affûtée. L'écouter, comme toujours, est un régal. Inutile de la solliciter pour qu'elle se mette à dévider tout ce qui lui reste sur le cœur ou dans un recoin de sa mémoire. Cette source-là, chez elle, ne sera jamais tarie, tant elle a accumulé de ressentiments et de regrets mêlés à beaucoup de nostalgie.

« C'est un drôle de type, mon mari, il est passé dans la vie à côté de beaucoup de choses, soupire-t-elle avant de me raconter une soirée à la Maison-Blanche, au temps de George Bush père, où tout le monde dansait sauf eux, son époux n'aimant pas ça. Nous étions là à attendre que le bal se termine, comme deux vieux rogatons. » Elle me rapporte ce qu'une des anciennes adjointes à la mairie de Paris, Jacqueline Nebout, « une fille intelligente comme il y en avait trop peu autour de lui, hélas ! », disait à son sujet : « Chirac traverse les paysages en courant sans voir les arbres. » Un bon résumé, selon elle, de ce qu'était le Président et de ce qu'il est devenu : « Il fallait qu'il coure de plus en plus vite. D'où le fait qu'aujourd'hui, contraint de s'asseoir et de se poser, il ne bouge plus. Le mécanisme s'est enrayé. » Et comme un entretien avec elle ne saurait se concevoir sans quelques menus règlements de comptes, elle passe en revue tous les « microbes » qui ont pollué son existence à l'Élysée : de telle directrice de cabinet qu'on surnommait la « Trouffionne » à Jacques Pilhan, « emballé en un rien de temps », dont la disparition prématurée ne semble pas l'avoir longtemps chagrinée. Sans oublier – comment le pourrait-elle ? – celui dont elle brandit le nom comme si elle en avait fait sa poupée vaudoue, Dominique de Villepin : « Une intelligence fausse, un comédien qui cherche en plus à se faire passer pour un écrivain. Il publiait, se gausse-t-elle, des recueils de poésie à compte d'auteur, sur du beau papier blanc. Vous savez, le genre de livre dont il faut découper les pages et que personne ne lit jamais. » Fermez le ban pour aujourd'hui !

Une table magnifique, les mets les plus délicieux et les vins les plus renommés : un réveillon à *La Gazelle d'or* est le plus somptueux qu'on puisse imaginer. Jacques Chirac, qui a délaissé à regret sa tenue de vacancier, a fait l'effort de revêtir une veste et une cravate pour honorer ses hôtes. Face à Jean Daniel, il pousse même les civilités jusqu'à reprendre le ton et l'allure d'un chef d'État chargé d'expérience, encore capable de disserter longuement sur la Chine, son sujet de prédilection. Il ne peut se retenir toutefois d'épicer la conversation de quelques plaisanteries grivoises, dont le journaliste paraît davantage surpris.

Après l'échange des vœux, Rita Bennis fait distribuer à ses hôtes des masques vénitiens. Chacun choisit le sien. Bernadette Chirac opte pour une tête de félin hérissée de plumes blanches et vertes qui lui « va à ravir » selon le Président, apparemment conquis. Faute peut-être d'avoir trouvé un masque à sa convenance, il restera le seul, pour finir, à garder le visage découvert.

*

Si surprenant que cela puisse sembler, je ne reverrai Jacques Chirac, ce dernier étant d'abord requis par ses préoccupations judiciaires, qu'à deux ou trois reprises jusqu'à la parution du *Temps présidentiel*, le second volume de ses *Mémoires*. Nos entretiens terminés, je me consacre exclusivement à leur « mise en forme », pris par l'urgence d'une publication prévue avant l'été 2011. C'est la date ultime, compte tenu non seulement du procès, fixé en mars puis reporté au début de l'automne, mais aussi de l'état de santé du Président dont la détérioration croissante risquerait, en cas de sortie plus tardive, de jeter un doute sur l'authenticité de ses souvenirs. Je ne peux donc que m'en remettre à mes intermédiaires habituels pour connaître son opinion et procéder avec eux à une relecture du manuscrit qui ne tienne compte que de ce qu'il m'a vraiment dit et non des révisions que certains de ses proches tenteront de m'imposer lors de confrontations parfois houleuses.

La nécessité de préserver la vérité de sa parole, telle qu'il me l'a confiée à une époque où il était encore en possession de ses moyens, se justifie d'autant plus à mes yeux que Jacques Chirac me semble bien moins en mesure, à présent, de la faire respecter. Handicapé par ses défaillances de mémoire, en proie à une lassitude et une mélancolie qui épuisent de jour en jour ce qui subsistait en lui d'énergie, sans doute est-il plus que jamais vulnérable à l'emprise de son entourage. C'est avec une sorte de soulagement, comme pour ne plus avoir à s'occuper de rien et même laisser s'accomplir en lui ce détachement de tout auquel il semble aspirer, qu'il s'en remet désormais à la volonté des siens contre laquelle il a perdu la force ou l'envie de lutter. J'estime que mon rôle, s'agissant de ses *Mémoires*, est de le faire à sa place dès lors que ceux-ci risqueraient de se voir remaniés selon les appréciations et les intérêts d'un clan familial soucieux de tout régenter. Y compris ce que ses membres parviennent le moins à contrôler en dehors des *Mémoires* eux-mêmes : les rumeurs et les révélations sur la maladie dont souffrirait le Président, certaines alimentées par leurs propres indiscrétions.

Un mois après notre retour de Taroudant, le *Journal du Dimanche* consacre sa une, intitulée « La Grande Épreuve », et un long dossier à son état de santé en montrant, photos à l'appui, un homme diminué, l'air un peu hagard, qui ne paraît plus guère capable d'affronter les quinze audiences de son procès. Dans leur enquête, Bruno Jeudy et Laurent Valdiguié citent le témoignage d'un de ses « vieux compagnons », qui a tenu à garder l'anonymat, assurant que Bernadette Chirac a « prononcé le mot d'Alzheimer » à propos de son mari. « Elle nous a dit devant ma femme et moi, rapporte celui qui est présenté comme un "très ancien fidèle du Président", que les médecins ne pouvaient en être certains, mais que compte tenu de son AVC et de ses troubles de mémoire, il était question de cette maladie. »

Interrogé par Laurent Valdiguié, auquel j'ai jugé utile, dans ces circonstances, d'accorder une interview, je m'efforce de fournir une autre image de Jacques Chirac : celle d'un homme qui « peut donner l'impression d'une sorte de grande fatigue », mais dont j'assure n'avoir « jamais pris en défaut la lucidité ni l'acuité de son jugement ». J'embellis sciemment une situation que je sais plus critique, d'abord soucieux d'éviter que le sort du deuxième tome de ses *Mémoires* ne s'en trouve compromis.

Mais ce sont surtout les confidences attribuées à Bernadette Chirac que l'on retient, même démenties par elle le lendemain au micro de Jean-Pierre Elkabbach sur Europe 1. Manifestement embarrassée, l'épouse du Président y lit un communiqué rédigé en famille dans lequel elle dénonce un « mensonge » indigne et affirme que si son époux était réellement atteint de cette maladie, elle n'hésiterait pas « à le dire ». Mais personne n'est vraiment dupe de ce qu'elle tente maintenant de dissimuler après en avoir parlé sans retenue, au cours des derniers mois, aux interlocuteurs les plus divers. Je fais naturellement partie de ceux-là et ma crainte était, chaque fois que je l'ai entendue les proférer, que ses propos ne finissent par s'ébruiter jusqu'à parvenir aux oreilles de journalistes qui ne se priveraient pas de les divulguer à leur tour. Voilà qui est fait désormais et ne permet plus de préserver durablement l'omerta que Claude Chirac s'efforce, depuis l'accident cérébral de son père en 2005, d'entretenir autour de ses difficultés de santé.

Blessé sinon agacé, le Président aura beau déclarer, de sa propre initiative, aux journalistes postés devant son domicile, qu'il ne s'est jamais si bien porté, peu nombreux dans l'opinion sont ceux qui parviennent maintenant à le croire. Tout au plus le pense-t-on soucieux de sauver la face, à moins qu'il ne soit devenu inconscient de son état, les deux n'étant pas forcément incompatibles. Réaffirmant du même coup qu'il entend bien se présenter devant ses juges et ne se dérobera pas, alors que tout est fait par ses proches pour lui épargner une telle épreuve, Jacques Chirac s'y prépare au cours des semaines suivantes comme à son dernier combat. Celui qu'il n'aura pas finalement l'occasion de livrer, son procès ayant été, contre sa volonté, reporté *in extremis* à une date où il sera lui-même obligé de reconnaître qu'il ne dispose plus des facultés mentales lui permettant de l'affronter. Aveu peut-être encore plus humiliant pour lui que de devoir comparaître devant un tribunal dans des conditions à l'évidence risquées.

En février 2011, la famille réunie au grand complet ou presque – seule Laurence, comme toujours, en est absente – fait la couverture de plusieurs magazines pour un événement censé illustrer son entente comme son bonheur retrouvés : le mariage de Claude Chirac avec Frédéric Salat-Baroux. Le Président, le regard éteint et les traits fatigués, y apparaît au bras de sa fille cadette, belle et rayonnante dans un ensemble doré. Le seul couple que l'on remarque vraiment est le leur, fusionnel, indissociable en ce jour de fête comme il continue de l'être dans l'adversité. Le temps est loin où, interrogé par un journaliste de *France-Soir* sur la scolarité de ses deux filles, Jacques Chirac, alors Premier ministre de Valéry Giscard d'Estaing, répondait : « Ma fille aînée a dix-sept ans, elle est en terminale. Elle travaille bien. Ma fille cadette a quatorze ans. Elle est… (*Un temps d'hésitation.*) Je ne sais pas en quelle classe elle est. Elle est là où il faut qu'elle soit à son âge. Je suis un mauvais père. J'ai fait aménager un appartement à Matignon même pour tenter d'avoir une vie de famille. Résultat : je travaille plus parce que je suis sur place, mais je n'ai pas de vie de famille. »

Depuis lors, la tragédie de Laurence, puis les infortunes conjugales de Claude ont amené ce père trop accaparé par ses fonctions, comme par les multiples sollicitations d'une existence dispersée, à prendre conscience de la nécessité de tisser avec sa seconde fille des liens de complicité qu'il n'avait su créer avec la première. C'est ainsi, mû par le souci de « rattraper un peu les choses », selon sa formule, qu'il a fait de Claude sa collaboratrice privilégiée, lui accordant une confiance sans rivale qui n'est pourtant pas sans limites, tandis qu'il devenait pour elle le personnage central de sa propre vie. Son héros majeur, à côté duquel les autres, époux ou compagnons, font figure de comparses.

Disparu tragiquement peu après son mariage avec Claude Chirac, le politologue Philippe Habert ne s'était pas relevé de la double illusion d'être le premier dans le cœur de sa jeune femme alors qu'il ne pouvait être que le second et de devenir le conseiller privilégié de son beau-père quand il devait se contenter de son seul statut de gendre. Thierry Rey, le père de Martin, avait fait quant à lui le choix de se retirer assez tôt d'un jeu où il n'avait pas toute sa place. En s'unissant avec le dernier secrétaire général de l'Élysée, Claude ne s'est pas vraiment émancipée de la passion exclusive qu'elle voue à son géniteur. Mais sans doute a-t-elle désormais trouvé la configuration idéale pour lui permettre de concilier ses priorités.

« Elle a enfin épousé son père », ironisera un autre de leurs « vieux amis » en voyant l'ancien Président et sa fille poser côte à côte en une de *Paris-Match*. Cette image, naturellement supervisée par Claude, consacre surtout une union politique sans précédent ni équivalent au niveau de pouvoir qu'ils ont occupé. Jacques Chirac a toujours présenté sa cadette comme son alliée la plus précieuse. Rien ne dit cependant qu'il ait eu besoin d'elle autant qu'il l'a laissé paraître. « Les intimes, c'est affectif. Je n'écoute pas forcément les intimes », m'a-t-il confié un jour où nous parlions précisément du rôle tenu par Claude auprès de lui et de l'influence qu'elle aurait exercée. Tout en relativisant son rôle, il ne niait pas pour autant qu'elle lui ait été souvent utile, voire indispensable.

Elle ne le quitte plus des yeux désormais, pratiquement installée à demeure dans les bureaux de la rue de Lille pour s'assurer, secondée et inspirée par Frédéric Salat-Baroux, que l'image, les propos, la trace laissée par son père dans l'Histoire soient strictement conformes à l'idée qu'elle-même et son mari estiment la seule juste. Leur implication dans la mise au point du deuxième tome des *Mémoires* aurait été, dit-on, déterminante. Notamment celle de Frédéric Salat-Baroux qui en aurait personnellement réécrit plusieurs chapitres, ce que je suis obligé de démentir chaque fois qu'on me rapporte ses propres affirmations à ce sujet. Car hormis le fait que le nouveau gendre de Jacques Chirac, jugeant insuffisantes les quelques lignes qui lui sont consacrées, y a rédigé son propre portrait et personnellement conçu le « testament » qui clôt le livre de son beau-père, l'essentiel du texte sera resté fidèle, non sans mal j'en conviens, à tout ce que j'avais recueilli de la bouche du Président. Il n'y aura curieusement aucune censure sur les passages les plus susceptibles de faire polémique. Bien qu'elle m'ait averti du contraire, Bernadette Chirac ne s'opposera, en définitive, ni aux propos élogieux tenus par son mari sur Dominique de Villepin ni à ceux, moins laudateurs, concernant Nicolas Sarkozy. Tout au plus me demandera-t-on d'enlever le qualificatif « brutal » à son sujet. Un pléonasme, il est vrai.

Claude Chirac déplorera que l'on retienne surtout de ce second volume, lorsqu'il paraîtra en juin 2011, les pages où son père exprime précisément le fond de sa pensée sur Nicolas Sarkozy, et non celles qui « auraient fait sens », selon son expression : en bref, le « testament » annexé par son époux. Mais si elle n'est pas parvenue, là non plus, à maîtriser autant qu'elle l'aurait voulu la stratégie de communication élaborée pour la sortie de l'ouvrage, ce qui échappera plus encore à sa vigilance dans les jours suivants, c'est le ralliement intempestif et imprévu de son père à François Hollande en vue de la prochaine élection présidentielle. Une prise de parole inattendue, en effet, alors que celui-ci ne participe en rien, cette fois, à la promotion de son livre.

Le dernier acte politique de Jacques Chirac est ainsi le seul qu'il aura accompli sans en référer ni se conformer à la loi du clan, lequel en sera réduit après coup à lui attribuer un « humour corrézien » qu'il a souvent revendiqué, mais pas en la circonstance. Autrement dit à le désavouer dans un communiqué rédigé à son insu pour rassurer l'Élysée sans d'ailleurs y parvenir.

L'engagement public de Jacques Chirac s'est arrêté ce jour-là et à travers lui cette « course » qui avait si longtemps rythmé son existence jusqu'à la dévorer. C'est lui qui avait employé ce mot, au cours d'un de nos échanges, pour exprimer son regret de n'avoir pas toujours su faire les haltes nécessaires. « J'ai toujours couru après mon ombre, avait-il ajouté. Ce qui veut dire qu'en règle générale, surtout quand il y a du soleil, elle est toujours devant moi, et que je n'arrive pas à la rattraper. » Je lui avais alors demandé si cette ombre insaisissable n'était autre qu'une part de lui-même. « Oui, probablement la meilleure », m'avait-il aussitôt répondu avec le sourire un peu énigmatique d'un homme qui venait peut-être de dévoiler, en quelques mots, l'un de ses derniers secrets.

Paris, 2016

TABLE DES MATIÈRES

Avant-propos 11

L'œil de sumo 35
La solitude du lendemain 45
L'épreuve de vérité 57
Le grand large 67
« Je n'ai jamais été de droite » 77
Elle et lui 89
La popularité retrouvée 105
La mesure de l'humain 117
L'apprentissage du couteau 127
Son meilleur ennemi 143
Ils se sont aimés jusqu'à la présidentielle 157
L'intouchable 175
Sept ans de solitude 187
Si je n'avais pas été là… 209
Le fils mal aimé 221
Le fond de sa pensée 235

Les corrections de Bernadette 247
Trois jours à Bity 257
La revanche 301
Une victoire pour rien 313
Les cow-boys et les Indiens 329
On ne fait pas ça au père 345
La vie qui s'en va 365

Imprimé en Espagne par
Liberdúplex
08791 Sant Llorenç d'Hortons (Barcelone)
pour le compte des éditions Fayard 13, rue de Montparnasse 75006 Paris

69-8982-4/01